O sujeito não envelhece

Psicanálise e velhice

ÂNGELA MUCIDA

O SUJEITO NÃO ENVELHECE

PSICANÁLISE E VELHICE

2ª EDIÇÃO
REVISADA PELA AUTORA

6ª REIMPRESSÃO

autêntica

Copyright © 2004 Ângela Mucida
Copyright desta edição © 2004 Autêntica Editora

Todos os direitos reservados pela Autêntica Editora Ltda. Nenhuma parte desta publicação poderá ser reproduzida, seja por meios mecânicos, eletrônicos, seja via cópia xerográfica, sem a autorização prévia da Editora.

EDITORAS RESPONSÁVEIS
Rejane Dias
Cecília Martins

REVISÃO
Rosemara Dias dos Santos
Tucha

CAPA
Victor Bitow
(Crédito da foto: Mariana Mucida)

DIAGRAMAÇÃO
Waldênia Alvarenga

| M942o | Mucida, Ângela
    O sujeito não envelhece – Psicanálise e velhice / Ângela Mucida. – 2. ed. rev. – 6. reimp. – Belo Horizonte: Autêntica, 2025.
    232 p.
    ISBN 978-85-7526-148-4
    1. Gerontologia. 2. Velhice. I. Título.
                                                                          CDU 613.98 |

Belo Horizonte
Rua Carlos Turner, 420
Silveira . 31140-520
Belo Horizonte . MG
Tel.: (55 31) 3465 4500

São Paulo
Av. Paulista, 2.073 . Conjunto Nacional
Horsa I . Salas 404-406 . Bela Vista
01311-940 . São Paulo . SP
Tel.: (55 11) 3034 4468

www.grupoautentica.com.br
SAC: atendimentoleitor@grupoautentica.com.br

Ofereço este livro ao meu pai (*in memoriam*) e à minha mãe, exemplos vivos de uma velhice implicada pelo desejo, e aos meus filhos – Daniel e Mariana –, a nova geração que, resguardando a história, escreve com ela os traços do novo.

AGRADECIMENTOS

Mesmo que a escrita se faça pelos caminhos da solidão, em suas trilhas estão as diferentes marcas do Outro. Passados tantos anos da 1ª edição do livro, verifico o quanto foi importante o encontro com o tema da velhice e, sobretudo, com os idosos que pude escutar e que me transmitiram de maneira desafiante que, apesar da velhice e da passagem do tempo, algo resiste a se dissolver, permitindo novos laços com a vida. Agradeço à minha mãe, hoje aos 94 anos, por demonstrar que, no envelhecimento, isso que "não cessa de se escrever", pode encontrar novas traduções, transcrições ou reedições, compondo novos laços com isso que não se apaga.

SUMÁRIO

APRESENTAÇÃO 11

INTRODUÇÃO 13

Capítulo I – O sujeito não envelhece e velhice 21
   O discurso médico: envelhecimento e velhice 23
   A velhice sob a ótica de alguns autores psicanalistas 25
   Velhice, destino e desamparo 39
   Freud e a velhice 41
   Tempo e temporalidade: Heidegger 44
   Tempo e temporalidade em Freud: o sujeito não envelhece ... 46
   Uma nota sobre o sujeito e o tempo em Lacan 49
   Lacan: o primarismo da linguagem, o que não envelhece 51
   Ato, atualização e outra concepção de velhice 54

Capítulo II – A velhice no mal-estar da cultura 57
   O simbólico na constituição do sujeito: Freud e Lacan 59
   A velhice nas sociedades primitivas 63
   Outras visões da velhice no curso da história 67
   O mal-estar na globalização e o discurso do mestre moderno ... 70
   A velhice no mal-estar da cultura atual 80
   A segregação do idoso e o discurso capitalista atual 83
   A segregação asilar 86
   Sublimação e velhice 90

Capítulo III – O imaginário na velhice: imagem e corpo 95
   O narcisismo e a formação do eu 97
   O narcisismo, o estranho e a velhice 101

Espelho, imagem e olhar 105
A velhice e o "espelho quebrado" 108
A saga dos corpos e o discurso capitalista 111
A relação da velhice com os objetos 116
Corpo e velhice 119
O inconsciente afeta o corpo 121

Capítulo IV – A velhice e o real 127
Nota sobre o real no ensino de Lacan 129
Morte e feminino – o inominável 132
Morte e pulsão de morte 134
Gozo e pulsão de morte 139
Amor, inominável e morte 142
Velhice e morte 143
O trabalho de luto 147
Trabalho de luto e velhice 154
Sexualidade e velhice 156
Sobre a menopausa 161
A hipótese da andropausa 168
Eva e a menopausa ao avesso: frigidez feminina 170
Amélia – entre mãe e mulher 173

Capítulo V – A direção do tratamento na clínica com idosos 179
A direção do tratamento 181
A psicanálise com idosos 185
A clínica com idosos e as estruturas clínicas 191
Trauma e conversão nos rins que tremem 203
Inibição e angústia em um caso de neurose obsessiva 211
O significante "velhice" no tempo de uma análise 218

REFERÊNCIAS 225

APRESENTAÇÃO

Este livro nos oferece leitura inédita de um tema que ficou marcado, quase inteiramente, pelo silêncio dos psicanalistas: a velhice. Se ao próprio Freud, em momentos pontuais de sua obra, pode ser creditada parcela de responsabilidade por essa situação, ao longo de décadas, a elaboração teórica e clínica dos analistas foi também, marcadamente, escassa. Em poucas palavras, psicanálise não era coisa para velho.

O trabalho de Ângela Mucida nos traz, com extremo cuidado e rigor, essa "boa nova", interrogando com densidade as razões desse silêncio e demonstrando, tanto conceitual quanto clinicamente, a importância da oferta do dispositivo analítico para os idosos que sofrem e querem construir um saber sobre esse sofrimento. Não se trata, portanto, de qualquer tentativa de conquista de uma "fatia de mercado" que tende a crescer ou de uma submissão ao imperativo do novo. Pautada na ética e no discurso analítico, a autora critica, a partir de diferentes perspectivas, o discurso do capitalismo e sua tendência de calar tudo o que sugere limites ao gozo, situando o insuportável da velhice como momento privilegiado de inúmeros encontros com o real da castração.

A estrutura do livro faz jus ao sentido arquitetônico do termo, pois seus capítulos estão distribuídos de modo a contemplar e, construir solidamente uma definição de velhice, na qual os registros do simbólico, do imaginário e do real sejam apresentados de forma entrelaçada.

A elaboração desses capítulos se dá com uma riqueza de referências teóricas, principalmente a Freud e Lacan, mas também a outros discursos (médico, antropológico) e autores como Simone de Beauvoir, Roland Barthes, Umberto Eco, entremeadas por citações de poetas e escritores como Drummond, Mário Quintana, Clarice Lispector. Em todos os capítulos, são apresentados vários fragmentos e casos clínicos que ilustram a possibilidade da clínica com idosos, desenvolvendo, de modo "encarnado" e didático, uma série de conceitos analíticos como sublimação, narcisismo, ideal do eu, demanda, transferência, entre outros.

Essa riqueza manifesta-se também na variedade de "insígnias do envelhecimento" que são sugeridas e debatidas, a partir da perspectiva de sua incidência como significantes, e que, como tais, só têm sentido a partir da cadeia particular de cada sujeito: rugas, cabelos brancos, fragilidade corporal, lentidão da marcha, aposentadoria, "manias de velho", Viagra, baixa performance, lamentações, depressão, hipocondria, menopausa...

A escrita de Ângela Mucida é também digna de nota, pois a precisão conceitual e a lógica do encadeamento de seus argumentos, hipóteses e questões não impediram que nos oferecesse um texto leve e delicado. A "segregação asilar" é, por exemplo, assim descrita:

> O despojamento de todos os objetos, o parco salário pelo qual os asilados, aposentados ou não, poderiam escolher pequenas coisas que lhes trouxessem insígnias de suas diferenças, tudo isso, é dissolvido em prol de uma sobrevivência que, para muitos, torna-se apenas uma monótona e insuportável espera da morte. Asilam-se os traços de uma profissão exercida, os traços marcados em pequenos objetos, as lembranças marcadas nas paredes de um quarto, de uma cozinha, nas paisagens do dia a dia, nos odores que povoam cada ambiente, pequenos matizes com as quais cada sujeito tece sua cobertura de vida... Tudo isso é deixado para trás com a entrada no asilo-exílio. Essa representa para muitos a "aposentadoria" da possibilidade de desejar.

Ao longo do livro, encontramos várias hipóteses, interpretações e questionamentos merecedores de atenção. Destaco apenas alguns: a metáfora do "espelho quebrado"; a ideia de uma "bulimia de medicamentos, diagnósticos e prognósticos"; a importância do trabalho de luto na velhice; a hipótese de que a depreciação da sexualidade dos idosos teria relação com a dificuldade de todo neurótico em lidar com a sexualidade dos pais; a ideia de que, quanto mais o sujeito suporta a falta fálica, quanto mais se inscreve pelo gozo feminino, mais ele poderá encontrar respostas criativas à problemática trazida por sua velhice; a leitura do texto freudiano "Luto e Melancolia" a partir de algumas formalizações lacanianas; a disjunção entre velhice e doença.

De fato, interrogar a máxima milenar de que "a velhice em si mesma é uma doença" (*Senectus ipsa est morbus*) é fundamental para os diferentes profissionais de saúde e "especialistas" que trabalham com idosos. A autora demonstra que a velhice pode funcionar como um álibi para tudo, pois, diante da dificuldade em lidar com as inevitáveis perdas corporais e sociais, o sujeito pode justificá-las como doenças, percorrendo uma cadeia interminável de médicos e especialistas a fim de tamponar esse real em cena.

Enfim, há a ressonância do trecho de uma música também mineira: *sonhos não envelhecem*. É essencial, como sugere Ângela, mesmo diante do inexorável envelhecimento corporal, possibilitar que o sujeito encontre novas formas de inscrever e vestir o desejo. Para isso, ele depende dos recursos que advêm do Outro, pois "o isolamento a que são submetidos ou se submetem muitos idosos prescreve uma morte em vida e é por aí que muitos se rendem à derradeira morte".

Oscar Cirino

INTRODUÇÃO

A introdução de um livro advém sempre do *a posteriori* do percurso da escrita com todas as experiências que, no passo a passo de sua tessitura, restaram como ecos do indizível. Lacan acentua distintas maneiras de escrever entrelaçadas a diferentes formas de apagamento do que se escreve (homofonia entre *l'écrit et l'éffaçons* – o escrito e o apagamento – e *les façons* – maneiras, formas), deixando subscrito que, em toda escrita, persiste o inominável, a falta de representação, o real. Não é possível escrever tudo; materialmente faltam palavras, acrescenta em outro momento de seu ensino. Nessa direção, exprime-se Marguerite Duras sobre o percurso de uma escrita e seu fim:

> Se soubéssemos algo daquilo que se vai escrever, antes de fazê-lo, antes de escrever, nunca escreveríamos. Não ia valer a pena [...] Escrever apesar do desespero. Que desespero, eu não sei, não sei o nome disso. Escrever ao lado daquilo que precede o escrito é sempre estragá-lo. E é preciso no entanto aceitar isso: estragar o fracasso significa retornar para um outro livro, para um outro possível desse mesmo livro.[1]

Esse retorno seria daquele que restou como interrogação do fracasso intrínseco a toda escrita, fazendo empuxo a novas escritas. O tempo de concluir foi permeado por novas interrogações que não se apresentavam de início. O ato de escrever tem essa via: suscita a emergência de um outro saber.

Ao escrever sobre a velhice, inúmeras questões atravessaram o campo da *solitude* – para utilizar um termo de Rilke[2] –, uma boa solidão rondou grande parte das trilhas nas quais as letras foram cravadas. Contudo, a tentativa de escrever a experiência, sempre tão mais viva e rica, é sempre um desafio torneado por outra solidão.

Transitei por tais caminhos desde 1992 ao me deparar com a demanda para coordenar a *Universidade da 3ª idade*. De imediato, esses significantes

---

[1] DURAS, Marguerite. *Escrever*, 1994, p. 27.
[2] RILKE, Rainer. *Cartas a um jovem poeta*, 1994.

soaram-me "estranhos"; não havia pensado em trabalhar com idosos, e eles não faziam parte de minha clínica até então. Foi durante uma conversa totalmente informal com a coordenadora de uma faculdade (discutia-se, a princípio, uma disciplina a lecionar) que ela, ao expor o programa destinado aos idosos – recebendo de minha escuta pequenas indicações, ancoradas pelo discurso analítico –, inseriu o convite. Minha resposta imediata foi negativa; não entendia nada de idosos. Ao que ela retrucava: "você entende"! Talvez um "insabido" estivesse ali exposto, e ela soube escutar. Mas, sobretudo, o saber exposto não era outro: há um sujeito que não desaparece no grupo de *idosos*, um suposto grupo homogêneo que faria o Um. Não se tratava simplesmente de oferecer-lhes atividades, como se ofertam produtos a serem consumidos. A sublimação é bem outra coisa, como é abordado no Capítulo II.

Se a análise refere-se a um determinado laço entre o analista e o analisando, isso não implica que o dispositivo analítico – conjunto articulado de conceitos, tendo a prática como fundamento – não possa dialogar com outros discursos. Estão aí, por exemplo, os efeitos da interlocução entre a psicanálise e o ensino, mesmo que esta seja o avesso da pedagogia. As diferenças inauguram possibilidades de laço social. Depreendemos com Lacan a importância das conexões da psicanálise com outros discursos e, sobretudo, aprendemos que os discursos, sofrendo "torções", circulam.

Freud foi incisivo ao escrever que a psicanálise deve responder às questões advindas do mal-estar da cultura em cada momento, e envelhecer em um mundo permeado pelo imperativo do novo tornou-se uma nova forma de mal-estar na cultura.

O fato de a psicanálise fazer de sua prática uma experiência do sujeito e, portanto, da diferença e do particular – ao contrário da cultura que sempre se assentou sob a formação dos grupos – inaugura sempre um novo olhar quando aplicada a outros campos. Não foi outra a experiência trabalhando com esse programa destinado aos idosos, bem como com outros nos quais foi possível um tratamento ao avesso das práticas assistencial, protecionista e, sobretudo, segregatória existentes.

Escutando diversos idosos com demanda de análise e em atividades inscritas nesses programas – conferências, comentário de filmes, textos literários, músicas, contar casos, teatro –, modalidades de oficinas tendo como suporte a estrutura de grupo operativo (Bion) e de cartel formalizada por Lacan, pude extrair a importância da psicanálise como tratamento do real que a velhice tantas vezes acena. Nessa direção, apostando no aforismo lacaniano: *com a oferta criei a demanda,* a clínica analítica com idosos inscreveu-se, desde 1997, como uma das modalidades de estágio da clínica de psicologia do Centro Universitário Newton Paiva.

É fundamental destacarmos que a tese da oferta e da demanda não implica, todavia, uma indicação de análise aos idosos. Não se trata disso. A análise não é algo a ser "indicado" à maneira da prescrição do ato médico. Ela é um dispositivo aberto àqueles que sofrem e querem construir um saber sobre o sofrimento. Essa oferta, abrindo-se como tratamento do real – na contramão das ofertas do mercado – toca o mais particular que habita cada sujeito, criando outra espécie de demanda ancorada no desejo.

Deparamo-nos, no início de nossa prática, com uma parca literatura relativa à clínica analítica com idosos. No Brasil, não encontramos nenhuma literatura dedicada especificamente às questões dessa clínica, e eram também raras as direcionadas à velhice no sentido geral ou sobre temas mais específicos do envelhecimento. Muitos dos livros que hoje circulam só foram publicados anos depois. Era visível o silêncio em torno do tema por não se distinguir uma clínica diferenciada na velhice ou por uma herança advinda de Freud,[3] principalmente, de Ferenczi de que na velhice as defesas estariam por demais assentadas e não haveria tempo hábil às retificações e mudanças subjetivas.

Depois de certo percurso no trabalho com idosos, tornou-se visível que falar de velhice suscitava sempre um certo desconforto. Alguns analistas respondiam à problemática da clínica com idosos com a tese de que o inconsciente não envelhece e, dessa forma, não haveria diferenças da clínica do adulto. Entretanto, vários desses analistas não atendiam idosos. Outros consideravam difícil uma análise desenvolver-se tão tardiamente na vida. A interrogação sobre se a psicanálise é um dispositivo aplicado aos idosos é atual. Talvez o anteparo à clínica com idosos decorra da conjunção entre idade cronológica e morte exposta, sobretudo, por um corpo fragilizado pelo tempo, associados a outras faces do real apresentadas na velhice. No entanto, como desconsiderar as teses fundamentais da psicanálise, entre elas a de que o inconsciente não envelhece e, sobretudo, de que nossa clínica assenta-se fundamentalmente como um tratamento do real?

Aprendi, na solidão que acompanhou minhas indagações durante anos, que a velhice trazia em sua cola um real difícil de suportar mesmo para os analistas. Curioso e digna de nota: de todas as contraindicações ou limites assinalados por Freud relativos à eficácia da análise, apenas a velhice resta no silêncio. A clínica da criança e do adolescente expõe os efeitos de sua

---

[3] A propósito ver: FREUD, Sigmund. A sexualidade na etiologia das neuroses [1898],1976, p. 309.

prática – há uma gama enorme de trabalhos publicados –, e o mesmo ocorre com o tratamento possível à psicose. Entretanto, a velhice, esse "sintoma" tão velho e familiar, tangendo àquilo que Freud nomeou de *Unheimlich* – estranho familiar –, teve outro destino.

Como observamos no Capítulo III, uma das formas de *das Unheimlich* é o duplo, "uma duplicação da imagem como defesa da extinção".[4] Como nos indica Freud, a ideia de duplo não desaparece após a passagem do narcisismo primário ao secundário, mas recebe um "novo significado nos estágios posteriores".[5] O estranho tece uma determinada cadeia com a fantasia, *um estádio em que o duplo tinha um aspecto mais amistoso*, transformando-se em um horror após o recalque. *Das Unheimlich* associa-se ainda ao desamparo, à repetição, aos futuros não cumpridos, à queda da onipotência do pensamento, à angústia (diríamos com Lacan, quando a falta falta), ao assustador e à morte. Tudo isso não é estranho à velhice.

O real difícil de suportar da velhice ancora-se também na negação própria do inconsciente; o velho é sempre o Outro no qual não nos reconhecemos. A velhice traz ainda à baila a representação dos pais e, portanto, as reminiscências do Édipo. Encontram-se aí as raízes da dificuldade em se falar da sexualidade dos idosos. Quando os adultos o fazem, é sempre sob a cobertura da pilhéria ou da piada; falar da sexualidade dos idosos representa, de alguma forma, exibir a sexualidade dos pais que ninguém quer saber.

Falar da velhice incomoda porque expõe o limite ao qual todos nós somos submetidos. Falar de velhice desacomoda, exigindo certa acomodação dos traços e dos restos advindos pelas perdas, pelas mudanças da imagem e na relação com o Outro. A velhice exige novas transcrições e traduções. Ela desacomoda muitos "restos" deixados em qualquer canto à espera de um *tratamento possível;* desacomoda a procrastinação, desacomoda os futuros não cumpridos – mas que gostaríamos de realizar –, desacomoda a ideia de imutabilidade ou de permanência, desacomoda os ideais e as certezas nas quais todo sujeito busca se alojar. A velhice desacomoda, incomoda, principalmente nesse mundo permeado de máscaras do novo.

A velhice apenas nos acena pequenos traços, pequenos matizes que não formam nunca um quadro tangível; não percebemos o silêncio pelo qual ela marca suas trilhas em nossa imagem, mesmo que as percebamos no Outro. As diferentes marcas deixadas no real do corpo, as construções possíveis de

---

[4] FREUD, Sigmund. O estranho [1919], 1975, p. 301.

[5] FREUD, Sigmund. O estranho [1919], 1975, p. 294.

cada um a partir da atualização do que se foi, o trabalho de luto necessário e constante, enfim, as maneiras como cada um conduz o real, tudo isso não deixa dúvida: cada um envelhece de seu próprio modo. Como um quadro, a velhice depende das mãos de seu pintor, da escolha das tintas, do desenho a ser delineado por um olhar que escapa. Se a pintura exibida nesse quadro só é construída por cada um e de seu próprio modo, o certo é quem ninguém escapará a ela, salvo morrendo-se antes. Como todas as insinuações do real, a velhice provoca um vasto campo de defesas e um despertar nem sempre fácil de conduzir; traços anteriormente marcados e que pareciam adormecidos retornam; o reforço e a pressão pulsional podem ocasionar o surgimento de muitos traumas, e com eles a angústia.

Em relação ao despertar provocado pela velhice, vale ressaltar que, em "Análise terminável e interminável" [1937] Freud menciona um aumento libidinal acentuado ocasionado pela senescência de mulheres e homens. Tal aumento libidinal, encontrado também de forma proeminente na adolescência, surge sobre o sujeito como um reforço pulsional. Todo reforço pulsional, acrescenta Freud, "que chegue tarde na vida pode produzir os mesmos efeitos"[6] daqueles decorrentes do recalque originário e das modificações no eu e podendo ocasionar o reaparecimento de muitos traumas. Tudo que provém com tal força pulsional demanda um tratamento pelo simbólico.

Salientamos, durante nosso percurso, que os traços marcados que não se perdem jamais – conforme indicações da Carta 52 – recebem incidências de novos traços, e a velhice é o momento no qual esse "reforço pulsional" poderá ocorrer devido às várias perdas e modificações importantes da relação do sujeito com o Outro. Nessa direção, Freud acrescenta em 1937: "Eles podem ser estabelecidos por novos traumas, frustrações forçadas ou a influência colateral e mútua das pulsões".[7] Por conseguinte, os novos traços, os encontros incisivos que portam insígnias do real – não simbolizadas –, reativam traços anteriormente marcados.

Malgrado Freud seja reticente quanto aos poderes da análise diante dessa força pulsional, o desenvolvimento da clínica analítica em diferentes vertentes demonstrou a importância desta em inúmeros casos nos quais a "força pulsional" é excessiva. Atendendo idosos e escutando-os em supervisão, tornou-se patente a importância da análise na reescrita, na reordenação

---

[6] FREUD, Sigmund. Análise terminável e interminável [1937], 1975, p. 256.
[7] FREUD, Sigmund. Análise terminável e interminável [1937], 1975, p. 258.

e atualização dos traços necessários desse momento. Se não é possível modificar os traços inscritos pelo recalque originário, trabalhamos com seus derivados que têm efeitos consideráveis sobre muitas retificações subjetivas.

Problematizando um pouco mais as questões acima, vale retomar alguns pontos que atravessaram nossa escrita. Para além das contraindicações de Ferenczi e das sinalizações freudianas – sempre muito cautelosas – quanto à psicanálise aplicada aos idosos, recebemos de Freud a herança dos conceitos fundamentais que norteiam a psicanálise e com os quais operamos. Na análise só existe um sujeito, o sujeito do inconsciente, e este não envelhece. Tratando-se da realidade psíquica, não existe diferença entre um fato passado e um atual. O sintoma sinaliza a atualidade do passado, e o que importa na indicação de análise é a forma como o sujeito se coloca frente à falta do Outro e sua relação com o desejo, que não é determinado pela idade e, muito menos, pela "quantidade de material psíquico", como pensava Ferenczi. O conceito de pulsão é avesso a qualquer noção desenvolvimentista; sempre parcial, e a sexualidade adulta é a sexualidade infantil.

Partindo-se desses princípios, foi possível dialetizar a tese de um sujeito que não envelhece e desconhece o tempo – o atemporal do inconsciente – com aquilo que envelhece e se modifica no decurso do tempo, marcado por novas inscrições e transcrições de traços. Propusemos pensar a velhice como um momento no qual, prevalecendo um determinado enfraquecimento – variável para cada sujeito – do tempo presente devido a um afrouxamento dos laços afetivos, sociais e inúmeras perdas, imporia ao sujeito a criação de novas formas de atualizar seu passado, enlaçando-o ao futuro. Ela demanda um novo enodamento do tempo, no qual o tempo atual possa atualizar o passado com perspectivas de outras vestimentas para o desejo. A velhice seria, de outra forma, o encontro do sujeito com o real do tempo quando o tempo marcado pela referência fálica derrapa. Construir algo em torno desse "buraco", se importante a todo sujeito, é essencial na velhice, pois, nessa derrapagem, muitos ideais podem cair de forma abrupta. Se a análise faz a destituição do sujeito, passo a passo, pode ser bem outra a destituição na velhice. Diríamos ainda que a relação do sujeito à velhice se mede pelos atos; o ato faz a união dos três tempos: atemporal – tempo do inconsciente –, o tempo que passa, e o *a posteriori* formalizado por Lacan como tempo lógico.

Seguindo os passos do que se constitui a velhice e as contribuições da psicanálise para esse conceito – o conceito tem sempre uma força operatória fundamental –, trabalhamos diferentes conceitos de velhice exibidos por diferentes autores. Contudo, observamos na literatura pesquisada, apesar de encontrarmos proposições importantes concernentes ao conceito de velhice, que ora se ancoravam sob a perspectiva do real, do imaginário e do simbólico, faltando-lhes uma formalização pela qual a velhice fosse pensada em torno do enodamento entre Real, Simbólico e Imaginário. Nessa perspectiva, o caminho percorrido dessa escrita – sustentado principalmente pela obra de Freud e o ensino de Lacan – ordenou-se sob a ótica das formalizações lacanianas de real, imaginário e simbólico. Nosso esforço foi o de extrair uma definição de velhice que delimitasse o enlaçamento dessas três instâncias.

Se a perspectiva foi em torno de RSI – os capítulos ordenaram-se sob tal estrutura –, o tratamento não foi topológico. Não foi intenção expor em um livro dedicado à psicanálise e velhice a complexa teorização da topologia lacaniana. Extraímos os conceitos de real, imaginário e simbólico e o enlaçamento estrutural dos mesmos como ordenadores da escrita, trabalhando a velhice inicialmente na vertente simbólica: a velhice e os discursos, a velhice como efeito também dos discursos. Ao fazê-lo, lá estão os outros dois registros pelos quais a realidade se estrutura: o real e o imaginário. Da mesma forma, ao abordarmos a velhice e o imaginário, corpo e imagem, acentuamos a incidência do real e do simbólico na constituição do eu, corporal, e da imagem na medida em eu toda imagem porta de real. Por fim, não é possível tratar o real sem o simbólico, mesmo que reste sempre algo irrepresentável. A incidência do simbólico está presente no trabalho de luto, inevitável no envelhecimento, na sexualidade, na relação com a morte e na direção do tratamento.

Dessa forma, sinalizamos o conceito de velhice – a partir da tese de que o sujeito não envelhece –, problematizando-o com os conceitos de tempo, temporalidade e inconsciente. Expusemos em outro momento a relação da velhice com o simbólico e o mal-estar da cultura atual e, enfocando diferentes conceitos, destacamos a sublimação e a segregação na velhice. Detalhamos, em seguida, a relação da velhice com a imagem e o corpo, enfocando-os sob a ótica do discurso analítico e contextualizando-os no discurso capitalista, buscando verificar suas incidências na velhice. A relação entre velhice e o real, mesmo que delimitada durante todo o trabalho, foi prioritariamente destacada no Capítulo IV, trazendo à baila sua relação com a morte, a problemática do luto e da sexualidade. No Capítulo V, abordamos o real concernente à clínica e à direção do tratamento na clínica com idosos, com exposição e construção de casos clínicos.

Alguns fragmentos e casos clínicos foram construídos a partir da escuta em supervisão, e outros, escutados em minha clínica. Salientamos que, ao expor um caso clínico não estamos expondo a biografia das pessoas – histórias e intimidades reconhecíveis no campo social –, mas trazendo à cena o sujeito do inconsciente. Sob tal ótica, tomamos precaução no sentido de preservar a identidade dos mesmos; os nomes são fictícios, e pequenas alterações foram feitas na apresentação, de forma a mantê-la preservada. Porventura, se algum sujeito reconhecer algum fragmento, só o fará como sujeito do inconsciente, e isso não o expõe como "sujeito" inscrito no corpo social.

A escrita desse livro resultou dos efeitos do *a posteriori* de uma experiência acumulada de vários anos de trabalho e, como tal, pretendendo-se uma atualização, está sempre aquém e para além do que se escreve. No melhor dos casos, prevalecendo o além do que se escreve – caminho a ser traçado também pelo leitor ao colocar algo de si no que leu, tese lacaniana por excelência –, ela terá cumprido seu propósito essencial: circular um saber não todo, fazendo empuxo a novas leituras, outras e possíveis interpretações dos significantes deixados como cadeias sempre passíveis de novas ordenações. Deseja-se que ela possa circular por diferentes pessoas interessadas pelo trabalho com idosos. Nessa perspectiva, buscamos oferecer ao leitor, junto aos subsídios teóricos, a prática clínica com seus impasses nem sempre fáceis de conduzir.

Nunca são fáceis os caminhos da escrita; há que suportar a falta estrutural da linguagem, há que suportar o mal-entendido, há que suportar que somos, muitas vezes, escritos pelo movimento da própria escrita. Entretanto, é pelo fracasso de toda escrita, pelos mal-entendidos que sempre deixam buracos – entranhas através das quais o Outro, o leitor, poderá se inserir – que os efeitos de sentido ganham sua força. Deixo ao leitor a sua própria descoberta e interrogações, pois, como afirma Llansol:

> [...] quem escreve possui diferentes áreas de linguagem, com aberturas para que seja possível a sua recíproca interpenetração. Se assim não fosse, não haveria mais do que a reconstituição, não significante, de uma velharia. Escrever é amplificar pouco a pouco.[8]

---

[8] LLANSOL, Maria Gabriela. *Um facão no punho*, 1985, p. 37.

O SUJEITO NÃO ENVELHECE E VELHICE

O "desprendimento da velhice", acho que é assim que se chama, deve estar ligado a um desvio decisivo na relação das duas pulsões postuladas por mim. A mudança que ocorre talvez seja muito notável. Tudo é tão interessante quanto era antes, os ingredientes tampouco muito diferentes. Mas falta uma *espécie de ressonância*.

Sigmund Freud

Todos os meus brinquedos de criança
Estrada afora após segui. Mas, aí,
Embora idade e senso eu aparente
Não vos iludais o velho que aqui vai:
Eu quero os meus brinquedos novamente!
Sou um pobre menino, acreditai!
Que envelheceu, um dia, de repente!

Mário Quintana

> Pessoalmente, penso que chega um momento na vida da gente, em que o único dever é lutar ferozmente para introduzir, no tempo de cada dia, o máximo de "eternidade". Rezo, escrevo, amo, cumpro, suporto, vivo – mas só me interessando pela eternidade.
>
> *Guimarães Rosa*

O discurso médico: envelhecimento e velhice

O envelhecimento, em termos gerais, é definido como um processo que acompanha o organismo do nascimento à morte. A velhice é um momento específico dentro desse processo marcado pelo agudizamento de diferentes reduções e modificação do funcionamento de diversas funções, bem como determinadas modificações celulares, não implicando, todavia, um acúmulo de doenças. Apesar de algumas doenças – atualmente bastante tratáveis –, como catarata, artrite, diminuição da audição e visão, entre outras, serem predominantemente doenças que chegam com a velhice, a velhice não é um amontoado de doenças. O surgimento de doenças não é determinante para se definir se um corpo é ou não *velho*. Para o discurso médico, a velhice associa-se a diferentes fatores constitucionais, herdados e adquiridos durante o envelhecimento.

A gerontologia distingue senescência de senilidade, definindo a primeira como um processo fisiológico inelutável do organismo que acarreta modificações precisas, associadas a uma redução de todas as funções sem provocar doenças. A senilidade refere-se às patologias do envelhecimento. Há modificações precisas que se agudizam a partir de determinada idade, variável para cada organismo, e que podem se expressar sob diferentes maneiras nas funções respiratórias, pulmonares, circulatórias etc., bem como na imagem: rugas, cabelos brancos, menor elasticidade da pele, flacidez, entre outras. Podem-se retardar tais modificações, como demonstra a atual tecnologia voltada para o rejuvenescimento, mas é impossível fazer com que elas não se inscrevam.

Outra corrente de pesquisa afirma que, com o passar dos anos, ocorreriam mutações na genética, mudanças nos cromossomos que alterariam o DNA e RNA. Tais modificações associam-se a uma série de fatores, como infecções, radiações ionizantes, toxinas e medicamentos, que provocariam, por sua vez, alterações metabólicas neuronais, com aumento dos radicais livres e peróxidas que levariam à morte. Observa-se que a velhice é definida sob o âmbito das perdas, das reduções de memória, do juízo crítico, com diminuição da capacidade intelectual e do raciocínio lógico, afetando, assim, a vida social e afetiva do idoso.[1] Interessa a esse discurso o corpo tomado como organismo, marcado pelo determinismo biológico. Entretanto, o discurso médico não pode formalizar, a partir daí, a particularidade de cada envelhecimento – e muito menos o que seja a velhice –, a não ser definindo-a com uma série de perdas que podem, entretanto, ser encontradas fora da velhice. Há, pois, a necessidade de adaptação do organismo às modificações trazidas pelo desgaste do tempo e que podem ser processadas sem o surgimento de doenças.

Segundo Hervy (2001),[2] o envelhecimento é um processo que impõe uma tomada de posição, e cada sujeito responderá a partir de suas *capacidades de reserva* nas dimensões fisiológicas, psicológicas e sociais. Podemos deduzir que transformar esse processo em senilidade (patologias do envelhecimento) depende dessas possíveis "reservas". Diferentes fatores podem, para o discurso médico, contribuir para uma velhice mais saudável: alimentação, exercícios, cuidado com a reposição de vitaminas, hábitos de vida mais saudáveis etc.

É importante ressaltar que, apesar de todas as modificações e reduções das funções, muitas doenças tidas como "símbolos" da velhice, como o Alzheimer, ou outras doenças demenciais não são, efetivamente, doenças que prevalecem apenas em idosos (Hervy, 2001).[3] Segundo esse autor, apenas 20% dos idosos apresentam Alzheimer. Nessa vertente, Messy (2002) assinala que a dificuldade encontrada no trabalho de luto das perdas, a dificuldade com a imagem que se odeia e seu retorno ao próprio eu, o isolamento do mundo, a

---

[1] A propósito ver: CANÇADO, Flávio. Parâmetros fisiológicos do envelhecimento cerebral. In: *Noções práticas de geriatria,* 1994, p. 49.

[2] HERVY, Marie-Pierre. Le vieillissement: de qui est-ce l'affaire? In: *Le vieillissement,* 2001, p. 24.

[3] MESSY, Jack. *La personne âgée n'existe pas,* 2002.

restrição maciça de laços sociais, a falta de investimento libidinal podem ser fatores importantes na constituição do Alzheimer. O sujeito precipita-se numa espécie de autodestruição que toma, pouco a pouco, a forma de uma morte real por meio de infindáveis doenças, fazendo laço com a morte.

Para além do organismo, a psicanálise coloca em cena um corpo, atravessado pelo Outro, atravessado pelo desejo, pelo sofrimento, corpo habitado por um sujeito que tem uma maneira própria de conduzir o real. Este surge para o sujeito sob a forma de acontecimento; não há como negá-lo, mas não é possível nomeá-lo, ele é o que é.[4]

A velhice sob a ótica de alguns autores psicanalistas

A tese fundamental do estatuto do sujeito que, para a psicanálise com Freud e Lacan, se associa à própria ideia de inconsciente, é de que este não envelhece. Todavia, tal tese, podendo nos orientar a princípio para se pensar o conceito de velhice, bem como a clínica do idoso, não recobre totalmente a particularidade dessa clínica e, muito menos, o real da velhice. A psicanálise demonstrou, até o momento, pouco interesse por tal questão, quer por considerar o idoso como um adulto como os outros, não distinguindo uma clínica diferenciada na velhice, quer por uma herança advinda de

---

[4] A partir das formalizações de Lacan de 1975 em *RSI*, não podemos falar de real sem introduzirmos, ao mesmo tempo, o Simbólico e o Imaginário. Lacan formalizou, neste *Seminário*, as relações estruturais entre real, imaginário e simbólico em termos de um nó, nó borromiano, forma topológica representada por "cordas", pela qual eles se entrelaçam. Nenhuma delas é privilegiada, e, cortando-se uma delas, as outras se rompem. O nó é, assim, R, S, I; ele subsiste apenas em torno desses três registros. A consistência (*cum + sistere,* ou seja, algo que se mantém junto, aquilo que faz UM) prevalece no imaginário, mesmo que os outros dois registros tenham também sua consistência, senão eles não se manteriam juntos. O real está do lado do que Lacan nomeou de *ex-sistência*, um *ex* que gira ao redor da existência, fazendo intervalo; ou seja, da existência se diz, se nomeia, enquanto a ex-sistência marca o não – todo. O real é, pois, a efetividade; não há como negá-lo, apesar de não podermos nomeá-lo; ele é o que é. Para Lacan, a ex-sistência de algo pressupõe a presença de um buraco. Esse é sustentado de modo privilegiado pelo simbólico e é produzido inicialmente pelo recalque originário (*Urverdrängung*). Todavia, o buraco também está presente em R e em I, pois, para o enlaçamento das três cordas, se faz necessário esburacá-los. Em termos gerais, podemos, portanto, situar o real como o impossível de ser nomeado, apesar de efetivo. O simbólico é da ordem do esburacamento, marcado pela introdução de significantes, pela interdição da Lei. Todavia, é impossível nomear tudo, algo sempre escapa à nomeação; o real introduz essa falha.

Freud; na velhice, as defesas estariam por demais assentadas, e não haveria um tempo hábil às retificações e mudanças subjetivas. No Capítulo V – dedicado à clínica e à direção do tratamento na velhice –, analisaremos com mais precisão tal posição. Por hora, vale lembrar que hoje a velhice não se inscreve da mesma forma que na época de Freud. O fato de vivermos mais tempo – consequência dos avanços da ciência – traz efeitos ao conceito de velhice. De qualquer forma, se o sujeito do inconsciente não envelhece, há algo que não cessa de se escrever para cada sujeito, trazendo efeitos sobre o que não se modifica.

Relendo a definição oferecida pelo discurso médico sob a ótica analítica, podemos afirmar que o envelhecimento não cessa de se inscrever para todo vivente, um percurso dentro do tempo no qual todos passam do nascimento à morte. Um conceito bastante abrangente e que não diz muito ou quase nada sobre como nesse *não cessar de se escrever* algo ainda, mesmo escrito, escapa a todo ser falante.

É perceptível a grande dificuldade em se determinar o conceito de velhice. Mesmo que o envelhecimento possa ser tomado como um dado em si mesmo, pois todos nós envelhecemos, o conceito de velhice é muito mais difícil de estabelecer.

A psicologia do desenvolvimento tenta traçar, para distintas idades cronológicas e períodos da vida, alguns parâmetros comportamentais esperados a partir dos mesmos. Freud reinscreveu a questão do sujeito sob uma perspectiva avessa ao desenvolvimento, demonstrando, com base nos conceitos de inconsciente, pulsão, repetição e realidade psíquica, que as primeiras marcas deixadas no sujeito pela intervenção do Outro não se perdem jamais e formam um conjunto que servirá de polo de atração para outros traços. Ou seja, não existe qualquer coisa semelhante à ideia de que o sujeito, em sua constituição, passaria por determinadas "fases" evolutivas e que as mesmas seriam deixadas para trás ou suplantadas completamente pelas seguintes. Pelo contrário, algo não se traduz de uma etapa para outra, restando sempre como marca que não pode ser significantizada; é isso que o real impõe a todo ser falante.

Freud nos indicou, nos "Três ensaios sobre a teoria da sexualidade" (1905) que as pulsões são sempre parciais e a sexualidade adulta é a infantil. Nessa direção, a repetição insiste em trazer à baila a suposta satisfação original – tentativa de escrever aquilo que escapa –, bem como é sempre presente a possibilidade, a partir do que foi marcado, de escrever algo de forma original. Nesse sentido, retomamos uma questão de Bianchi (1993): "O que leva a dizer de alguém, a respeito de seu comportamento psíquico – qualquer que seja sua estrutura –, que parece 'bastante velho', 'envelheceu bastante' em comparação com outra pessoa da mesma idade, cuja reputação é de 'estar ainda moço'".[5] Quais os parâmetros utilizados quando falamos de velhice?

Na literatura pesquisada é flagrante a utilização desse conceito no sentido negativo, a partir de uma confusão ou conjunção, a nosso ver equivocada, entre velhice e doença ou velhice e decrepitude.

Na obra clássica de Simone Beauvoir, *A velhice* (1970),[6] evidencia-se a dificuldade em extrair tal conceito e o esforço redunda sempre em dificuldades que a autora não escamoteia. Partindo de dados históricos e etnográficos importantes, Beauvoir traça diferentes momentos históricos, em diferentes culturas, passando pela literatura, pelas artes e pela filosofia, buscando recolher traços daquilo que definiria a velhice. Como salientamos, as tentativas de definição são sempre contrapostas com alguma objeção que faz valer a tese de que algo escapa àquilo que se constitui a velhice. Entretanto, ao demonstrar como é difícil dizer quando se envelhece e o que se constitui o envelhecimento/velhice (ela não faz distinção precisa entre esses dois conceitos), e mesmo prevalecendo em sua obra uma atitude mais pessimista diante da mesma, Beauvoir não deixa de indicar algo que, do ponto de vista da psicanálise, nos parece interessante: o real em cena na velhice e os efeitos da cultura sobre a velhice.

Há duas afirmações interessantes que iremos retomar. A primeira observação é de que o sujeito vê o seu envelhecimento, diríamos sua velhice, pelo olhar do Outro ou ele se vê velho pela imagem que o Outro lhe devolve. Não existe para o sujeito algo palpável sinalizando sua velhice, pois "velho" é sempre o Outro. Conforme Gide, citado por Beauvoir:

> Se eu não repetisse continuamente para mim mesmo minha idade, certamente não a sentiria. E, mesmo repetindo como uma lição a ser decorada; já passei dos 65 anos, tenho dificuldade em me convencer [...].[7] [...] minha alma permaneceu jovem, a tal ponto que me parece sempre que o septuagenário, que indubitavelmente sou, é um papel que assumo; e as deficiências, as fraquezas que me lembram minha idade vêm, como se fossem um ponto de teatro, fazer-me lembrá-la, sempre que eu tender a esquecê-la.[8]

---

[5] BIANCHI, Henri. *O eu e o tempo: psicanálise do tempo e do envelhecimento*, 1993, p. 75.
[6] BEAUVOIR, Simone. *A velhice*, 1986.
[7] BEAUVOIR, Simone. *A velhice*, 1986, p. 362.
[8] BEAUVOIR, Simone. *A velhice*, 1986, p. 363.

Retomando uma passagem bem interessante da obra de Proust, *O tempo redescoberto*,[9] Beauvoir sinaliza as impressões de um dos personagens ao reencontrar, depois de muitos anos, alguns amigos ou pessoas com as quais ele havia se relacionado na juventude.

> No primeiro momento, não entendi porque hesitava em reconhecer o chefe, os convidados, e por que todos "tinham composto uma cara", geralmente empoada, e que os modificava completamente [...] Diziam-me um nome, e eu ficava estupefato ao pensar que este se aplicava ao mesmo tempo à loura valsista que eu conhecera outrora e à deselegante senhora de cabelos brancos que passava pesadamente perto de mim [...] Percebi pela primeira vez, a partir das metamorfoses que se haviam produzido em todas aquelas pessoas, o tempo que havia passado para elas, o que me perturbou, pela revelação de que também para mim ele passara [...] Não víamos nosso próprio aspecto, nossas próprias idades, mas cada um, como um espelho diante de si, via a idade do outro.[10]

Para Beauvoir, a velhice teria dois sentidos diferentes; uma categoria social "mais ou menos valorizada segundo as circunstâncias. E para cada indivíduo, um destino singular".[11] Leremos posteriormente tal indicação a partir do conceito freudiano de *destino*.

Se a velhice é ainda determinada em cada época e em cada cultura de forma diferenciada, acentuamos, os significantes que tentam nomeá-la incidirão sobre os sujeitos, provocando seus efeitos.[12] Mesmo que cada um só possa responder sob os auspícios de seus próprios traços, os significantes culturais – o mal-estar da cultura em cada época – exercem, sem sombra de dúvida, seus efeitos sobre o sujeito. Afirmamos, portanto, que a velhice é também um efeito do discurso.

Todavia, a velhice enquanto categoria social não diz nada a respeito de cada sujeito. Dizer que uma pessoa tem 60, 70, 80 ou mais anos, mesmo que isso nos dê algumas indicações relativas aos possíveis aspectos corporais, fisiológicos ou mesmo sociais, não indica como cada sujeito vivencia tais

---

[9] PROUST, Marcel. *O tempo redescoberto*, 1994.

[10] PROUST, Marcel, citado por BEAUVOIR. *A velhice*, 1986, p. 355-356.

[11] PROUST, Marcel, citado por BEAUVOIR. *A velhice*, 1986, p. 109.

[12] Para Lacan, um significante é aquilo que não significa nada, só tomando seu valor de significante em oposição a um outro na cadeia discursiva. Um significante não remete a um significado, que é recalcado, mas remete a um outro significante que se coloca a ele como diferença.

inscrições a partir de seus traços e o particular de sua história. Se o registro social assinala que a velhice chega a partir de 60/65 anos – idade coincidente com a aposentadoria –, isso marcaria a entrada na velhice? Podemos responder que não. Dizer que alguém é "aposentado" apenas busca igualar sob a mesma denominação os grupos de pessoas que viveram um período determinado de tempo cronológico em sua relação com o trabalho. Mas fora do tempo cronológico, fora de algumas das modificações, reduções ou perdas corporais, variáveis para cada sujeito, e que nem sempre se referem apenas à velhice, o que poderia nos indicar, do ponto de vista da psicanálise, a chegada à velhice? Que é a velhice? Quando nos tornamos velhos?

Para Messy (2002), pode-se envelhecer, tornar-se mais idoso no sentido cronológico, sem passar pela velhice; ela não seria o inevitável ao termo da vida; pode-se morrer aos 90 anos sem atravessar essa etapa. Ele afirma ainda que a demência não seria uma ameaça em contrapartida ao avanço de idade, bem como a idade não interviria no psiquismo.

É consensual o fato de que a idade cronológica é muito escorregadia para se determinar a velhice, já que, por exemplo, dentro de algumas categorias esportivas, se fala de velhice aos 30 anos. Há também um determinado consenso de que a velhice não modifica o psiquismo. Para esse autor, o envelhecimento constitui-se de diversas perdas e desinvestimentos objetais, bem como de aquisições (investimentos objetais).

Retomemos o conceito de *Besetzung* – inúmeras vezes indicado na obra freudiana –, traduzido em português por catexia ou investimento. Em alemão, *Besetzung* tem o sentido de ocupar um lugar, invadir, preencher. Ocupam-se espaços possíveis, demarcados, mas podem-se também remover os obstáculos tornando as trilhas, que são indestrutíveis, "transitáveis". Essas trilhas facilitadas, vias abertas, marcadas e indestrutíveis (*Bahnung*, no sentido freudiano), têm íntima relação com o desejo em seu caráter de indestrutibilidade, pois não caem jamais em desuso. Dessa forma, apesar da tradução de *Besetzung* por investimento carregar outras conotações alheias àquelas delimitadas por Freud, ela aporta uma etimologia interessante que vale retomar. Conforme o *Dicionário Houaiss*, "investir", etimologicamente do latim *investio*, significa revestir, cobrir; guarnecer, ornar, enfeitar, decorar, associando-se ainda a *investire, vest;* cobrir com vestido, vestir.

Lendo a indicação de Messy sob a ótica dessas pontuações, a velhice, delimitando algumas perdas de laços com o Outro, impõe o luto dos objetos perdidos e a criação de novas vestimentas para o desejo a partir das trilhas, dos traços marcados por cada sujeito.

Messy lança duas outras hipóteses: a velhice é "uma ruptura brutal de equilíbrio entre perdas e aquisições,[13] e um processo que se caracteriza pela posição do indivíduo idoso".[14] O que seria essa "posição" do "indivíduo" idoso?

Segundo o mesmo – fato compartilhado por outros autores –, a categoria social faz desaparecer o sujeito; a pessoa idosa torna-se um habitante da velhice. Os registros corporais – cabelos brancos, calvície, rugas, reflexos menos rápidos etc. – podem estar presentes em outras pessoas que não sejam os idosos. Por sua vez, o discurso médico afirmando que a idade biológica é o destino não consegue sistematizar tal conceito. Diríamos que não se pode verificar a idade das artérias e muito menos um coração "usado" ou jovem. Indagamos, não obstante, a ideia de que a velhice estaria acoplada apenas ao "sentimento" de estar velho ou ao um "estado de espírito", conforme M. Mannoni (1995): "a velhice nada tem a ver com a idade cronológica. É um estado de espírito. Existem 'velhos' de 20 anos, jovens de 90".[15] Ou, nas palavras de Messy: "Podemos ser velhos, nos vermos velhos, sem nos sentirmos jamais como velhos".[16]

Quer dizer, o "sentimento" de velhice seria o cerne da questão e não a velhice em si mesma. Mas, não nos esqueçamos de que o *sentimento de velhice* também mente, assinalando, muitas vezes, para um outro real.

Mesmo que a "posição do idoso" indique a relação essencial do sujeito com seu desejo, se não se deseja mais se torna velho, independentemente da idade cronológica, não se pode desconsiderar o tempo que passa. Assim, apesar da veracidade das teses sobre a indestrutibilidade do desejo, as incidências da "velhice" aos 20 anos e aos 90 anos são bem diferentes, inclusive as possibilidades de "vestir" os objetos, de agalmatizá-los não são as mesmas. Há uma distância entre alguns projetos que se *gostaria* de realizar e a possibilidade de realização e que se situam diferentemente para os de 20 anos e para os de 90 anos. Mesmo que os jovens não os realizem, há uma inscrição temporal diferenciada nos dois casos. Muitos dos projetos futuros tornam-se inviáveis a partir de uma determinada idade, e o luto do que poderia ter sido ou do que se foi tem de ser realizado, impondo novas respostas ao sujeito. De toda forma, se os desinvestimentos libidinais tomam uma forma muito marcante na relação do sujeito com o mundo externo, a velhice tomaria a forma de morte real ou psíquica.

---

[13] MESSY, Jack. *La personne âgée n'existe pas*, 2002, p. 44.

[14] MESSY, Jack. *La personne âgée n'existe pas*, 2002, p. 34.

[15] MANNONI, Maud. *O nomeável e o inominável*, 1995, p. 16.

[16] MESSY, Jack. *La personne âgée n'existe pas*, 2002, p. 70.

Nesse sentido, se fizéssemos uma associação entre velhice e doença, pela qual seríamos jogados à dependência irremediável do Outro, isso nos reenviaria não exatamente à velhice mas aos efeitos que a doença orgânica tem sobre a libido. A "vida sob sentença", mencionada por Freud, imporia o insuportável da dor e não a velhice em si mesma.

A segunda definição de Messy – a velhice como *uma ruptura brutal de equilíbrio entre perdas e aquisições* – parece-nos interessante já que não desconhece o real da velhice; contudo, ela não se abre à contingência – possibilidades de que algo de novo aí se escreva. A velhice é tomada apenas como um conceito negativo (*ruptura brutal*) – mesmo que não o seja a idade cronológica; pode-se chegar à idade avançada sem vivenciar a velhice. Ideia compartilhada também por Mannoni; entra-se na velhice quando se perde o desejo. Não entrar na velhice seria "guardar em si uma certa dose de cumplicidade com a criança que se foi".[17] A entrada na velhice implicaria a ruptura com o desejo.

Observamos outrossim a persistência de uma concepção negativa de velhice mesmo que não o seja a da idade avançada, podendo reforçar a dificuldade em se falar de velhice. Seguindo tal via, talvez teríamos que distinguir o conceito de velhice do conceito de "idoso", mas isso não resolveria a problemática, apenas iríamos deslocar para um outro lugar a dificuldade conceitual.

Não compactuamos que se possa passar pela vida sem passar pela velhice, e ela não implica por si mesma a morte do desejo. Ao mesmo tempo, as possibilidades de respostas não são as mesmas aos 20 e aos 90 anos. Se a idade cronológica, a aposentadoria, as marcas corporais, as doenças são demasiadamente imprecisas para se definir a velhice, não se pode, por outro lado, desconhecer que o tempo impõe seus efeitos. Faz-se necessário conceituar a velhice a partir de um enlaçamento particular do real, imaginário e simbólico. Não é possível passar pela vida desconhecendo o real das perdas que a velhice acarreta – incluindo a relação do sujeito com o imaginário –, o trabalho de luto e a exigência de tratamento desse real pelo simbólico.

Ressaltamos contudo a importância essencial dessas conceituações ao se destacar o caráter indestrutível do desejo que não tem idade, não tem a idade de nossos vasos sanguíneos ou nossos órgãos. Nessa direção, a velhice implica um saber vestir esse desejo.

Nas palavras de Marieta (minha mãe) aos 81 anos:

---

[17] MANNONI, Maud. *O nomeável e o inominável,* 1995, p. 17.

> Para mim, a velhice é mais uma experiência, sinto-me mais segura com o que eu quero. Para outros, ela é queixa de doenças e o pensar na morte. Não fico premeditando a vida e nem a morte. Até hoje não acredito em velhice; estou velha de idade, de corpo, mas não me sinto velha. Nem quando a dor me ataca nos ossos eu me sinto velha; não uso a expressão "é a idade". Não gosto de falar em velhice, em idade; há alguns que, com 50 anos, se dizem velhos, talvez achem mais cômodo falar e pensar assim. Acho que não existe velhice, e, se existe, ela pode ser uma *acomodação* (grifo meu): se não posso comer uma coisa, como outra, se não posso fazer uma coisa, faço outra. Sinto-me mais segura, posso ensinar mais às pessoas, posso doar mais.

É interessante o significante utilizado, *acomodação*, que faz ressonância ao que Lacan acentuou em relação ao tratamento a ser dado aos restos na cura analítica. *Acomodar* tem vários sentidos em português: conformar, adaptar, serenar, aquietar... ou ainda, disposição, ordenação. Uma outra disposição ou ordenação dos restos (aquilo que, não desaparecendo, exige um tratamento), uma maneira de transformar aquilo que não serve para nada, o gozo (isso que, em sua fala, pode ser delimitado como *ficar na queixa e pensar na morte)* em algo que coloca o sujeito em marcha e se contrapõe ao *cômodo*.[18]

Retomando a ideia da velhice como efeito também do discurso, exigindo um tratamento daquilo que não é simbolizado, lembro-me de uma analisanda,

---

[18] O que Freud assinalou como "além" do princípio do prazer, a pulsão de morte – repetição que excede sempre o homeostático do princípio do prazer –, fazendo com que o sujeito repita experiências penosas, Lacan formalizará como gozo. No Seminário da *Ética*, ele assinala dois tipos de gozo: o gozo fálico, que passa pela linguagem, gozo interdito; e gozo do Outro, extralinguagem, portanto, sem barreiras e que invade o sujeito, observado, por exemplo, na psicose. Há uma parte do gozo fálico que escapa à significantização, resto que Lacan nomeará de *objeto a*. Há uma terceira forma de gozo que ele formalizará nos anos 70, como gozo feminino, gozo não todo inscrito na linguagem. De uma maneira geral e simplificada, podemos afirmar com Lacan que o gozo, por princípio, é interditado ao ser falante; não existe o gozo absoluto, já que ele se suporta no corpo e este não pode sustentá-lo além de certo limite. Ou seja, como Freud demonstrou, o *princípio* do prazer encontra limites desde o início. Da mesma forma que não há prazer sem limite, não há gozo que não seja limitado. Enquanto o desejo impõe sua sustentação, implicando uma subversão do sujeito em relação à Lei, o gozo é um imperativo tirânico pelo qual o sujeito é submetido. Daí o caráter de repetição do gozo, pois o sujeito repete sem saber por que repete e para obter uma determinada satisfação, também desconhecida para o mesmo. Lembramos que a satisfação pulsional não significa prazer. Na clínica, observa-se, a partir da cadeia significante e do sintoma, o sentido de gozo de cada sujeito.

em análise há quase 8 anos (era sua segunda análise, a primeira durou 5 anos), que, próximo aos *60* anos, essa *entrada na 3ª idade*, apresentou uma crise de angústia muito forte respondendo a princípio pela inibição; recusa-se a vir às sessões, evitando a fala. Após seu aniversário, retorna, ainda completamente angustiada, e ao tentar falar desse real diante do qual não encontrava palavras, diz: "Sessenta!". Ao marcar o significante, assenta-se no divã e diz: "Que espanto!".

A princípio, seu espanto, esse real que lhe angustia colocando-a *assentada*, referia-se ao encontro daquilo que pressupunha apenas para o Outro, *a entrada na 3ª idade e na velhice*, e que lhe advinha sem *aviso prévio*; ela o diferencia da sua aposentadoria adquirida bem mais cedo. Como lidar com isso?, perguntava-se. "O que é isso em que estou entrando? Isso é insuportável."

Sua angústia presentificava não apenas o encontro com o gozo do Outro (o que é isso? Como o Outro goza?), bem como lhe reenviava à sua forma de gozar ("como vou lidar com isso?") e às incidências dessa *nova* "etapa" sobre seu desejo. O horror de que, a partir daí, ela seria entregue, como objeto, ao gozo do Outro trouxe-lhe, a princípio, esse efeito inibitório. Esse insuportável, esse *acontecimento*, impossível de ser nomeado, foi, aos poucos, encontrando, em sua cadeia significante, uma construção que lhe permitiu, a partir de então, a travessia fantasmática.

No último capítulo, nos deteremos na análise desse caso clínico, mas, por ora, vale assinalar que os significantes *sessenta* e *entrada na 3ª idade* (do discurso social) não foram indiferentes a esse sujeito e fizeram cadeia com o real de tantas perdas que se agudizaram para ela nos últimos dois anos (três irmãos mais velhos, duas amigas e outros parentes próximos, todos com mais de 60 anos), acenando-lhe que os efeitos insistentes do real também lhe tocavam. Ela perde também, nessa época, duas *pontes fixas* dentárias, significantes importantes no saber construído, impondo-lhe novas traduções e transcrições.

Outro sujeito, ainda em entrevistas preliminares, deixa um recado na secretária solicitando um horário, assinalando a indicação médica. Ao lhe retornar o chamado, pergunta-me qual era minha *especialidade*. Respondo que era psicanalista, ao que ela me retruca: "não, não é isso... você não trabalha com 3ª idade, com idoso?" Respondo-lhe que era psicanalista e poderia escutá-la e a convido a vir falar. Essa mulher com 77 anos e com graves conversões chega à análise demandando mais um *especialista* numa cadeia que se estendia a especialidades diversas – gastroenterologia, psiquiatria, fisioterapia etc. –, que pudesse responder ao real de seu sintoma. Entretanto, ao questionar se eu era uma *especialista em idoso*, o que ela menos queria, e ficou evidente logo na primeira entrevista, era uma resposta à sua demanda. Rechaçava, e ainda bem, colocar-se nesse lugar de *idosa*, retirando sua condição de sujeito, mesmo que seus sintomas fossem, para ela, a princípio relacionados à idade.

Observa-se, pelos fragmentos apresentados, que o "sentimento" de velhice é bem diferenciado em cada caso. Apenas quando persiste o predomínio dos desinvestimentos, uma espécie de autodestruição toma a forma de morte real ou morte psíquica com a formação de inúmeros sintomas. A isso estariam relacionados os lutos não elaborados e as dificuldades de convivência com diferentes perdas, sobretudo com a imagem modificada pelo tempo que, muitas vezes, se odeia. Tais pontos parecem-nos essenciais pois tocam diretamente na importância do simbólico como tratamento do real.

De modo similar, mesmo que a aposentadoria não se iguale à velhice, não podemos nos esquecer de que aquela, como o fim de um determinado laço social, não deixa de ter efeitos importantes sobre alguns sujeitos, sendo comum a demanda de análise nesse momento. Alguns a tomam como o *fim da vida ativa*, e tais significantes têm, por vezes, efeitos devastadores sobre o sujeito, pois o trabalho constitui uma fonte importante de laços sociais diversos, bem como de criação e de sublimação importantes. Por conseguinte, mesmo que a aposentadoria não represente a velhice ou não a defina, não podemos esquecer que *aposentado* é um significante com ressonâncias sempre negativas, associando-se ao que não serve mais, passou do tempo e, inclusive, à morte do desejo.

Uma senhora (58 anos, atendida na Clínica de Psicologia da Newton Paiva[19] e escutada em supervisão) demanda atendimento algumas semanas depois de ter-se aposentado queixando-se de um medo terrível de *parar* e abandonar a vida ativa. "Não aconteceu nada ainda; nem sei o que é parar de trabalhar, mas isso me amedronta, e tenho medo de me deprimir. Meus filhos sempre me dizem que eu não posso parar." O que não pode ser parado? Que demanda é essa que antecipa um sintoma ou um estado depressivo?

O que se inscreve bem no início das entrevistas preliminares, junto *disso que se aposenta*, é o encontro com seu desejo, *sonho não realizado* de fazer um curso de Letras. "Não quero deixar morrer esse sonho, apesar de me sentir realizada com os meus filhos." A*posentar* seria dedicar-se aos cuidados dos netos, da casa, e, estando já *velha*, significante que faz cadeia com a aposentadoria, não teria mais como sustentar *seu sonho*. Ao mesmo tempo, o escancaramento no real de um limite do tempo e de algo que se *aposenta* provocou, nesse caso, um movimento em direção à construção daquilo que fazia *impedimentos* à realização de seu desejo.

---

[19] Utilizaremos doravante a sigla CPNP.

Se, para alguns sujeitos, a escuta psicanalítica tem sido a forma de restituir aquilo que persiste para além da aposentadoria, do derrame, das pernas que não funcionam bem, do corpo que não pode mais fazer as tarefas do mesmo jeito, nem sempre esse é o caminho para os que se defrontam com o real da velhice.

Le Gouès (2001) definirá o envelhecimento, lê-se velhice, no momento em que o fantasma de eternidade encontrar um limite, até então ignorado pela libido. O fantasma de eternidade consiste em pensar que a morte não nos ameaça verdadeiramente – convicção narcísica da imortalidade do eu. Interrogamos se isso não poderia ocorrer em qualquer momento da vida, diante de uma perda muito importante ou de outro encontro com o real.

O autor articula também velhice à crise de meia-idade, momento marcado pela vivência de finitude, provocando uma determinada desestabilização da economia da vida sexual. Para ele, a *genitalidade corporal* diminuiria antes da *genitalidade psíquica*; um corpo que envelhece diante de um psíquico que permanece. Essa experiência de finitude afetaria o aparelho psíquico de diferentes formas; na juventude e idade adulta, tem-se a ilusão de um tempo indefinido para se obter o que se deseja. Tal ilusão altera-se com a nova prova de realidade da velhice, na qual o futuro se torna triste e a falta começa verdadeiramente a faltar. Nesse sentido, a velhice imporia ao eu uma nova prova de realidade.

Do ponto de vista metapsicológico, a velhice seria um processo que colocaria em tensão o Eu com o *isso*; o "eu sabe que vai morrer, face ao isso que o ignora, o aparelho psíquico entra em um conflito de finitude, um conflito tópico".[20] Contrapondo-se à temporalidade do eu está a atemporalidade do *isso*, associando a velhice à vivência de finitude, marcada por uma ferida narcísica, seja pela impossibilidade de se adiar a realização do desejo, seja pela ideia da morte real. A resposta à nova prova de realidade poderia abrir-se a retificações, aos lutos e à mudança de posição subjetiva, delimitando, pois, a indestrutividade do desejo. Ou, de outra forma, a velhice atualizaria a problemática da castração a partir do luto do que se foi e do que se é. Ela inscreveria uma alteração significativa do narcisismo: luta entre o investimento em si mesmo e o desinvestimento que se abre à morte. A velhice é também representada como a ascensão crescente da pulsão de morte; confrontação entre o desejo e sua realização, implicando efeitos importantes na economia libidinal.

Herfray (1988)[21] define o envelhecimento como um processo inerente à existência e a velhice como um momento específico do tempo existencial;

---

[20] LE GOUÈS. Gérald. La psychanalyse tardive. In: *Le vieillissement*, 2001, p. 46-47.
[21] HERFRAY, Charlotte. *La vieilesse en analyse*, 1988.

movimento dialético entre forças que puxam para a vida e forças que puxam para a morte, no sentido mesmo freudiano de *Além do princípio do prazer*; a vida tende para a morte. A velhice seria o momento no qual o deslocamento da tensão dialética entre vida e morte acusaria a ascensão crescente da pulsão de morte. Destaca, entretanto, a dificuldade em se definir objetivamente a idade para a velhice, pois os únicos critérios de que dispomos são de ordem fisiológica. Existiriam, na velhice, "crises" (momentos intensos de trabalho psíquico) nas quais surgiriam uma confrontação do desejo e sua realização, seja por falta de forças para realizá-lo, seja pelo tempo factual pelo qual cada um seria interpelado em sua economia libidinal. A velhice traçaria, ainda, o momento dos lutos do que se foi e de diferentes perdas, impondo, dessa forma, uma atualização da problemática da castração.

Indagamos – a partir da questão abordada pela autora, concernente ao movimento dialético entre vida e morte – se Eros torna-se muito distante de Thanatos; na velhice como em qualquer outra época da vida, isso seria semelhante à vivência da melancolia. Talvez isso explicasse um número significativo de suicídios na velhice, como atestam alguns autores.

Balier,[22] lançando, em 1976, proposições referentes à clínica psicanalítica do idoso, assinala que a velhice provocaria uma alteração importante do narcisismo e, concomitantemente, um sentimento de desvalorização. Para ele, seria necessário buscar no narcisismo a explicação de comportamentos patológicos da velhice. Não se trataria do fator "quantitativo" de energia libidinal, mas da repartição da libido entre o *eu* e o *objeto*. As inúmeras perdas que assolam a velhice trazem uma série de efeitos sobre o narcisismo do sujeito. Por essa via, ele define "a velhice como uma luta permanente entre o investimento afetivo em si mesmo e o *desinvestimento* que abre à morte".[23]

O narcisismo realizado pelo ideal do *eu* corresponde, na idade adulta, ao objetivo a ser alcançado. É claro que o ideal do *eu* reenvia ao ideal suportado pelo simbólico, pelo corpo social ou pelos traços culturais, e eles terão, sem dúvida, incidências sobre as possibilidades abertas ao sujeito em torno de seu objetivo pulsional. A aposentadoria, por exemplo, pode significar uma perda de poder, de prestígio e de laço social, podendo ocasionar uma ferida narcísica grave e um desinvestimento em si mesmo, precipitando a formação de sintoma como acúmulo excessivo de objetos

---

[22] Citado por MESSY, Jack. *La personne âgé n'existe pas*, 2002, p. 90-91.

[23] Citado por MESSY, Jack. *La personne âgé n'existe pas*, 2002, p. 91.

ou no apego excessivo aos mesmos como se eles fossem partes integrantes do próprio sujeito.

Para Balier, as "neuroses da senescência" se caracterizam pela abundância de sintomas somáticos e se associam às neuroses atuais descritas por Freud: hipocondria, neurastenia e neurose de angústia. "O 'atual' assinala que a origem da neurose não se encontra nos conflitos da infância, mas na atualidade".[24] A fonte seria somática e não psíquica, e não haveria, na formação de sintomas, os dois modos de funcionamento mental típico do inconsciente – deslocamento e condensação –, ou seja, mecanismos nos quais a experiência passaria por mediação do tempo, o *a posteriori*.

Vale salientar – apesar da veracidade da afirmação concernente à abundância dos sintomas somáticos na velhice – que Freud, apesar de não ter abandonado a concepção de *neurose atual*, a reservou para processos químicos no organismo (intoxicação, modificações no metabolismo etc.) e não precisamente para uma época determinada da vida. Se todo sintoma sinaliza, atualizando, a verdade do inconsciente, a concepção de que na velhice as neuroses seriam "atuais" tende a escamotear a tese fundamental de que o inconsciente não envelhece, dialetizando-a com o tempo que passa. Ou, de outra forma, podemos afirmar quer toda neurose é "atual" no sentido de que todo sintoma atualiza a verdade do sujeito.

Balier nos oferece alguns pontos importantes a serem retomados no tocante à ferida narcísica, restando precisar melhor as possíveis respostas a ela. Esse constitui dos focos de trabalho do Capítulo III.

Dos contemporâneos de Freud, podemos focalizar dois nomes principais: Ferenczi e Karl Abraham. O primeiro carrega, sem dúvida, as teses mais pessimistas em relação à velhice e, por vezes, bastante segregativas, não coadunando com a prática analítica. Segundo Ferenczi, após os 50 anos, a pessoa não disporia mais de plasticidade dos processos psíquicos sobre os quais se apoia a psicanálise. "Os idosos não são educáveis e, de outro, a quantidade de material a decifrar aumenta indefinidamente a duração do tratamento."[25] Radicalizando ainda mais, enfatiza:

> O homem tem tendência, na velhice, a retirar as emanações da libido, dos objetos de amor, e a retornar sobre seu Eu o interesse libidinal que ele possui em menos quantidade [...] As pessoas idosas tornam-se – como

---

[24] Citado por MESSY, Jack. *La personne âgé n'existe pas*, 2002, p. 93.

[25] FERENCZI, Sandor, citado por Le Gouès. La psychanalyse tardive. In: *Le vieillissement*, 2001, p. 45.

as crianças – narcísicas, perdendo muito de seus interesses familiares e sociais, perdendo uma grande parte de sua capacidade de sublimação, sobretudo concernente à vergonha e desgosto; eles se tornam cínicos, maldosos e avaros; de outra forma sua libido regride às etapas pré-genitais do desenvolvimento e tomam frequentemente a forma de franco erotismo anal ou uretral, de homossexualidade, de voyeurismo, exibicionismo e de onanismo.[26]

Abordando claramente o processo analítico dentro de um tempo cronológico e fazendo uma associação entre "quantidade" de material psíquico e idade cronológica, Ferenczi chega a uma generalização radical, esquecendo-se de algumas teses freudianas essenciais:

I) Na análise só existe um sujeito, o sujeito do inconsciente, e este não envelhece;

II) Tratando-se de realidade psíquica, não há diferença entre um fato passado e um atual. O sintoma sinaliza a atualidade do passado, e Freud sempre foi muito cuidadoso com o diagnóstico; este não é feito sob as bases fenomenológicas ou comportamentais. Com Lacan, a noção de estrutura impede qualquer análise do tipo: na velhice os sujeitos se "tornam avaros, mesquinhos, maldosos", como exposto por Ferenczi. O diagnóstico é feito sob transferência, portanto, no caso a caso da clínica.

III) Na indicação de análise, importa a forma como o sujeito se coloca frente à falta do Outro e sua relação com o desejo, não determinado pela idade e, muito menos, pela "quantidade de material psíquico".

IV) O conceito de pulsão é avesso a qualquer noção desenvolvimentista; Freud afirma que a pulsão é sempre parcial e a sexualidade adulta é a sexualidade infantil.

Abraham, em 1920 – data que coincide com a publicação de "Além do princípio do prazer" –, lança um artigo intitulado "O prognóstico do tratamento psicanalítico para os sujeitos de uma determinada idade".[27] Ao contrário da posição bastante generalista de Ferenczi, Abrahm afirma: "Pode-se igualmente dizer que a idade da neurose é mais importante que a idade do neurótico".[28] Contrapondo-se à assertiva freudiana de que uma

---

[26] FERENCZI, Sandor, citado por MESSY, Jack. *La personne âgée n'existe pas*, 2002, p. 86-87.

[27] ABRAHAM, Karl, citado por MESSY, Jack. *La personne âgée n'existe pas*, 2002, p. 85-86.

[28] ABRAHAM, Karl, citado por MESSY, Jack. *La personne âgée n'existe pas*, 2002, p. 86.

idade muito avançada limitaria a eficácia da análise – podemos indagar qual seria o parâmetro de idade avançada na época de Freud, dado que a vida média não ultrapassava os 40 anos –, ele responde que tal tese não pode ser tomada, de modo geral, como verdadeira; sua clínica tinha lhe ensinado a não aplicar normas rígidas na indicação do tratamento, defendendo a psicanálise aplicada aos idosos.

Nessa direção, urge formalizar um pouco mais as incidências e os efeitos do real do tempo cronológico e sua relação com o que não envelhece, o atemporal do sujeito do inconsciente. Há um "saber" jogar com o tempo que deve ser considerado. Não podemos abstrair completamente das incidências da idade os significantes que circulam em torno da mesma, e seus efeitos sobre o sujeito, mesmo que cada um só responda aos mesmos de maneira particular. Percorreremos tal via, buscando formalizá-la a partir dos conceitos básicos da psicanálise. De qualquer forma a velhice implica também um trabalho de acomodação de vários traços e um tratamento do real em cena.

Velhice, destino e desamparo

Retomemos, a princípio, a hipótese de Beauvoir, *a velhice é um destino* singular, para lê-la à luz de algumas indicações de Freud e Lacan, buscando outros contornos ao conceito de velhice.

Na obra de Freud, são inúmeros os momentos nos quais ele utiliza a palavra *destino*. Podemos encontrá-la tanto no sentido usual – algo ineluctável, obscuro, um caminho traçado e determinado –, ou associada à repetição, como seu oposto – algo que se contrapõe ao ineluctável –, parte constitutiva de uma determinada construção. Iniciemos pela relação entre destino e repetição.

A repetição para Freud[29] apresenta-se como uma forma de recordação, atentando-se que a "lembrança" associa-se ao esquecimento, ao encobrimento, não tendo, dessa forma, nenhuma relação com a exatidão do fato. Recorda-se sob a pena do recalque, já que a memória está ligada também ao recalque. Repetir e recordar não são formas de reprodução. A repetição alia-se, ainda, à ideia de insistência; o inconsciente não resiste, ele insiste em passar pela barreira do recalque. Como a repetição não é reprodução e nem uma simples substituição e está barrada pelo recalque, ela guarda sempre uma cota de fracasso; é uma forma de satisfação pulsional e, como

---

[29] A propósito, remetemos o leitor ao texto: Recordar, repetir e elaborar. In: *ESB*, 1975, v. XII, p. 191-203.

tal, sempre parcial. É impossível, diríamos com Lacan, repetir o traço originário. Toda repetição traz sempre algo não só de igual mas também da diferença. Da mesma forma, o destino, relacionado à repetição, traça formas de recordação, de inscrição de traços, bem como de certa satisfação pulsional, determinada forma de gozar. Mas, ele só pode inscrever tais traços sob a barra do recalque, ou seja, algo não se inscreve.

Em 1920,[30] Freud afirma que existe uma repetição que se coloca além do princípio do prazer; repete-se apesar da dor. A pulsão de morte demonstra algo conservador na repetição para além de qualquer significação possível – repetição que busca extrair qualquer inscrição do novo. Ele acentuará que o recalque busca retornar compelido por *uma força demoníaca*. Nos termos de Lacan, diríamos, retorna pela força dos significantes mestres que regem o sujeito.

No *Seminário 11* (1964),[31] Lacan indica que a repetição é da ordem de um encontro sempre faltoso; um real está sempre além e por trás do que se repete. E nos anos 1970, com o *Seminário 20* e o RSI, ele associará a repetição com o gozo: em cada repetição há sempre perda de gozo, repete-se o sentido do gozo. Dessa forma, o destino enquanto repetição acentua que o passado não é imóvel ou morto, mas sempre busca retornar. Concluímos que a repetição no "destino" alia-se a uma forma de gozar.

Em "Além do princípio do prazer" [1920], Freud é enfático ao afirmar: "a psicanálise, porém, sempre foi de opinião de que seu destino [das pessoas] é, na maior parte, arranjado por elas próprias e determinado por influências infantis primitivas".[32] E, em "O problema econômico do masoquismo" [1924], acentua: "A última figura na série iniciada com os pais é o poder sombrio do Destino, que apenas poucos dentre nós são capazes de encarar como impessoal".[33]

Nessa sequência aberta por Freud e Lacan, podemos extrair algumas teses em relação à velhice. Cada um envelhece apenas de seu próprio modo, e não existe uma velhice natural, mesmo que exista um corpo que envelhece e uma pessoa que se torna mais idosa. Esse "destino pessoal" traçado na velhice é completamente singular, e cada um inscreverá determinada forma de gozar que lhe é própria. Se a velhice é um destino singular a ser traçado por cada

---

[30] Ver: FREUD, Sigmund. Além do princípio do prazer [1920], 1976.
[31] Ver: LACAN, Jacques. *Os quatro conceitos fundamentais da psicanálise*, 1988, p. 23-65.
[32] FREUD, Sigmund. Além do princípio do prazer [1920], 1975, p. 35.
[33] FREUD, Sigmund. O problema econômico do masoquismo [1924], 1976, p. 209-210.

sujeito, ela não pode ser reduzida à idade cronológica e, muito menos, à diminuição de determinadas funções orgânicas, como ficou demonstrado.

Consideramos interessante ainda analisar a relação entre destino, velhice e o conceito de desamparo. Tal conceito foi desenvolvido por Freud em diferentes momentos de sua obra, sendo relacionado ora a uma situação traumática – excesso de excitação que não encontra palavras –, ora à imaturidade do ego e insuficiência do sujeito para conduzir sua sobrevivência.

Na "Conferência XXXII" (Angústia e vida pulsional),[34] delimita-se que cada estágio do percurso libidinal é propício à angústia. O desamparo psíquico conjuga-se à imaturidade inicial do ego, ao perigo de perda do objeto (perda do amor), à falta de autossuficiência dos primeiros anos da infância, ao perigo de ser castrado durante a fase fálica e ao temor do superego. Poder-se-ia supor que o desamparo desapareceria no curso da constituição do sujeito, mas isso não ocorre. Cada uma dessas situações, além de deixar traços na vida psíquica, nunca é totalmente ultrapassada. Muitos são incapazes de superar o temor da perda do amor – não se tornam suficientemente independentes do amor de outras pessoas – e, sob tal aspecto, comportam-se como crianças. O temor ao superego continuará regulando as relações do sujeito com o social, e as situações de perigo advindas do sentimento do temor à castração apenas adquirem outras roupagens. Assim, conforme Freud, o infantil é parte constituinte da neurose, e o desamparo é reinscrito sob diferentes formas em conformidade com o *perigo* em questão.

Dessa forma, na velhice, o infantil continuará também a impor seus efeitos sob a pena do desamparo, do perigo da perda do amor, da angústia relativa ao desejo do Outro e ao próprio desejo. Tudo isso se alia ao *destino* que a velhice traçará para cada sujeito. A velhice pode ser, inclusive, o momento no qual o sujeito vive seu desamparo de maneira mais aguçada. Ela é o encontro maciço com os signos do real – marcas do não todo, limites impostos pela castração – e, expondo o desamparo em sua face mais nua, enlaça-se ao destino particular do gozo, demandando um tratamento importante e permanente pelo simbólico.

Freud e a velhice

A despeito de Freud não ter escrito particularmente nada sobre a velhice e de ter abordado sua própria velhice como um momento terrível – atestado

---

[34] FREUD, Sigmund. Conferência XXXII [1932], 1975.

por inúmeras cartas a Lou-Andreas Salomé –, é visível que, ao fazê-lo, expõe uma determinada conjunção entre sua velhice e o câncer, isso que não cessava de se escrever para ele durante anos a fio. Um real de sua existência, um insuportável da existência que o fez se expressar à Lou-Andreas:

> Eis aqui alguém que, em vez de trabalhar até a velhice (veja o exemplo a seu lado) e então morrer sem preâmbulos, contrai uma horrível doença na metade da vida, tem que ser tratado e operado, desperdiça seu pouco dinheiro.... rasteja por um tempo indefinido como um inválido [...] Enfrentei as realidades infames, mas não suporto bem a ideia das perspectivas à minha frente, e não consigo habituar-me à ideia de uma vida sob sentença.[35]

Em outro momento, também numa carta à Lou-Andreas:

> Uma crosta de indiferença está lentamente insinuando-se sobre mim: um fato que afirmo sem queixas. É uma evolução natural, uma maneira de começar a ficar inorgânico. O "desprendimento da velhice", acho que é assim que se chama. Deve estar ligado a um desvio decisivo na relação das duas pulsões postuladas por mim. A mudança que ocorre talvez seja muito notável. Tudo é tão interessante quanto era antes, os ingredientes tampouco muito diferentes. Mas falta uma espécie de ressonância.

Vários autores assinalam que a "entrada" de Freud na velhice é coincidente com várias perdas e o surgimento de seu câncer. Em 1919, aos 63 anos, perde sua filha Sophie com 26 anos, logo depois o pai de Jones; em seguida, sobrevém o câncer de Binswanger. Em 1923, é detectado, a princípio pelo próprio Freud, um tumor maligno em sua mandíbula, sem que ele saiba, nessa época, de sua gravidade. Aos 19 de julho de 1923, ele perde o neto mais querido, filho de Sophie, com apenas 4 anos e meio, com meningite tuberculosa. E, conforme Mannoni,[36] confessa numa carta à Ferenczi, sofrer de depressão e, em 1926, escreve à Binswanger exprimindo-se a respeito de seu neto: "ele representava para mim todos os meus filhos e meus netos e, desde a sua morte, não amo mais os meus netos e não tenho mais prazer em viver".[37]

Aos 65 anos afirma a Ferenczi ter entrado na velhice, data que prenuncia o início de seu câncer – dois anos mais tarde –, que perdurou 16 anos. De 1926 a 1936, Freud sofreu inúmeras intervenções cirúrgicas até 1939 quando nenhuma cirurgia era então possível.

---

[35] FREUD, Sigmund. *Lou-Andreas Salomé – Correspondência Completa*, 1975, p. 178-179.
[36] MANNONI, Maud. *O nomeável e o inominável*, 1995, p. 92.
[37] Citado por MANNONI, Maud. *O nomeável e o inominável*, 1995.

Conforme Mannoni, em 1929, ele fala a Max Schur que podia suportar dores fortes e odiava tranquilizantes, mas esperava que este não lhe deixasse sofrer inutilmente. Em 1924, escreve a Lou-Andréas Salomé: "Suportei bem todas as realidades repugnantes, mas aceito mal as possibilidades, não admito facilmente essa existência ameaçada de demissão".[38] Enquanto sofria e acreditava ser a *carapaça de insensibilidade* algo relativo à serenidade da idade, Freud continuava a trabalhar arduamente, atendendo seus pacientes, reunindo-se com os colegas e escrevendo textos importantíssimos.

Em 1936, com 80 anos, em outra carta à Lou-Andreas, Freud define com pessimismo sua velhice: "Não posso me habituar às misérias e ao desamparo da velhice e encaro, com uma espécie de nostalgia, a passagem para o nada".[39]

Entretanto, conforme acentua Mannoni, "a cada melhora na saúde Freud reagia, no entanto, com um apetite de viver e uma combatividade sempre renovados".[40] Não era a idade que incomodava Freud, mas a doença e, é claro, as perdas que se seguiram até sua morte, acrescentadas, em 1937, às de Abraham e Lou-Andreas Salomé.

Em setembro de 1939, em um estado de total deterioração e protegido por mosquiteiro para evitar o odor terrível que exalava, Freud, conforme acordo firmado com Max Schur e sua filha Anna, pede ao mesmo que termine com essa tortura: "Dois centigramas de morfina são suficientes para adormecer Freud. A dose é repetida doze horas depois. Freud entra num coma de que não mais despertará".[41]

Apesar dessa "vida sob sentença", Freud tinha o desejo de "morrer sem preâmbulos", escrevendo, nessa mesma época, obras importantíssimas e nunca deixando de responder ao real por um desejo decidido. Malgrado o real, malgrado o necessário que não cessava de escrever, Freud escreveu atravessado pela contingência e munido do possível. O destino pessoal de sua velhice foi atravessado por muita dor, mas também pela inegável sustentação de seu desejo. Ele foi, até o fim, um *sujeito responsável analiticamente* por sua própria história. Apesar do real de um corpo que se deteriorava, da dor, do real da morte, havia algo em Freud que se mantinha inalterado e lhe permitia reinscrever sempre sobre o já inscrito. Ele foi um exemplo fiel de um sujeito que pode fazer novas inscrições sob a lógica de um outro tempo.

---

[38] Citado por MANNONI, Maud. *O nomeável e o inominável,* 1995, p. 105.

[39] MANNONI, Maud. *O nomeável e o inominável,* 1995, p. 101.

[40] MANNONI, Maud. *O nomeável e o inominável,* 1995, p. 105.

[41] MANNONI, Maud. *O nomeável e o inominável,* 1995, p. 105.

Nessa direção, há uma reflexão, trazida por Mannoni, que se associa à nossa questão inicial: como reconciliar o sujeito do inconsciente – que não envelhece – com o real da velhice? Como afirma a autora, "se o inconsciente mantém a morte à distância, quase não deixa lugar para a velhice [...] a velhice nos 'pega', é sempre de maneira inesperada".[42]

Acentuamos que o "inesperado" tange tanto ao real (sempre efetivo, mas inominável) quanto à contingência; o sujeito pode suportar que várias coisas não se escrevem. A velhice pode acoplar tanto o necessário quanto o contingente; pode ser o momento no qual o sujeito cria algo de inusitado a partir de sua determinação significante. Há um real que se escreve no tempo, mas que pode escrever, de outra forma, o tempo. Há, pois, um encontro com a atemporalidade do inconsciente, que *quase* não deixa espaço à velhice ou que tenta desconhecê-la, mas há algo do temporal e inevitável. A questão é como conduzir esse encontro do atemporal com o temporal. Nessa direção, urge detalharmos qual seria a distinção entre tempo e temporal. Que é o tempo para a psicanálise?

Tempo e temporalidade: Heidegger

Antes de enfocarmos o conceito de tempo na psicanálise, retomemos a concepção heideggeriana de tempo, já que ela faz um corte, decisivo e importante, na disjunção clássica entre ser e tempo.

Ao contrário de toda filosofia até então, Heidegger, em "Tempo e ser", faz uma aproximação entre tempo e Ser, ou seja, a negatividade do tempo se inscreve no Ser. O tempo, segundo Heidegger, não *é*, ele "dá-se, o tempo, sem dúvida, não é nada. Por isso procuramos ser cautelosos e dissemos: Dá-se tempo".[43] Se o tempo não "é", ele não é também uma "sequência de agoras, no espaço de tempo de 50 anos, aconteceram tais e tai coisas. Espaço de tempo designa agora o aberto, que se ilumina no recíproco – alcançar-se de futuro, passado e presente".[44] Nessa direção, critica a concepção de destino que tem por referência apenas a história, ou seja, uma sucessão linear de acontecimentos.

Relendo tal indicação sob a luz da psicanálise, podemos dizer que tal "sucessão" de acontecimentos não deixa espaços nos quais o sujeito inscreveria algo de totalmente particular. Essa sucessão de acontecimentos promove,

---

[42] Citado por MANNONI, Maud. *O nomeável e o inominável*, 1995, p. 34.
[43] HEIDEGGER, Martin. Tempo e ser. In: *Os pensadores*, 1979, p. 263.
[44] HEIDEGGER, Martin. Tempo e ser. In: *Os pensadores*, 1979.

segundo Heidegger, o encobrimento da *presença* do ser. Nessa perspectiva, ele nos traz o conceito de *presentar*. "Presentar" não coincide com presente; "presentar" é presente, é passado e é futuro; uma conjunção tríplice na concepção de tempo, concebido como quadridimensional.

> O que chamamos de Quarta dimensão é de acordo com a realidade [...] o alcançar que a tudo determina. Este produz no porvir, no passado, no presente, o presentar que é próprio a cada um, os mantém separados pelo iluminar, e os retém, de tal maneira, unidos um ao outro, na proximidade, a partir da qual permanecem reciprocamente próximas as três dimensões.[45]

Proporíamos ler essa quarta dimensão – a partir das indicações de Lacan do nó borromiano – como a função que enoda, mantendo unidos o porvir, o passado e o presente, e, ao mesmo tempo, preserva a particularidade de cada uma dessas dimensões. Análogo ao funcionamento do nó borromiano, se uma dessas dimensões se rompe, isso provocará o desnodamento das outras; o passado não é atualizado no presente, e o porvir se torna obscuro, sem perspectivas.

Quanto à temporalidade, Heidegger a remete ao conceito de *inquietação*. A inquietação é a tensão permanente entre aquilo que o homem é e seu vir a ser. É ela que introduz o homem dentro da temporalidade que, segundo *Ser e Tempo*, é a dimensão fundamental da existência. Assumindo seu passado e tendo um projeto para o futuro, o homem afirmaria sua presença. O temporal é aquilo que está no tempo e é determinado por este; significa o transitório, o "que passa no decurso do tempo".[46] Deduz-se que a indicação freudiana é precisa, pois o inconsciente é exatamente o avesso disso que passa no decurso do tempo.

A partir de tais leituras, indicaríamos mais uma definição de velhice; ela é o momento no qual, prevalecendo um determinado enfraquecimento – variável para cada sujeito – do tempo presente devido a um afrouxamento dos laços afetivos, sociais e inúmeras perdas, imporia ao sujeito a criação de novas formas de atualizar seu passado enlaçando-o ao futuro. Ela demanda um novo enodamento do tempo, pelo qual se possa atualizar o passado e o "presentar" se faça com perspectivas de investimentos libidinais. Podemos associar o "presentar" heideggeriano à ideia de atualização do inconsciente: um tempo que, sendo inscrito, sofre sempre novas inscrições demandando outras transcrições do que foi escrito, bem como novas traduções.

---

[45] HEIDEGGER, Martin. Tempo e ser. *Os pensadores*, 1979, p. 265.
[46] HEIDEGGER, Martin. Tempo e ser. *Os pensadores*, 1979, p. 258.

Tempo e temporalidade em Freud: o sujeito não envelhece

Freud aborda uma concepção de tempo bastante original; um tempo que tem efeitos no "só depois" *a posteriori* (*Nachtäglich*) – temporalidade retroativa com efeitos de significação –, é um não parar de se escrever, e que, ao se escrever, não escreve jamais da mesma maneira. Tal concepção traz a ideia de um tempo que passa, mas que, passando, pode retificar um tempo já passado, atualizando-o no presente. Tempo que pode nos dar a ideia de eternidade.

Essa ideia de tempo alia-se à nossa proposta conceitual de velhice, esta deixa em aberto a possibilidade de que os traços marcados, que não se perdem jamais, sejam reinscritos. Ela pressupõe não apenas o tempo da inscrição, mas também uma reinscrição; retomada daquilo que se escreveu para o sujeito antes de qualquer sentido. Ela reafirma a nossa hipótese de que cada um envelhece apenas de seu próprio modo, já que o escrito será reescrito e reatualizado a partir de traços de cada um. Há uma história que se escreve no diacrônico do tempo, e há algo que faz aí corte, permitindo reinscrevê-la.

Podemos pensar, com Freud, três ideias de tempo que estão inscritas nos três momentos de constituição do aparelho psíquico: um tempo que se faz pelo atemporal, ou seja, a tese da atemporalidade do inconsciente e que não se modifica no decurso do tempo; um tempo que se faz no *a posteriori* e um tempo do sistema consciência. Vejamos mais detidamente tais ideias.

No texto "O inconsciente" [1915], Freud afirma:

> [...] os processos inconscientes são atemporais; isto é, não são ordenados temporalmente, não se alteram com a passagem do tempo; não têm absolutamente qualquer referência ao tempo. A referência ao tempo vincula-se, mais uma vez, ao trabalho do sistema consciência.[47]

A primeira tese é clara. O inconsciente não se ordena em conformidade a um tempo cronológico no sentido de uma história linear ou desenvolvimentista. Outra tese refere-se à não alteração dos traços; uma vez inscritos, eles não se perdem jamais. Nesse sentido, o sujeito enquanto efeito do significante não envelhece jamais. Mas, ao mesmo tempo, conforme está descrito por Freud na "Carta 52" a Fliess, esse material presente em forma de traços sofre, de tempos em tempos, rearranjos, *segundo novas circunstâncias* e novas reinscrições. Essas

---

[47] FREUD, Sigmund. O inconsciente [1915], 1976, p. 214.

novas circunstâncias são fundamentais pois indicam a presença do real em cena em cada momento. É acentuado ainda que a memória "não se faz presente de uma só vez, mas se desdobra em vários tempos".[48]

Freud deixa exposta a ideia de pelo menos três tempos. Um primeiro tempo marcado pelos traços de percepção, incapazes de se associar à consciência. Conforme a nota de pé de página, esse registro[49] (*Wahrnehmungszeichen*) – traços de percepção – foi utilizado por Freud em *A interpretação dos sonhos*[50] como fixação (*Fixierung*). É importante assinalar que esse é o termo utilizado por ele para definir em 1915, o recalque originário. Esse primeiro tempo é formado por traços que se fixam, dos quais o sujeito não tem jamais consciência. Apesar disso, eles continuam – como podemos ler com Freud de 1915 – a funcionar como polo de atração para todos os outros "traços" ou todos os outros conteúdos a serem recalcados. Alguns traços sofrerão novas traduções e transcrições, mas sempre sob com a barra do recalque.

Uma falha de tradução é o recalque, indicando que algo permanecerá intraduzível e não pode encontrar um sentido na cadeia significante. Alguns desses traços, todavia, serão traduzidos, transcritos e constituirão, lendo tais indicações com Lacan, a cadeia significante. Ainda com Lacan, diríamos: nem tudo é significante. Temos expostos por Freud, na "Carta 52", indícios do que Lacan formalizou por real. O recalque originário, esse ponto de fixação e intraduzível, pode ser lido com Lacan com o conceito de real a partir de seu caráter de efetividade – exerce uma força de atração para todos os conteúdos a serem posteriormente recalcados –, mas é intraduzível. Ele se constitui no trauma fundamental, originário para cada sujeito. Os outros traumas que poderão advir depois, traumas secundários, receberão os efeitos do primeiro.

No segundo tempo da constituição do aparelho psíquico, está o inconsciente (*Unbewusstsein*). Em 1915, Freud afirmará que "o núcleo do inconsciente é formado de representantes pulsionais que procuram descarregar seus investimentos, isto é, consiste em impulsos carregados de desejo".

O terceiro tempo constitui-se pela pré-consciência ou pelo ego, momento permeado pelas representações verbais. Dessa forma, antes de ter acesso às palavras, o sujeito recebe uma série de significantes que, de início, não formam uma cadeia significante e que, no só depois, poderão ser articulados, transcritos,

---

[48] FREUD, Sigmund. Carta 52 [1896], 1977, p. 317.
[49] FREUD, Sigmund. Carta 52 [1896], 1977, p. 318.
[50] FREUD, Sigmund. A interpretação dos sonhos [1900], 1976, p. 574.

reinscritos, mas sempre sob a barra do recalque ou a barra ao sentido. Algo do sentido, da tradução se perde; e, na neurose, o sujeito buscará, pela cadeia significante, restituir um sentido possível ao sentido perdido.

Há, pois, duas ideias de inconsciente que se cruzam em Freud e que encontraremos também em Lacan. Junto a algo que não se modifica, há algo que se modifica; há um fixo e um móvel, e a mobilidade – possibilidade de deslocar, fazer metáfora – está na dependência da existência do que se fixa. Há um inconsciente que se mostra pela cadeia significante e um outro que, apesar de impor seus efeitos e sofrer outras inscrições, não se modifica e não se traduz. Por conseguinte, o inconsciente é atemporal apenas em relação à ideia de uma certa temporalidade linear traçada pela consciência; memória e consciência se excluem mutuamente. Lembramos ainda que a memória posta em cena por Freud é a da realidade psíquica.

Em "A dissecação da personalidade psíquica" [1932], acentua-se claramente a ideia de que o sujeito do inconsciente não envelhece:

> No id, não existe nada que corresponda à ideia de tempo; não há reconhecimento da passagem do tempo, e – coisa muito notável e merecedora de estudo no pensamento filosófico – nenhuma alteração em seus processos mentais é produzida pela passagem do tempo. Impulsos plenos de desejos, que jamais passaram além do id, e também impressões, que foram mergulhadas no id pelos recalques, são virtualmente imortais; depois de se passarem décadas, comportam-se como se tivessem ocorrido há pouco.[51]

Para Bianchi (1993),[52] pode-se extrair de Freud duas modalidades de tratamento tópico do tempo a partir de duas modalidades de tratamento da energia: energia livre e energia ligada. A energia livre diz respeito ao processo primário, associando-se a tudo que é da ordem do inconsciente (ausência de negação, de dúvida, ausência de contradição, regida pelo prazer e pelo escoamento livre de energia), e a energia ligada refere-se ao processo secundário, pelo qual a satisfação é retardada, ou seja, é introduzido o intervalo, o corte significante. Os processos inconscientes, sem o tempo de ligação-energia pura, têm uma labilidade que exclui qualquer efeito de intervalo.

Freud indica claramente, portanto, a teoria de outros tempos que não diz respeito à noção fenomenológica do tempo, acoplando-se à ideia de

---

[51] FREUD, Sigmund. A dissecação da personalidade psíquica [1932], 1976, p. 95.
[52] BIANCHI, Henri. *O eu e o tempo: psicanálise do tempo e do envelhecimento*, 1993.

realidade psíquica para além da realidade factual. Então, ao sinalizar uma memória que se faz em vários tempos, ele propõe uma concepção de memória completamente original. Primeiro, ela não é uma reprodução da vivência, e, assim sendo, os traços aí inscritos são determinados pela fantasia e não pela realidade factual. Segundo, a memória não se perde e, terceiro, sofre retificações em conformidade com o tempo e as experiências. Tais teses são preciosas tanto para a concepção de velhice como para a compreensão do funcionamento da memória; sinalizam, por exemplo, por que alguns idosos alienam-se no tempo passado, em prol do presente.

Freud sublinha ainda, na "Carta 52" que os sucessivos registros, representando a realização psíquica de diferentes épocas da vida, sofrem, de uma época para outra, novas traduções. Ele acrescenta:

> [...] a transcrição subsequente inibe a anterior e lhe retira o processo de excitação. Se falta uma transcrição subsequente, a excitação é manejada segundo as leis psicológicas vigentes no período anterior e consoante às vias abertas a essa época.[53]

Isso nos reenvia ao conceito de regressão, bem como reafirma algumas pontuações anteriores do conceito de velhice. Pela vivência no real de diferentes modificações, pelas mudanças na imagem e enfraquecimento dos laços sociais, por diferentes perdas, a velhice impõe novas traduções, transcrições, atualizações. Se isso não ocorre, a resposta pode ser a regressão – como via de tratar o insuportável –, um retorno à fixidez do fantasma, e formação de novos sintomas como tratamento ao real.

Uma nota sobre o sujeito e o tempo em Lacan

Lacan inscreve, pelo menos, três noções de tempo.[54] Um tempo que passa (passado que se dirige ao passado enquanto tal ou ao futuro, tempo com duas direções), um tempo que retroage (*a posteriori*) e um tempo que faz corte nos dois, o tempo lógico, permitindo reinscrevê-los. O tempo lógico faz corte entre o dito e o dizer, entre aquilo que se diz e aquilo que se ouve por detrás do dito.

---

[53] FREUD, Sigmund. Carta 52 [1896], 1977, p. 319.

[54] Sobre a questão do tempo em Lacan remetemos o leitor aos textos: O Tempo lógico e a asserção de certeza antecipada; Posição do inconsciente; Função e campo da palavra e da linguagem em psicanálise. In: *Escritos*. Ver também os Seminários Inéditos: *Les non-dupes errent, L'insu que sait de l'une bévue s'aile à mourre, A identificação* e *Radiofonia*.

Concluímos, com Freud e Lacan, que o passado é reatualizado; não existe um passado imóvel ou morto, mesmo que alguns idosos insistam em dizer *no meu tempo*. Na velhice, muitos dos traços "adormecidos" podem advir, impondo ao sujeito diferentes respostas, inclusive a formação de novas formas sintomáticas para tratar o real.[55]

Em resumo, há um primeiro tempo marcado por inscrições que se fixam (o recalque originário) que se constitui como o imodificável e não pode ser dialetizável, mas apenas construído. Se isso não se modifica, como já acentuado, é susceptível de sofrer novas combinações. Com Lacan, podemos dizer que esse real pode ser atualizado pela diferença essencial que porta cada sintoma e pelos atos. Assim, se o real da constituição de cada sujeito não se modifica, modifica-se, todavia, a relação do sujeito com o mesmo. É esse o caminho de uma análise.

Com Lacan, temos um sujeito constituindo-se sob o efeito da ação do significante; mas, como efeito do significante, tem com este uma relação de impossibilidade. Lacan sublinha que o significante representa o sujeito para outro significante e o sujeito é aquilo que o significante representa. Sujeito e significante se cruzam. Como foi sinalizado pelo Discurso do mestre ou discurso do inconsciente, há uma barra do recalque entre o sujeito ($) e os significantes que o representam.

No discurso do mestre, discurso do inconsciente, teríamos a seguinte escritura discursiva:

$$\uparrow \frac{S1 \rightarrow S2}{\$ \ \backslash\backslash \ a} \downarrow$$

---

[55] Lembramos que o sintoma tem, na obra de Freud, uma relação estreita com a fantasia originária; ele pode responder a algo da mesma e se relaciona com o recalque originário. A fantasia seria uma forma de cada um moldurar a realidade, uma forma de resposta à castração ou de responder à falta do objeto pulsional. Com Lacan, a partir do matema da fantasia: $\$\Diamond a$, podemos situar o sintoma como aquilo que se insere na junção e disjunção ($\Diamond$) do sujeito com o objeto. Assim sendo, o sintoma tem tanto o caráter metafórico – como indicou Freud, é uma metáfora que o sujeito porta sem o saber – como o caráter simbólico, como algo que tange o real. Do lado metafórico, o sintoma engana, mascara, mesmo sendo o que, de mais real, o sujeito apresenta, ou seja, algo dele é irrepresentável, escapa aos significantes. Sucintamente, podemos afirmar que o sintoma escreve uma determinada forma de gozar, uma determinada resposta do sujeito ao real da castração, a partir da resposta da fantasia originária. O sintoma é uma resposta ao real, um tratamento do real.

Não entraremos no detalhamento desse discurso – objeto de reflexão do próximo capítulo –, mas assinalamos, a título de compreensão da tese *o sujeito não envelhece*, que a partir desse discurso, se pode delinear que o sujeito "em si" não existe para a psicanálise; ele só existe enquanto representado e como representação. Nesse discurso, o sujeito está sob a barra do recalque, inserido, pelos menos, entre dois significantes: S1 e S2. Ele está sob a barra em uma relação de impossibilidade (representada por \\) com o objeto de seu desejo, desconhecido, inapreensível.

Assim, podem-se extrair, com Freud e Lacan, duas concepções de sujeito. Um sujeito do inconsciente, tal como está inscrito no discurso do mestre; está sob a barra do recalque e sofreu a intervenção dos significantes mestres. Sujeito dividido, pelo menos, entre dois significantes, tendo como verdade a sua própria divisão. Um sujeito que surge pelas formações do inconsciente; faz atos falhos, chistes, sintomas etc.

Há também outra forma desse sujeito se apresentar, a partir do discurso analítico, depois da experiência de análise. Aqui temos um sujeito que se pôs a trabalho e pode construir aquilo que o determina – seus significantes mestres – e atravessou seu fantasma fundamental, que se encontra agora sobre a barra do recalque.

$$\begin{array}{c} \uparrow \underline{a} \longrightarrow \underline{\$} \downarrow \\ S2 \ \ \backslash\backslash \ \ S1 \end{array}$$

Todavia, esse sujeito não apaga ou anula o primeiro, tal como está indicado pelo discurso do mestre.[56] Podemos apenas dizer que, no discurso do analista, está um sujeito responsável por sua divisão, e isso traz consequências no tratamento do real e nas respostas às perdas fálicas advindas com a velhice.

Lacan: o primarismo da linguagem, o que não envelhece

Exporemos rapidamente a questão do "primário" na constituição do sujeito e a leitura lacaniana desse conceito, buscando esclarecer melhor a relação do sujeito com o que não envelhece. Antes, porém, consideramos interessante retomar – ainda uma vez – as indicações de Freud da "Carta

---

[56] Ver: Capítulo II, O mal-estar na globalização e o discurso do mestre moderno.

52", em torno da constituição do aparelho psíquico, a partir de algumas indicações de Allouhc (1994).[57]

Para Allouch, a tradução é um modo de escrever regulado pelo sentido; pressupõe, portanto, uma certa interpretação, dirige-se ao sentido que sempre escorrega, e, como salientamos, há algo deste que não se apresenta jamais. Quando, por exemplo, fazemos uma tradução do alemão para o português, se não fizermos uma interpretação, o texto ficará incompreensível. Nesta empreitada, tradução-interpretação, algo do texto original se perde e permanece intraduzível. Tal analogia serve de apoio ao que ocorre no aparelho psíquico concernente ao recalque; este impõe uma falha de tradução. É exatamente isso que oferece ao neurótico a possibilidade de convivência com a falta de sentido. Vale lembrar, com Freud e Lacan, que, na psicose, não há falha da tradução, provocando um retorno no real do que não foi simbolizado, expresso por diferentes fenômenos elementares.

A transcrição é uma forma de escrever regulada pelo som, havendo sempre um obstáculo real quando se quer transcrever algo, pois ela é atravessada pela homofonia e duplicidade significante. Há ainda a escrita regulada pelo que Lacan chama de letra e que Allouch denomina de transliteração.

É bastante curioso que Freud, mesmo não podendo usufruir as formalizações da linguística, pode dar indicações precisas de um aparelho psíquico constituindo-se sob a égide do que se ouve e os efeitos do *a posteriori* sobre isso. Conforme a "Carta 52", antes mesmo de ter acesso às representações verbais, o sujeito recebe em sua constituição psíquica, traços de percepção que marcarão e provocarão seus efeitos.

Em "O inconsciente", há uma afirmação preciosa para se pensar que, malgrado a inexistência da linguística, Freud apontou para o conceito lacaniano de letra. Ao introduzir os conceitos de representação de palavra (que representa o objeto – *die Sache*) e representação de coisa (traços da memória da coisa, *das Ding*), ele afirmará que a representação consciente abrange a representação da coisa mais a representação da palavra que representa a coisa. A representação inconsciente consiste apenas de representação da coisa, introduzindo o seguinte conceito de recalque: o que ele "nega à apresentação é a tradução em palavras que permanecerá ligada ao objeto".[58] Se a tradução é feita pelo sentido como afirmado, o recalque introduz uma barra ao sentido. Pois bem, tudo isso se alia a uma tese já presente em "A interpretação dos sonhos":

---

[57] ALLOUCH, Jean. *Letra a letra. Transcrever, traduzir, transliterar*, 1995, p. 14-15.
[58] FREUD, Sigmund. O inconsciente [1915], 1976, p. 230.

> [...] os atos de catexia que se acham relativamente distantes da percepção, são em si mesmos destituídos de qualidade e inconscientes, e só atingem sua capacidade para se tornarem conscientes através de ligação com os *resíduos de percepções de palavras* (grifos nossos).[59]

A nosso ver, esses *resíduos de palavra* podem ser associados ao conceito lacaniano de letra ou *lalangue (alíngua)*[60]: significantes em estado bruto, significantes orais, anais etc., deixados na aquisição da linguagem e que se fixam, mas que não formam ainda uma cadeia.

Para Lacan, a linguagem é uma elucubração de saber sobre alíngua, pois o inconsciente é feito exatamente de algo bem mais elementar do que o significante. "O inconsciente é estruturado por um ajuntamento de [...] letras".[61] Ele é feito de um saber além do que o ser falante possa enunciar.

Para Freud "o pensamento prossegue em sistemas tão distantes dos resíduos perceptivos originais, que já não retêm coisa alguma das qualidades desses resíduos, e, para se tornarem conscientes, precisam ser reforçados por novas qualidades".[62] Dessa forma, Freud coloca em cena um primarismo da linguagem que deixa seus efeitos no tempo de ligação inaugurado pelo recalque e pela aquisição da linguagem simbólica.

Em *L'identification*,[63] Lacan assinala que o material constitutivo da escrita, o que se escreve para cada sujeito, já se encontrava presente antes do escrito propriamente dito, mesmo que não todo. Como já mencionado, bem antes de escrever, estamos escritos. Observa-se que ali onde há escrita há, concomitantemente, as marcas retomadas pela escrita, há repetição de traços, restos deixados pela deposição de letras no curso da aquisição da linguagem. Isso incide também na velhice; ela marcará formas diferentes de escrever – a partir de traços

---

[59] FREUD, Sigmund. O inconsciente [1915], 1976, p. 230. A propósito, ver também: A interpretação dos sonhos. In: *ESB,* v. V, p. 655.

[60] A *alíngua* é um neologismo criado por Lacan (Lalangue) para distinguir algo mais elementar na constituição da linguagem e, portanto, do inconsciente. *Alíngua*, ao contrário que se poderia supor, não é uma falta de língua, mas é aquilo pelo qual o inconsciente é constituído, porque, de início, a língua já estabelecida como sistema simbólico não existe. A criança pequena escuta palavras, sons que, de início, ela não sabe o que significam. Só no depois essas *letras* – significantes em estado bruto – funcionarão como significantes, um em oposição ao outro, numa determinada cadeia. A propósito, ver: LACAN, Jacques. *Mais ainda e Lituraterra.*

[61] LACAN, Jacques. *Mais Ainda* [1915], 1976, 1985, p. 66.

[62] FREUD, Sigmund. O inconsciente, p. 230.

[63] LACAN, Jacques, *L'identification.* 12/12/61, Inédito.

particulares – a relação que cada sujeito tem com o objeto, abrindo-lhe maneiras próprias de conduzir aquilo que sempre lhe escapa e causa sofrimento.

Temos, pois, com Lacan, outra maneira de enlaçarmos a tese "o sujeito não envelhece", atemporal, com o tempo, associando-o aos modos de inscrição dos traços, a escrita. Seguindo suas indicações, a escrita é um efeito da linguagem – uma forma de suplência à falta, mas sempre insuficiente – que busca escrever o objeto, que sempre falta. Este "não se fabricou sempre da mesma maneira",[64] e tem relações diferentes com o tempo. Há um tempo marcado pelo atemporal, nomeado por Lacan de real ou impossível, tempo do inconsciente, tempo do sujeito que não envelhece. Existe um tempo que passa e não cessa de escrever, nomeado de *necessário*. Por fim, um tempo que funciona como *a posteriori*, permitindo novas inscrições, marcado pela contingência, aberto a novas posições diante do impossível. O *a posteriori* faz junção do que não envelhece com o que envelhece e passa no decurso do tempo. Tudo isso nos remete novamente ao conceito de atualização assinalado anteriormente, bem como às diferentes concepções de velhice.

Ato, atualização e outra concepção de velhice

Situemos inicialmente o conceito de atualização, em conformidade à estrutura do ato inscrito no fazer psicanalítico indicado por Lacan no seminário *O ato psicanalítico* (1967/68).[65] No ato, o sujeito está incluído, bem como o objeto causa de seu desejo. Ato que, mostrando a causa do inconsciente, tem sobre o sujeito efeitos de interpretação e apresenta-se diante de um suposto saber depositado no analista. O inconsciente, ao se atualizar a partir da transferência, toma um outro sentido. O que se ouve – a partir dos efeitos do corte – tem novas transcrições ou abre-se a novas traduções. Quer dizer, o corte da sessão fora do tempo previsto pode ter efeitos de atualizar o inconsciente, de trazer à tona o inesperado; efeitos de ressonância da cadeia significante, e, nesse caso, funciona como interpretação.[66]

---

[64] LACAN, Jacques. *Mais Ainda*, 1985, p. 64.

[65] LACAN, Jacques. *O ato psicanalítico*, Seminário Inédito.

[66] Podemos dizer que, apesar do inconsciente oferecer a primeira interpretação, o sujeito não a reconhece. É o analista, a partir da transferência, que, ao escutá-la, coloca em cena produzindo, dessa forma, efeitos de um saber particular no lugar da verdade. Essa interpretação funciona para Lacan como apofântica, ou seja, ela é uma declaração que não predica nada, não ordena nada, não interroga; ela opera pelo equívoco. Um ato, uma interrupção de uma sessão analítica funciona como interpretação se ela provocou o equívoco, se ela provoca efeitos de ondas de significante e a possibilidade de uma tradução.

O ato falho, para a psicanálise, é, desde Freud, aquilo que, "mancando", atropelando o discurso racional, coloca em cena a verdade do inconsciente. É dessa forma que todo ato tem efeitos de sentido sobre o sujeito, é efetivo e provoca uma atualização do inconsciente diante da qual o sujeito é implicado. Contudo, muitas voltas são necessárias em torno do dito – é preciso um tempo – para que as retificações se processem, trazendo mudanças na relação do sujeito com seus traços fundamentais, sempre presentes, vivos, que não envelhecem jamais e não se alteram com a passagem do tempo.

Assim, se a dimensão atemporal do inconsciente expõe o imutável, persiste, outrossim, a possibilidade de mudança na relação do sujeito com aquilo que não se modifica; e, nesse sentido, as sessões analíticas pela transferência permitem fazer do atemporal do inconsciente algo inscrito no tempo, no presente, atualizando-o e promovendo o laço entre o presente e passado, presente e futuro. A presença do analista promove, pela transferência, identificada, conforme Lacan, ao atemporal do inconsciente, essa via tripla entre passado, presente e futuro pela inserção da surpresa advinda pela interpretação. Pressupomos que a interpretação faz uma espécie de conjunção dos três tempos. Nesse imprevisto, subsiste a possibilidade de que algo se escreva de outra forma.

Por tal estrutura, podemos pensar que a velhice é um significante que representa o sujeito para outro significante: aposentadoria, terceira idade, menopausa, que a eles se associa na cadeia discursiva própria a cada sujeito. Dessa forma, tais significantes em si mesmos não significam nada e só tomarão sentido a partir do ato que promove a passagem desse saber geral para os significantes particulares. Dessa maneira, o ato é aquilo que permite que o sujeito possa interrogar o saber apresentado como total – advindo, muitas vezes, pelo discurso da ciência –, transformando-o em um saber não todo e particular. Nessa direção, afirmaríamos também que a relação do sujeito à velhice se mede pelos atos; eles permitem atualizar o que se passa no decurso do tempo.

Deduzimos ainda que a premência do tempo que passa não é indiferente à precipitação do desejo. Muitas vezes, ele tem incidências positivas sobre o desejo; muitos sujeitos, ao tomarem consciência de que, afinal, a finitude do tempo é real, sustentam de forma mais decisiva a relação com o desejo.

Situemos mais uma indicação para o conceito de velhice, tendo em vista a questão do tempo e ato. Ela seria o encontro do sujeito com o real do tempo, quando o tempo marcado pela referência fálica derrapa. Construir algo em torno desse "buraco", se é fundamental a todo sujeito, é essencial na velhice, pois, nessa derrapagem, muitos ideais podem cair de forma abrupta. Se a análise faz a destituição do sujeito, passo a passo, pode ser bem outra a destituição na velhice. De outra forma, diríamos: a relação do sujeito à velhice se mede pelos atos, pois o ato une os três tempos no momento de sua aparição. Nessa impossibilidade, muitos idosos param no discurso do "meu tempo".

Se, no tempo real, o sujeito é sem palavras, pelo tempo de ligação, tempo que Bianchi nomeia de "realista", os objetos podem ser investidos, desinvestidos, havendo um circuito pulsional que não cessa de escrever algo do desejo, podendo provocar uma subversão do sujeito.

O tempo é indissociável do ato; são os atos que criam o tempo. Nessa direção, Lacan perguntará: por que César é César?, respondendo: porque ele atravessou o Rubicão. Ou seja, ao invés de se tornar um "aposentado", ele tornou-se César, um nome importante da história.

Podemos dizer, de forma mais simples, que a velhice existe, as pessoas idosas existem; e mesmo que o sujeito do inconsciente não envelheça, há um real do corpo que envelhece, e isso não implica um encontro com o cadáver ou com a morte. Há o real do corpo traçado por uma imagem que pode horrorizar o sujeito, há um real de várias perdas que se agudizam a partir de uma determinada idade. Perdemos mais pessoas à medida que envelhecemos, bem como diferentes laços sociais, exigindo mais trabalho de luto, mais inscrições simbólicas. Então, a velhice, enquanto um dos nomes do real, impõe o luto, bem como novas formas de atualização.

A VELHICE NO MAL-ESTAR DA CULTURA

> [...] talvez possamos também nos familiarizar com a ideia de existirem dificuldades ligadas à natureza da civilização, que não se submeterão a qualquer tentativa de reforma. Além e acima das tarefas de restringir as pulsões [...], reivindica nossa atenção o perigo de um estado de coisas que poderia ser chamado de "pobreza psicológica dos grupos"
>
> *Freud*

> O mundo aumenta sempre, mas só com o fictício de muros de espelhos.
>
> *Guimarães Rosa*

O simbólico na constituição
do sujeito: Freud e Lacan

Antes de enfocarmos a velhice no mal-estar da cultura é pertinente retomarmos, com Freud e Lacan, o conceito de simbólico e sua incidência na constituição do sujeito. A noção de simbólico nos permitirá aprofundar um dos conceitos de velhice formalizado: ela é o encontro do sujeito com o real – marcado pelo enfraquecimento da referência fálica –, exigindo um tratamento do simbólico e imaginário que sofrem, concomitantemente, enfraquecimentos consideráveis.

Sendo um dos nomes do real, a velhice é também um significante que representa o sujeito para outro significante. Aposentadoria, menopausa, andropausa, rugas, cabelos brancos etc., são significantes que por si só não significam nada; só tomam sentido pela forma como se inscrevem na cadeia discursiva de cada sujeito. Há algo escrito para cada sujeito antes mesmo que ele possa ler o que está escrito. Nos termos de Lacan, "antes de qualquer formação do sujeito que pensa, que se situa aí – isso conta, é contado, e no contado já está o contador. Só depois é que o sujeito tem que se reconhecer ali como contador".[1] Se reconhecer-se como contador de sua história é importante a todo sujeito, na velhice isso é primordial já que a tendência da cultura atual é de despojar o idoso de sua posição de sujeito desejante. Como salientado, a velhice é também efeito dos discursos.

Acentuamos no capítulo anterior que o simbólico é da ordem do esburacamento, marcado pela introdução de significantes, pela interdição da Lei. Pode-se extrair na obra de Freud uma concepção de simbólico, mesmo que este conceito, tal como formalizado por Lacan, não estivesse presente.

De início há alguns momentos nos quais a noção de significante é posta em cena, bem como os efeitos do mesmo sobre o sujeito. A concepção

---
[1] LACAN, Jacques. *Os quatro conceitos fundamentais da psicanálise,* 1988, p. 26.

lacaniana do sujeito como um efeito do significante, primariamente como efeito de significantes que não têm nenhum sentido ou de significantes em estado bruto (que Lacan nomeou de *letra*), pode ser lida em algumas formalizações freudianas. O esboço disso encontra-se no Projeto para uma psicologia científica[2] e na "Carta 52", abordados no capítulo anterior. Observa-se, nesse momento, indicações precisas de Freud referentes a um aparelho psíquico constituindo-se por "traços" mnêmicos que não se perdem jamais. Alguns não serão jamais traduzidos enquanto outros sofrerão novas inscrições, reinscrições no curso da vida. Mais tarde (1915) Freud precisará melhor os conceitos de recalque e recalque originário, afirmando o recalque originário como o que não se altera jamais, o fixo ou o imodificável, constituindo-se o núcleo do inconsciente.

Retomando alguns pontos da "Carta 52" a Fliess, com as indicações de 1915, vimos que o recalque originário serve tanto de ponto de fixação como também funciona como polo de atração a outros conteúdos a serem recalcados, abrindo possibilidades de novas combinações, inscrições e traduções dos traços a partir dos derivados do recalque (recalque posterior). Ou seja, temos em cena um sujeito se constituindo por traços, significantes sem ainda nenhuma significação, que imporão no *a posteriori* a constituição de uma determinada cadeia.

Conforme foi também trabalhado no capítulo anterior, Freud, como Lacan, afirma a tese de que somos inscritos, falados e escritos antes mesmo de podermos escrever ou ler aquilo que foi escrito. De início há o real – o sujeito não tem ainda acesso à linguagem enquanto estruturada pelo simbólico, apesar de o simbólico estar aí antes dele –, e não há acesso a uma imagem própria de si mesmo.

Relembramos que há um inconsciente advindo pelos efeitos do recalque originário – primeiros significantes que alienam o sujeito –, e existe um inconsciente que surge pelas formações do inconsciente; forma de tratar o real pelo simbólico. O núcleo do inconsciente é real, falta originária, é um *buraco* (termo utilizado por Lacan em *RSI* para nomear o recalque originário)[3] em torno do qual os significantes se ordenam. É em torno dessa falta que o inconsciente se estrutura, no simbólico, como uma linguagem.

Outro ponto importante da obra freudiana, que retrata os efeitos do significante sobre o sujeito, é suas elaborações em torno do complexo de Édipo. Com "Totem e Tabu" [1913][4] Freud nos deixa a tese que o Pai, detentor

---

[2] FREUD, Sigmund. Projeto para uma psicologia científica [1895], 1977.

[3] A propósito ver: *RSI,* lição de 14/01/1975.

[4] FREUD, Sigmund. Totem e Tabu [1913], 1974.

da Lei, é sempre o pai morto, delimitando de maneira incisiva os efeitos do Nome do Pai para além da figura real do pai. O Pai simbólico, o Pai morto, é o que Lacan nomeia como Nome do Pai, o Outro como sede da Lei. O Pai é, no final das contas, uma metáfora, um significante no lugar de outro.

Resumidamente, diríamos que a via simbólica assinalada por Freud e Lacan é, por excelência, a via metafórica; possibilidades de substituir uma coisa por outra. Da mesma forma, o ideal do eu é uma substituição: "O que ele (o sujeito) projeta diante de si como sendo seu ideal é o substituto do narcisismo perdido de sua infância na qual ele era o seu próprio ideal".[5]

Contudo, só é possível ascender ao simbólico pela via metafórica se antes há algo que se fixa como falta, buraco. A falta inaugura o desejo; é porque algo falta que o sujeito buscará objetos na cadeia metonímica. Os enlaçamentos aos objetos, as relações com o Outro, as insígnias do ideal do eu estão intimamente ligados às possibilidades de laços na cultura. O encontro com os objetos – marcado pelo ideal – inscreve-se pela falta e por um certo fracasso em sua empreitada e, por paradoxal que o seja, é ele que promoverá o movimento do desejo.

No início de seu ensino, Lacan irá se deter principalmente nos efeitos dos significantes sobre o sujeito, acreditando, nos anos 50, na possibilidade de realização do desejo pela via da fala plena. Pressupõe-se a possibilidade de reintegração do sujeito com aquilo que o determina, ou seja, delimita-se a possibilidade do acesso às partes recalcadas de sua história.[6]

No final dos anos 50 – com a *Direção da cura*[7] –, Lacan preconiza a tese de que "um significante como tal não significa nada", não persistindo mais a ideia de uma concordância entre o sujeito e a palavra. Quando se fala, diz-se mais do que queria falar, não se diz o que queria dizer e se diz além do que se pretendia dizer.

No fim dos anos 60 e princípio dos anos 70, Lacan assinala que o sujeito do inconsciente se manifesta antes de qualquer certeza: penso *onde não sou, sou onde não me penso*. O estatuto do *eu penso* liga-se *ao* estatuto do *eu minto*, liga-se ao saber inconsciente e à fantasia. O sujeito advindo pelo inconsciente – esse significante que pulou da cadeia[8] – é algo do não realizado, mostra-se pelo

---

[5] FREUD, Sigmund. Sobre o narcisismo: uma introdução [1914], 1974, p. 111.

[6] A propósito ver: LACAN, Jacques. Função e campo da fala e da linguagem em psicanálise. A direção do tratamento e os princípios de seu poder (1959). In: *Escritos*, 1998.

[7] LACAN, Jacques. A direção do tratamento e os princípios de seu poder (1959). In: *Escritos*, 1998, p. 591-652.

[8] LACAN, Jacques. *A ética da psicanálise*, 1988.

tropeço, pela rachadura, ou ainda, pelo descontínuo, pela ruptura.[9] Delimita-se o caráter de fenda do inconsciente e, ao mesmo tempo, a sua indestrutibilidade. Como em Freud, há a demonstração da *insistência* do inconsciente e a tentativa de escrever algo do real por meio de significantes, mas persistindo sempre algo de inominável nessa empreitada. Em *RSI*, o simbólico é formalizado como aquilo que faz furo no real e, ao fazê-lo, mata a coisa nomeada e, ao mesmo, confere-lhe uma certa existência. Há um duplo efeito do simbólico sobre o sujeito, matar e vivificar. A estrutura simbólica inaugura diferentes formas de escrever a vida conforme o lugar que cada significante ocupará na cadeia e a maneira como os significantes se combinam entre si em relação ao objeto em causa na fantasia.

Para Lacan, a linguagem é condição do inconsciente; este pressupõe um sujeito que escuta antes de falar e entender o que se fala. Os aforismos lacanianos: o inconsciente é o discurso do Outro e o inconsciente é estruturado como *uma* linguagem, definem dois modos de apresentação do inconsciente. O Outro, em oposição ao outro da relação especular, tem caráter de extimidade, é o que faz corte, impondo a diferença. O Outro da linguagem é o Outro do simbólico, é o Outro sexo – feminino –, para o qual não há um significante para representá-lo. Em *O avesso da psicanálise* Lacan interroga: "O que é que tem um corpo e não existe? O grande Outro. Se acreditamos nele, nesse grande Outro, ele tem um corpo, ineliminável da substância daquele que disse Eu sou o que sou [...]".[10] Introduzindo a diferença, o Outro para Lacan é o Um-a-Menos; falta um significante no campo do Outro, $\cancel{S}$ (A), para nomear o real.

O segundo aforismo foi insistentemente trabalhado por Lacan ao longo de seu ensino, tomando formas diversas tais como: o inconsciente é estruturado como a língua, o inconsciente é estruturado como letras. O ponto essencial é demonstrar que não se trata aí de qualquer linguagem – ele não é estruturado pela linguagem, mas por uma linguagem – e conforme está em *L'Etourdit*[11] e *Mais Ainda*:

> Alíngua serve para coisas inteiramente diferentes da comunicação. É o que a experiência do inconsciente mostrou, no que ele é feito de alíngua, essa alíngua que vocês sabem que eu escrevo numa só palavra, para designar o que é a ocupação de cada um de nós, alíngua dita materna [...][12]

---

[9] LACAN, Jacques. *Os quatro conceitos fundamentais da psicanálise*, 1988, p. 24-44.
[10] LACAN, Jacques. *O avesso da psicanálise*, 1992, p. 62.
[11] LACAN, Jacques. *Autres écrits*, 2001.
[12] LACAN, Jacques. *Mais Ainda*, 1985, p. 188.

Essa linguagem não serve ao diálogo e à comunicação. A linguagem de início não existe; ela surge só depois buscando nomear os traços inscritos. Dessa forma, deduz-se que o simbólico não é completo, a linguagem não é completa; aí estão as diferentes línguas para demonstrar tal fato. Por faltar sempre um significante no campo do Outro, cada língua tenta, por diferentes formas, nomear o que falta. O discurso é uma forma particular de utilização da linguagem e Lacan o define, também, como uma forma de tratar o gozo, tratar o real ou aquilo que escapa à significantização.

"O analisante, como aquele que fala, experimenta os efeitos da palavra, dos significantes, então como sujeito, ele está constituído como efeito da palavra".[13] Lacan introduz uma imbricação do significante ao sujeito e vice-versa: um significante representa o sujeito para outro significante e o sujeito é aquilo que o significante representa.

Em síntese, pode-se depreender de Freud a Lacan a importância do simbólico na constituição do sujeito, bem como seu caráter irrevogável como tentativa de tratar o real. Todavia, como salientamos, nem tudo é simbolizável, algo de real sempre persistirá e o discurso analítico, como veremos, é o único discurso que não escamoteia o real, ao contrário, faz dele a via primordial de sua prática.

A partir dessa retomada conceitual, resta-nos as questões: Como cada cultura trata o real pelo simbólico? Qual é o tratamento dado ao real da velhice nos dias atuais? Quais os laços possíveis da velhice na globalização?

Façamos de início um breve percurso na história passando pelas sociedades primitivas e as sociedades ocidentais anteriores à forma de organização contemporânea para, enfim, localizarmos a velhice no mal-estar da cultura atual.

A velhice nas sociedades primitivas

Simone de Beauvoir, em seu livro *A velhice*, faz uma retomada etnográfica da condição da velhice em diferentes sociedades nas quais se inscreve uma organização social bem diferente do mundo ocidental. Mesmo partindo-se do princípio de que não é possível julgar uma cultura a partir de nossa própria forma de gozo e nossas representações, esse estudo abre-nos algumas perspectivas interessantes para se contrapor à situação atual dos idosos e sua condição no mundo globalizado.

Pode-se observar que, apesar de a carência e a dificuldade de sobrevivência serem fatores importantes no tratamento dado à velhice, bem como

---

[13] LACAN, Jacques. *O ato psicanalítico*, Seminário inédito, lição 07/02/1968.

o medo do desgaste e da morte, tais fatores não são suficientes para se explicar porque determinadas culturas também nômades, que vivem com uma dificuldade de sobrevivência considerável, promovem um tratamento respeitoso à velhice, enquanto em outras culturas é tratada de maneira impiedosa, pelo menos sob determinada ótica e nossa forma de julgar. De qualquer forma, não se pode negar o fato de que, normalmente, "quando o clima é duro, as circunstâncias difíceis, os recursos insuficientes, a velhice dos homens assemelha-se muitas vezes à dos bichos".[14]

Tal citação de Beauvoir, não é por acaso, encontra eco em muitas formas de organização social nas quais – a exemplo de algumas espécies animais – os mais velhos são despojados de todo e qualquer direito e, na maioria das vezes, abandonados à própria morte. Nos antropoides, por exemplo, o macho mais velho representa um papel dominador sobre a horda e sobre todas as fêmeas. À semelhança de "Totem e Tabu", esses machos, quando jovens, se rebelam contra o mais velho e, observando seu enfraquecimento, atiram-se contra ele, podendo levá-lo à morte ou ao exílio. Tiranizando os jovens e monopolizando as fêmeas, os velhos machos são, posteriormente, mortos ou expulsos da horda, enquanto as fêmeas velhas são aceitas e tratadas. A luta contra o pai é um fator que aparece em inúmeros casos analisados por Beauvoir.[15]

Entre os iacultos, os velhos eram expulsos da coletividade e abandonados à própria sorte ou escravizados pelos filhos que os espancavam, fazendo-os trabalharem até a morte. Deixados em um canto qualquer sem nenhuma comiseração, os iacultos jovens – criados sob forte tirania – devolviam os maus tratos recebidos assim que percebiam o enfraquecimento do patriarca. O mesmo se dá entre os ainos do Japão, sociedade também bastante rudimentar, que vive à base de peixe, passando muito frio e vivendo sob um regime de carência muito forte, sem templos, sem ritos, tendo como principal diversão embriagar-se. Em tais culturas, a experiência dos mais velhos não tem importância, pois não há uma tradição a ser transmitida. Os pais cuidam pouco de seus filhos e a relação entre ambos é destituída de afeto. Quando crescem e veem os pais envelhecidos, os jovens os deixam de lado; completamente abandonados, acabam por morrer à míngua.

Em outras tribos, Chukchees da Sibéria, bosquimonos da África do Sul e os esquimós de Angmassalik (Groelândia), é costume conduzir os idosos a uma cabana, longe da aldeia, abandonando-os à morte. Os esquimós, por exemplo, muitas vezes trancam os idosos em iglus, onde morrem de frio.

---

[14] BEAUVOIR, Simone. *A velhice*, 1986, p. 58.
[15] BEAUVOIR, Simone. *A velhice*, 1986, p. 49-108.

O filme japonês de Shohei Imamura, "A balada de Narayama" – inspirado em fatos reais –, retrata algumas aldeias muito pobres no Japão dos fins do século XIX que, para sobreviverem, eram obrigadas a sacrificar seus velhos. Transportados para uma montanha (montanhas da morte) no inverno, os idosos eram ali abandonados e entregues à fome e ao frio morrendo completamente sós. Dor, angústia e abandono acenam para o insensato do tempo vivido apenas pela marca cronológica. Nessa balada de morte há uma idosa, O'Rin, com seus fatídicos 70 anos que está ainda em pleno vigor – ara a terra, colhe, pesca, tece, cozinha e cuida das crianças – e, conservando seus dentes intactos, expõe uma espécie de vergonha entre eles; ela não deveria ser mais capaz de tê-los e se alimentar como os outros. Zombada pelo neto como "a velha de 33 dentes", O'Rin, pressionada pela chegada das jovens esposas que deveriam ocupar o seu lugar, e apressando uma velhice nada natural, retira com pedradas alguns dentes, dirigindo-se ao destino funesto e inexorável. Apesar do amor demonstrado pelo filho, que tem dificuldades em cumprir o preceito cultural, ela é deixada nas colinas da morte. Esse retorna ainda para lhe anunciar que neva; um bom presságio, a morte seria mais rápida.

Conforme Beauvoir, a maior parte das sociedades primitivas não deixa os idosos morrerem como bichos. Entre os aleútes (mongóis), dá-se extrema importância ao saber dos idosos e esses são respeitados, havendo um amor recíproco entre pais e filhos. Há várias outras comunidades pobres, rudimentares nas quais os idosos não são eliminados. Foram citados os koriaks, chukchees, os incas, entre outras, nas quais as relações familiares são estreitas, as propriedades são distribuídas pelos idosos e eles comandam o acampamento. Os yahgans, que vivem na Terra do Fogo, são, conforme a autora, os povos mais primitivos que se conhece; não têm utensílios de qualquer espécie – machados, anzóis, utensílios de cozinha –, não fazem provisões, vivem do dia a dia, não têm jogos e nem cerimônias e, sem religião, admitem um poder supremo aos xamãs. Vivendo como nômades têm uma vida muito precária, passando fome grande parte do tempo. As crianças são bem tratadas e esse amor permanece na relação com os mais velhos – os primeiros a serem servidos nas refeições e detentores dos melhores lugares na cabana –, permanecendo a valorização do saber adquirido. Em Bali, cultura muito arcaica que vive do cultivo de diferentes tipos de alimentos, é surpreendente a relação com o corpo e a arte. Rico nas expressões artísticas como a dança e a poesia, esse povo tendo boa saúde, e, conservando um ótimo domínio do corpo, não para de trabalhar até a morte. Os idosos têm um lugar social importante e respeitam-se os senis.

Não nos estenderemos na vastíssima e importante pesquisa feita por Beauvoir,[16] mas vale retomar alguns pontos extraídos a partir da leitura da mesma.

Os idosos têm mais condições de subsistirem em sociedades mais ricas do que nas sociedades mais pobres, bem como têm mais condições em sociedades sedentárias que nas nômades. Mas a situação econômica não é em si mesma um determinante absoluto, existem outros fatores importantes a serem analisados. Em geral, a boa relação entre pais e filhos determina, depois, uma boa relação entre os mesmos e os idosos. Nessas culturas, observa-se que as relações entre os membros são também mais cordiais, menos competitivas e acumulativas.

Em sociedades nas quais a organização é mais complexa, o papel do idoso torna-se também mais complexo e diferenciado. Por exemplo, entre os arandas, habitantes das florestas da Austrália, apesar de praticarem o infanticídio (como outras das comunidades analisadas pela autora) quando as crianças nascem com defeitos físicos ou quando a mãe não pode alimentá-las, as sobreviventes são tratadas de maneira generosa. Os idosos são responsáveis pela transmissão da experiência acumulada, pois várias habilidades – necessárias para a sobrevivência na cultura – só são adquiridas com o passar dos anos. Da mesma forma valoriza-se o conhecimento das tradições sagradas, da magia, dos ritos e cerimônias tribais. Para eles, com o passar dos anos crescem também o poder mágico e a sabedoria, bem como a imunidade a várias doenças e poderes sobrenaturais maléficos. Os mais velhos, que se aproximam do além e, portanto, da mediação entre o mundo dos vivos e dos mortos, são os escolhidos para cumprirem o papel religioso.

Nas comunidades nas quais a arte, a religião, a magia e o saber triunfam, triunfa no geral o poder dos mais velhos. Se existe na velhice uma suposição de saber, existe, concomitantemente, um tratamento respeitoso à mesma. Da mesma forma, se a morte é vista como uma boa e necessária passagem para uma vida mais evolutiva, o idoso, como mais próximo cronologicamente da morte, tem um papel social importante.

Todavia, há exceções. Em algumas culturas, o fato de o idoso ter poderes extras, conferidos pela idade, confere-lhe também possibilidades de utilização dos mesmos contra os outros e, neste caso, passam a representar a ameaça e o temor. Nesse contexto, nas ilhas da Polinésia os adultos comiam os velhos como forma de assimilarem sua sabedoria impedindo-os, ao mesmo tempo, de utilizarem seus poderes de feitiçaria. Em muitas culturas, ao contrário, os inúmeros poderes contra as forças do mal trazem ao idoso muitos

---

[16] Ver: BEAUVOIR, Simone. *A velhice*, 1986, p. 49-263.

benefícios e prestígios – comer determinadas coisas antes proibidas, tocar em objetos sagrados –, sendo considerado mais inteligente e mais sábio sobre as questões do outro mundo.

Vê-se que a velhice sinaliza tanto a perspectiva de um saber a ser aproveitado como também de um saber a ser destituído e, sobretudo, traçando cronologicamente uma relação mais estreita com a morte, ela acopla-se à ideia que cada cultura tem da morte e do morrer.

Outras visões da velhice no curso da história

Outra pesquisa apresentada por Beauvoir[17] refere-se às sociedades *históricas,* que têm uma organização social diferente das anteriores estendendo-se até o século XX. A questão do tratamento dado à velhice não é menos complexa, apesar de continuar valendo sua tese: a velhice é uma categoria social, mais ou menos valorizada de acordo com cada cultura e um destino singular.

Na China antiga, caracterizada pelo poder centralizado e autoritário, a coletividade tinha como base a família e a obediência aos mais velhos, já que a cultura exigia mais experiência do que força. Conforme Confúcio afirmava:

> Aos 15 anos, eu me aplicava ao estudo da sabedoria; aos 30, consolidei-o; aos 40, não tinha mais dúvidas; aos 60 anos, não havia mais nada no mundo que me pudesse chocar; aos 70, podia seguir os desejos do meu coração sem transgredir a lei moral.[18]

No taoísmo a longevidade era uma virtude em si mesma. Para Lotseu, depois dos 60 anos seria o momento de libertar-se do corpo pelo êxtase e tornar-se santo; a velhice era a vida sob forma suprema. Talvez advenha daí a ideia generalizada de que no mundo oriental o saber do idoso era sempre respeitado.

O primeiro texto conhecido dedicado à velhice[19] no ocidente é de Ptah-hotep, 2500 a.C., no qual a velhice é associada à decrepitude e à decadência total do corpo. É frequente, pelos textos exibidos por Beauvoir, a associação entre o horror da velhice com tudo que ela escancara da castração.

Os relatos bíblicos não são homogêneos. Há alguns que vangloriam a velhice e outros que, pelo contrário, fazem da mesma uma lástima a exemplo do *Eclesiastes:*

---

[17] Ver: BEAUVOIR, Simone. *A velhice,* 1986, p. 109-263.

[18] Citado por BEAUVOIR, Simone. *A velhice,* 1986, p. 113.

[19] Citado por BEAUVOIR, Simone. *A velhice,* 1986, p. 114.

> Lembra-te de teu criador durante os dias de tua juventude, antes que cheguem os dias maus, e que se aproximem os anos em que dirás: Não experimento mais nenhum aprazer. Antes que obscureçam o sol e a luz, a lua e as estrelas, e que as nuvens retornem após a chuva *(diminuição de acuidade visual, extinção das forças intelectuais)*: tempo em que os guardiões da casa (braços) tremem, quando os homens fortes (as pernas) se curvam, quando os que moem (os dentes) param porque se enfraquecem, quando os que olham pelas janelas (os olhos) estão obscurecidos [...] quando se têm tremores ao longo do caminho [...].[20]

A velhice é descrita à pena da queda do desejo, da decrepitude e da doença; todas as reduções são tratadas como perdas irreparáveis e o idoso é descrito como um morto que vive.

Conforme Beauvoir, a mitologia grega aborda o tema sob o ângulo do conflito das gerações e sob o traço de perversão; muitos deuses, ao envelhecerem, tornam-se mais cruéis e pervertidos. Mas há exceções, Tirésias, por exemplo, acopla à idade a sabedoria, uma cegueira acompanhada de visão interior.

Na Grécia antiga, a velhice é em geral associada à honra: *Gera* e *géron* são palavras que designam a idade avançada e também o privilégio da idade, o direito a ancianidade e à deputação. Para Homero, ela é associada à sabedoria. Contrastando-se a tal ideia, bastante presente nas cidades antigas, encontra-se também o horror, cantado em verso e prosa por diferentes poetas para os quais a perda de força física, mudanças da imagem, perda de poder são associadas à velhice.

Sólon rejeita totalmente tais visões. Para ele, a velhice era glória e fortuna representando o não cessar de aprender; importava-lhe isto e não a volúpia e outros prazeres ligados ao corpo. Nessa época, as leis de Sólon conferiam um grande poder aos mais idosos.

No campo literário, a questão já não é tão otimista. Sófocles associa a velhice às diferentes perdas e aos 89 anos retrata Édipo no fim da vida: "tende piedade do pobre fantasma de Édipo, pois este velho corpo não é mais ele".[21]

Nos séculos XII ao XV, seguindo ainda a pesquisa de Beauvoir, a condição de desvalorização da velhice não muda muito e a literatura retrata a associação entre velhice e decrepitude. A propósito, Beauvoir nos traz um conto dos irmãos Grimm: Deus havia destinado 30 anos de vida para o homem e a todos os animais, o burro, o cão e o macaco. Estes conseguiram

---

[20] Citado por BEAUVOIR. Simone. *A velhice*, 1986, p. 117-118.
[21] Citado por BEAUVOIR. Simone. *A velhice*, 1986, p. 127.

que Deus lhes cortasse 18 anos, 12 anos e 10 anos respectivamente do número fixado. O homem, ao contrário, pediu a longevidade, conseguindo um prolongamento de sua idade com as reduções dadas ao asno, ao cão e ao macaco, perfazendo 70 anos, sem saber que a mesma representaria a decrepitude. Ele viveria rápido até os 30 anos, os próximos 18 anos ele viveria como um burro, carregando nos ombros os outros, nos próximos 12 anos como um cão, arrastando-se de um canto ao outro, pois não teria mais dentes para morder e seus últimos 10 anos seria como um macaco; não teria mais cabeça boa, faria coisas bizarras, meio esquisito, provocando risos.[22]

Na Idade média, o traço marcante da misoginia – ódio ou aversão às mulheres – torna-se mais evidente, principalmente em relação às mulheres idosas. Tais observações devem levar em conta que nessa época era raríssimo as pessoas atingirem 30 anos. Carlos V, por exemplo, morreu em 1380 aos 42 anos sendo considerado um velho sábio.

Na Renascença (século XVI), surgem alguns textos, a exemplo de Erasmo, que se dedicam à ideia de uma velhice-modelo; diante de uma vida sóbria e regrada, uma velhice bela. Contrapondo-se a isso, a literatura é carregada do elogio à juventude e à beleza e de uma repugnância ao corpo envelhecido, principalmente da mulher idosa. E mesmo Erasmo, em um tom bastante moralista, traça uma terrível descrição da mulher idosa. Ridicularizando seu corpo, a censura ainda pelo prazer de viver que muitas conservam. Toda a literatura citada por Beauvoir, só mostra uma ressonância muito grande com todos os pontos já delimitados anteriormente. Sexualidade e amor são também caminhos interditados aos idosos.

Rei Lear de Shakespeare, é a segunda grande obra – juntamente com *Édipo em Colona* – na qual o herói é um idoso, encontra-se tanto uma visão pessimista de velhice quanto a ideia de que ela é uma verdade da condição humana e não seu limite. Mas de qualquer maneira, Lear expressa o drama do humano: "Será o homem apenas isso? O homem sem adornos não passa de um animal nu e bifurcado como tu. Vamos! Abaixo os disfarces! Vamos, desnudemo-nos! Vamos, desnudemo-nos aqui – grita Lear, arrancando as vestimentas".[23] Mas, desnudado, Lear, no limite entre a demência, a loucura e a lucidez, já não tem mais tempo de conformar sua vida às verdades que vislumbra.[24]

---

[22] Citado por BEAUVOIR, Simone. *A velhice*, 1986, p. 168.
[23] Citado por BEAUVOIR, Simone. *A velhice*, 1986, p. 204.
[24] Citado por BEAUVOIR, Simone. *A velhice*, 1986, p. 204.

Podemos, a partir das referências trazidas por Beauvoir, depreender que a velhice não foi, todavia, um caso a parte no tratamento dispensado aos homens naquele momento. Essa época foi muito dura para os idosos, mas igualmente dura com as crianças. Criadas com severidade e à margem da sociedade, frequentemente participavam do mundo dos adultos, inclusive da vida pervertida. Persiste, nessa época, uma rivalidade muito grande entre as gerações, e o idoso afortunado representa tanto um certo poder de comprar mulheres jovens e belas – frustrando a sexualidade dos mais novos – como o poder do pai em falência.

É interessante observar ainda que o conceito de velhice só surge após a revolução industrial, até então privilégio dos ricos, pois os integrantes das classes mais pobres só raramente atingiam idade avançada. A partir de então, surgem os velhos pobres em contraposição aos velhos ricos e o destino de uns e de outros não é o mesmo. Cícero, aos 63 anos, apesar de defender a velhice, afirma que na extrema miséria a velhice não pode ser suportável, nem mesmo para um sábio.[25]

Entre o horror, a decrepitude e o sagrado, a velhice vai sendo vestida por diferentes tecidos, alguns que a cobrem de um luto interminável e sofrível, outros pelos quais o sagrado e a experiência fazem valer as mudanças traçadas no corpo. De qualquer forma, persiste ainda nessas culturas o terror e o temor daquilo que a velhice expõe – a castração em suas variantes –, perda do vigor sexual, da força, da beleza, da agilidade enfim, do poder fálico em seus diferentes matizes. É evidente que quanto mais enlaçada ao corpo e às demonstrações fálicas é a cultura, mais a velhice se torna um palco de sofrimento para aqueles que a contemplam ou a vivenciam.

Antes de localizarmos a velhice no mundo globalizado consideramos importante localizarmos – além das preciosas indicações de Freud sobre o mal-estar na cultura – a estrutura do discurso do mestre moderno, tal como formalizado por Lacan, e sua relação com o saber, com a verdade, e o tratamento dado àquilo que escapa aos significantes.

O mal-estar na globalização e o discurso do mestre moderno

Freud, em "O mal-estar na civilização" [1930],[26] acentua três fontes da infelicidade: o nosso corpo, o mundo externo e nossas relações com outros seres

---

[25] Citado por BEAUVOIR, Simone. *A velhice*, 1986, p. 147.
[26] FREUD, Sigmund. O mal-estar na civilização [1930], 1974.

humanos. É interessante que, apesar de não utilizar o termo "globalização", ao retomar sua tese de "Psicologia de grupo e análise do eu" [1924],[27] indicará a questão da pobreza psicológica dos grupos, na qual a presença do Outro que comanda é diluída em prol de uma única forma de se organizar, acentuando:

> Esse perigo (pobreza psicológica dos grupos) é mais ameaçador onde os vínculos de uma sociedade são principalmente constituídos pelas identificações dos seus membros uns com os outros, enquanto que indivíduos do tipo de um líder não adquirem a importância que lhes deveria caber na formação de um grupo. O presente estado cultural dos Estados Unidos da América nos proporcionaria uma boa oportunidade para estudar o prejuízo à civilização, que assim é de se temer. Evitarei, porém, a tentação de ingressar numa crítica da civilização americana; não desejo dar a impressão de que eu mesmo estou empregando métodos americanos.[28]

Apregoada há séculos, a globalização só se efetivou nas últimas décadas. Resultado da parceria do capitalismo moderno com a ciência, ela prescreve um modelo econômico e um modo de vida único: o modelo americano, o *american way of life*. Entre algumas das características desse modelo está o neoliberalismo econômico, comandado por leis do "mercado livre" (comandadas por regras rígidas de um mercado no qual prevalecem os grandes cartéis), "livre" circulação de homens, mercadorias, capitais e ideias, imperativo do novo e do consumo, mecanização da economia, informatização generalizada e, por fim, a tendência de se eliminar o sujeito em sua particularidade.[29]

Como efeitos da globalização, pode-se mencionar o predomínio de uma sociedade de massa com acento na produção e no poder, aumento da competição, das taxas de desemprego e do subdesenvolvimento para os países pobres, violência, declínio dos ideais, da tradição, predomínio do individualismo e da ética do celibatarismo,[30] do consumo exacerbado de objetos, desvalorização do Nome do Pai, desmentido da Lei. O desmantelamento

---

[27] FREUD, Sigmund. Psicologia de grupo e análise do ego [1924], 1975.
[28] FREUD, Sigmund. O mal-estar na civilização [1930], p. 138.
[29] A propósito ver: MUCIDA, Ângela. Mal-estar na globalização. In: *Psiquê*, maio de 2000, p. 32-43.
[30] O celibatarismo não diz respeito à prática religiosa do celibato, mas é um conceito forjado por Lacan que traduz determinada forma de relação do sujeito com o objeto que visa escamotear a incompletude do Outro. Isso se traduz em geral por relações transitórias que evitam a intimidade e a exposição das diferenças, bem como indica relações com os objetos em detrimento do parceiro que falta. É uma posição que delimita, sobretudo, o gozo solitário do homem moderno.

de muitos laços sociais e ideais, o descrédito da história em detrimento de um imperativo do novo evasivo e esvaziado de sentido, o descrédito no amor, a violência e a solidão sinalizam que o sujeito, longe de poder gozar livremente das "facilidades" do mercado, sofre os efeitos de tudo aquilo que se dirige contra os laços sociais e contra ele mesmo.

> O mal-estar da civilização encontra hoje a sua causa na própria abolição do sujeito, substituído notadamente por uma concepção puramente biológica do homem, isto é, uma concepção veterinária. O discurso gestionário, que governa atualmente o mundo segundo as regras do mercado, praticamente varreu todos os laços sociais básicos [...] O sujeito moderno, desembaraçado da "monarquia do significante", segundo a expressão de Michel Foucault, tornou-se enfim "livre", isto é, louco, perdido, aspirado ao produzir-se a si mesmo como detrito, no discurso da suposta livre empresa.[31]

Em *Televisão*,[32] Lacan caracterizará a nossa época como a modificação que a ciência submeteu ao discurso do mestre, implicando com isso uma mudança na lógica da estrutura discursiva – assinalada em *O avesso da psicanálise*[33] – em torno dos quatro discursos: discurso do mestre, da histérica, do analista e do universitário.[34]

Para que o leitor possa acompanhar essa importante contribuição de Lacan à análise do discurso atual, lembramos que nesse seminário ele indica uma estrutura[35] básica para os quatro discursos assinalados, acrescentando,

---

[31] VALAS, Patrick. *As dimensões do gozo*, 1998, p. 92.

[32] LACAN, Jacques. *Televisão*, 1993, p. 29.

[33] LACAN, Jacques. *O avesso da psicanálise*, 1992.

[34] Os discursos para Lacan são formas de laço social, ou seja, laço entre o sujeito e o social. Eles podem também ser definidos como um tratamento do real, tratamento do gozo ou, de outra forma, uma maneira de conduzir o impossível. Enquanto laço social, eles indicam para Lacan a incompatibilidade entre o significante que representa o sujeito e seu gozo, o objeto e, dessa forma, eles delimitam sempre algum tipo de fracasso em sua empreitada. As diferenças entre os discursos assentam-se nas respostas que cada um dá ao fracasso; como cada um conduz a verdade e o saber, bem como aquilo que cada um produz.

[35] A estrutura para a psicanálise, a partir de Lacan, é sinônima de linguagem, não implicando, dessa forma, uma combinação de lugares que formaria uma totalidade. A estrutura indica "uma referência com algo que é coerente com algo diverso, que lhes é complementar" (LACAN, Jacques. *As psicoses*, p. 210). A estrutura é marcada por algo que é homogêneo e algo heterogêneo, algo que falta, o objeto a. Assim, os elementos dentro de uma estrutura, estrutura de linguagem, não têm uma significação intrínseca; eles só têm um sentido a partir da posição que ocupam dentro da própria estrutura.

posteriormente, o quinto discurso, discurso capitalista, como uma modificação do discurso do mestre antigo – análogo para Lacan ao discurso do inconsciente – e com uma lógica que se contrapõe à lógica anteriormente adotada em relação aos outros quatro discursos.

A estrutura básica dos discursos é assim definida por Lacan:

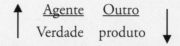

O agente é o operador do discurso ou aquele que coloca o discurso em funcionamento. Contudo, o lugar do trabalho está no Outro que, com seu trabalho, produz um produto ou um resto. Ao abordar o conceito de produto e de resto, Lacan utilizou-se do conceito de mais-valia da teoria marxista, articulando-o com o conceito de *mais-de-gozar*. A mais-valia na teoria marxista implica o excedente do trabalho produzido – em toda produção há uma parte excedente entre o custo real da mercadoria e seu o valor de venda[36]–; é o lucro do capitalista. Lacan o denominará como "o lugar do trabalho a mais, do mais de trabalho",[37] ou seja, na produção há uma parte que sempre excede e é extraída das mãos de quem a produz, o trabalhador. O trabalho produz um excedente que escapa ao trabalhador, introduzindo, ao mesmo tempo, uma alienação do trabalhador em relação à produção.

Em analogia à teoria marxista da mais-valia, Lacan cunhou o conceito de mais-de-gozar, um dos nomes dados ao objeto *a*. Semelhante ao conceito de mais-valia, o mais-de-gozar não entra no circuito da significação fálica, constitui-se um resto não simbolizado que escapa ao sujeito e, da mesma forma, o mais-de-gozar não é concedido ao sujeito, ele o ultrapassa. Aqui persiste também uma alienação do sujeito à sua forma de gozo. Situando-se na dimensão da perda (um menos de gozo), o mais-de-gozar impõe sempre uma tentativa de recuperação. É nessa hiância, nesse buraco aberto por essa perda, um oco, afirmará Lacan:

> [...] que certo número de objetos vêm certamente preencher, objetos que são, de algum modo, pré-adaptados, feitos para servir de tampão [...]

---

[36] A propósito ver: MARX, Karl. Manuscritos econômico-filosóficos (Terceiro manuscrito). In: *Pensadores*, 1978, p. 55-125.

[37] LACAN, Jacques. *O avesso da psicanálise*, 1992, p. 17.

oral, anal, escópico e mesmo vocal. Estes são os diversos nomes com os quais podemos designar como objeto o que concerne ao *a*.[38]

O objeto *a* não existe de início; ele só é introduzido pela falta estrutural de um objeto adequado para satisfazer a pulsão. Esse objeto inexistente, impossível e inalcançável foi nomeado por Freud (1914), em "As pulsões e suas vicissitudes", de objeto da pulsão.

> [...] o objeto da pulsão é aquele por meio do qual a pulsão pode alcançar sua satisfação, é o mais variável da pulsão e, originalmente, não está ligado a ele, só lhe sendo destinado por ser peculiarmente adequado a tornar possível sua satisfação. O objeto não é necessariamente algo estranho: poderá igualmente ser uma parte do próprio corpo do indivíduo. Pode ser modificado quantas vezes for necessário no decorrer das vicissitudes que a pulsão sofre durante sua existência [...][39]

Na contemporaneidade, esse objeto da pulsão, inalcançável, transveste-se de diferentes objetos que, mascarando a inexistência de um objeto adequado ao desejo, vendem a ilusão de que o objeto do desejo existe sob a forma dos objetos produzidos pelo mercado. Esses objetos – os novos objetos, as latusas;[40] objetos *a* produzidos pela ciência e pelo mercado – são, afirma Soler, matérias para fazer sujeito, parceiros prontos a gozar.[41]

Assim, a face do objeto *a* como mais-de-gozar é, em outros termos, o gozo. Freud o nomeia, em "Além do princípio do prazer" (1920), como o mais além do princípio do prazer – a pulsão de morte, a repetição –, já que o prazer é limitado desde sempre. O sujeito goza, sofre, sem saber por que sofre, já que o inconsciente, como vimos, é o discurso do Outro, é o mestre absoluto. Contudo, o gozo só existe no corpo, só pode ser sentido pelo corpo, mas a partir de um corpo no qual o sujeito é apenas um peão, escravo, um *automaton* de sua cadeia significante. O gozo, não sendo significantizável,

---

[38] LACAN, Jacques. *O avesso da psicanálise*, 1992, p. 48.

[39] FREUD, Sigmund. As pulsões e suas vicissitudes [1914], 1974, p. 143.

[40] Lacan cria esse novo termo *latusas* a partir da junção de *aletheia* e *alestosfera*. *Aletheia* é uma palavra grega que caracteriza uma determinada concepção de verdade. Para Heidegger é um desvelar que vela, ou seja, uma verdade que não se diz por inteiro. A *aletosfera* indica a atmosfera que respiramos, na qual se dão as fabricações da ciência. As *latusas* indicam, portanto, que os objetos não estão fora do seu tempo; eles se situam em função do discurso dominante.

[41] SOLER, Colette. *A psicanálise na civilização*, 1998, p. 260.

exige um tratamento que passa pelas vias do deslocamento, da metonímia à metáfora, pelas formações do inconsciente. Mas esse inconsciente a trabalho só tem existência a partir de uma escuta.

A lógica do mais-de-gozar do mercado de bens é, todavia, bem outra: de um objeto ao outro, os objetos tomam valor de troca na medida em que se deslocam. Importa, nesse circuito, a partir da teoria marxista, não o valor de uso; este deve ser convertido, como assinalou Marx,[42] em valor de troca. Um objeto, depois mais um novo, e, assim, o mercado faz da metonímia do desejo uma metonímia de "novas formas" de gozar.

Retornando à estrutura dos discursos, temos ainda o lugar da verdade. A verdade tem estrutura de não toda; é impossível dizer toda a verdade. Verdade e mentira não se excluem e distinguem-se do verdadeiro e do falso. A verdade não diz respeito ao real do fato, como afirmado por Freud a propósito da realidade psíquica. A verdade da qual se trata é próxima à *aletheia* heideggeriana: um desvelar que, desvelando, vela sempre algo. É impossível dizer toda a verdade, acentua Lacan, porque materialmente faltam palavras para dizê-la. Conforme indicado abaixo, no discurso analítico, por exemplo, no lugar da verdade, está uma cadeia de saber produzida por cada sujeito. Para a psicanálise, tanto a verdade quanto o saber têm estrutura de não todo porque, como salientamos no início, falta um significante no campo do Outro; o Outro é incompleto.

A lógica dos quatro discursos assenta-se na ideia de uma torção (um quarto de volta) no sentido horário para se passar de um discurso ao outro. Se começamos pelo discurso do mestre, na sequência, teríamos, logo em seguida, o discurso da histeria, depois o do analista e, por último, o discurso universitário. Vejamos:

Discurso do mestre:

$$\begin{array}{c} \uparrow \dfrac{S_1}{\cancel{S}} \longrightarrow \dfrac{S_2}{a} \downarrow \\ // \end{array}$$

Discurso da histeria:

$$\begin{array}{c} \uparrow \dfrac{\cancel{S}}{a} \longrightarrow \dfrac{S_1}{S_2} \downarrow \\ \backslash\backslash \end{array}$$

---

[42] MARX, Karl. Manuscritos econômico-filosóficos (Terceiro manuscrito), 1978, p. 55-125.

Discurso do analista:

$$\uparrow \frac{a}{S2} \longrightarrow \frac{\$}{S1} \downarrow$$

Discurso universitário:

$$\uparrow \frac{S2}{S1} \longrightarrow \frac{a}{\$} \downarrow$$

Pode-se observar que, seguindo o sentido das setas, no discurso do mestre, há um laço social entre o mestre, S1 (nomeado por Lacan de senhor ou mestre por referência à dialética hegeliana do Senhor e do Escravo), e o escravo S2 (escravo ou cadeia de saber produzida a partir de S1). No discurso da histeria o laço apresenta-se entre a histérica – representada pela divisão do sujeito, o inconsciente em exercício – e o mestre; no discurso do analista, o laço advém entre o analista, operando como objeto *a*, e o sujeito. O discurso universitário faz laço entre o professor (cadeia de saber, S2) e o aluno.

No discurso do mestre antigo (mestre hegeliano) – discurso do inconsciente –, temos como operador ou agente do discurso o S1, significante mestre. Este é o significante que "intervém no campo já constituído dos outros significantes"[43] e ao intervir nesse campo que, todavia, não formava ainda uma cadeia significante, produz um sujeito dividido, inaugurando imediatamente uma cadeia de saber (S2). Dessa intervenção de S1 produz-se um resto, o objeto *a*.

No lugar do Outro (lugar do trabalho), está a cadeia significante (S2) produzida pelo escravo, para dar livre satisfação ao mestre; o mestre apenas goza. Como produto temos um (a), mais-gozar, e como verdade um sujeito sempre dividido (está sob a barra, portanto, sofreu o recalcamento) pelo menos entre dois significantes: S1 e S2 que o determinam. Entre o sujeito dividido e o mais-de-gozar não há nenhuma forma de comunicação. Tudo que está sob a barra sofreu a castração.

Esse discurso delimita claramente o impossível. A cota de fracasso que existe em toda estrutura discursiva é aí exposta pelo próprio sujeito dividido ($) pelo menos entre dois significantes, sujeito atravessado pela

---

[43] LACAN, Jacques. *O avesso da psicanálise*, 1992, p. 13.

divisão inconsciente e que, portanto, faz equívocos, sintomas, angustia-se, expõe-se através de seus atos falhos. Pela exposição do impossível próprio à linguagem, esse discurso rompe com a ideia de um objeto adequado à satisfação do desejo. A importância disso é exatamente que, ao expor essa inadequação do objeto, ele acaba por colocar em cena a estrutura de falta de todo desejo; desejo atravessado pelo desejo do Outro.

Lacan formaliza o discurso do mestre moderno ou discurso capitalista como uma modificação no discurso do mestre antigo; no lugar do agente, está o sujeito, e no lugar da verdade, está S1. Ele introduz ainda uma novidade; uma flecha parte de (a) ao sujeito e outra parte de S1 a S2.

De imediato, poder-se-ia pensar que o sujeito (S) é o operador do discurso, pois ele se encontra no lugar de agente, lógica aplicada a todos os outros discursos. Mas não; o sujeito só é agente sob a forma de um semblante, inserido que está entre o mercado – representado pelos objetos que se mascaram como objeto "a" – e a ciência. Subsiste a ilusão de que não há mais nada nesse sujeito em suspenso; ilusão de que a determinação da divisão pelo inconsciente pode ser apagada. Isso coaduna com a ideia atual de um sujeito autônomo, livre, que pode escolher os objetos feitos à sua livre satisfação. Falsa ilusão; o sujeito está aí determinado pelos objetos. As flechas introduzidas por Lacan, que vão do objeto *a* ao sujeito (S) e do S1 ao S2, indicam um desvanecimento do mestre, um declínio dos significantes mestres em prol dos objetos.

O S1 do discurso do mestre moderno está sob a barra, recalcado, demonstrando seu modo de operar que, ao contrário do mestre antigo, não se faz expondo-se. As faces do mestre atual apresentam-se sob o desmentido, com o imperativo do gozo sob diferentes montagens; leis do mercado (com mecanismos obscuros e inapreensíveis), cartéis econômicos, organizações financeiras etc., vestem-se como verdades sem furos nas quais o sujeito é forcluído.[44] A forclusão não permite nenhuma apelação. Observa-se, portanto,

---

[44] A forclusão é um neologismo advindo do francês *forclusion*, criado por Lacan para traduzir a *Verwerfung* freudiana. A forclusão é o mecanismo próprio da estrutura psicótica, no qual, ao apelo do Nome do Pai – enquanto Lei – responde, não a ausência do pai real, mas a carência desse significante. O termo jurídico preclusão refere-se a uma sequência de ações ou decisões à qual a conduta posterior chega sem haver realizado os passos que deveriam precedê-la.

um mestre sem faces, irreconhecível, mas que traça, como nunca, efeitos devastadores sobre o particular que reside em cada sujeito. Seus efeitos são devastadores porque ele se dirige contra os laços sociais, tanto por preconizar relações com os objetos – desconhecendo a estrutura de falta de todo desejo – quanto por destacar o poder invencível da ciência sobre o real, tentando apagar a falta que existe no encontro do sujeito com o Outro. O mais-de-gozar, nesse discurso não advém do laço social, como no discurso do mestre antigo, mas dos objetos. No lugar da verdade está o Um para todos.

Nesta empreitada, na qual cada um quer saber como se dar bem, a literatura de autoajuda produz *best-sellers* e as autobiografias se sobressaem como formas, mesmo que ilusórias, de saber como o outro se deu bem. Diante de tantas regras – saber que se vende sem furos –; *aprenda a fazer bons negócios, aprenda a vencer, as 230 posições para deixar o homem ou a mulher louca...* a velhice, apesar de postar-se como aquilo que faz furo à cultura do novo, escancarando a castração sob diferentes maneiras, tornou-se também um novo mercado: *seja sempre jovem, menopausa sem medo, a melhor idade com juventude.* O mercado e a ciência ocupam-se da velhice da mesma forma como se ocupam de tudo aquilo que expõe o real, tentando escamotear os furos no encontro prometido do sujeito com o objeto de seu desejo.

Entretanto, a autoajuda acaba por não ajudar e o real insiste. Dos que sofrem essa falta de gozo, como assinala Sauret (1999),[45] preconiza-se uma lógica "que permite dizer que se você não tem gozo, é porque um outro roubou esse gozo". O rapto do gozo, o rapto do prazer ou da felicidade, é dirigido a todos aqueles que fazem furo à felicidade prometida – favelados, descamisados, desabrigados, falidos, idosos etc. –, afirmando, como veremos, uma prática segregatória. Persiste a ordem: se esse objeto não funcionou, o mercado dispõe de inúmeros outros possíveis.

Por essa via, o senhor João (95 anos), completamente lúcido e orientado no tempo e espaço, dizia: "Não me incomoda a velhice, sinto-me bem, vivo das boas coisas que já fiz [...] incomodam-me as pernas que não me deixam fazer o que gosto, mas sei que um tratamento especial poderá me devolver as pernas de antes". Ao ler no jornal um artigo sobre neurose obsessiva, identifica-se com os traços ali delimitados e afirma "querer curar-se disso", tomando remédio para depressão enquanto espera os milagres da nova ciência.

Uma senhora de 77 anos queixa-se da perda do marido, alguém que ela supunha ter passado por inúmeras transformações nos últimos anos,

---

[45] SAURET, Marie-Jean. Democracia e sintoma. In: *Cult,* 2000, p. 62.

colocando-se, finalmente, como seu companheiro fiel. Este, que durante toda a sua vida a traiu com inúmeras amantes e prostitutas, morre aos 78 anos, vítima de um ataque cardíaco, antes do encontro com uma possível amante, após a ingestão de uma dose de Viagra, *pílula milagrosa* – feita sob medida ao orgasmo de *qualquer um*. Ao invés do gozo prometido, calando o real do corpo, o Viagra escancara para esse senhor um outro real, a morte, demonstrando a tese freudiana de que cada um morre de seu próprio modo.

Apesar de inúmeros casos como esse, a pílula da ereção continua a ser vendida nas farmácias como um dos produtos milagrosos da descoberta científica, desconsiderando-se o real no qual cada sujeito se insere.

A ideia de uma ciência que possa responder ao real, calando-o, persiste sob diferentes ilusões e promessas. Se a ciência teve a audácia de prolongar tanto a vida, ela não pode apagar, entretanto, a defasagem entre uma psique que funciona a partir de um ideal a ser cumprido e um corpo que não mais responde a tal ideal. Como efeito, isso retorna sob a forma de frustração, esse domínio da reivindicação quando "algo é desejado e não obtido, mas que é desejado sem nenhuma referência a qualquer possibilidade de satisfação nem de aquisição. A frustração é por si mesma o domínio das exigências desenfreadas e sem Lei".[46] E é precisamente nesse "sem Lei" que se inscreve a nova ordem social.

De repente, o sujeito descobre que suas pernas não serão mais como antes e, muito menos, que não terá a satisfação orgástica prometida, se é que ele poderá se deparar com isso. Na maioria das vezes, presenciamos a passagem a novos objetos. O paradoxo é que, articulados numa produção em série, esses objetos são oferecidos como produzidos especialmente para cada sujeito em particular: "nós temos o melhor xampu para seu cabelo", "você já escolheu a casa de seus sonhos?".

A proposta dessa "alestosfera"[47] é de escamotear o desejo e sua causa. Lacan afirma que o significante mestre por "ter dissipado as nuvens da impotência, surge como inatacável [...]".[48] Dissipar "*as nuvens da impotência*", que significa isto?

Sabemos que o impossível diz respeito às verdades que não se podem demonstrar. Dissipar a impotência é trazer verdades formalizadas, nas quais o sujeito está foracluído. Como assinalamos, a foraclusão marca a impossibilidade

---

[46] LACAN, Jacques. A *Relação de objeto*, 1995, p. 36.

[47] Neologismo criado por Lacan da junção do aoristo do verbo do qual deriva "alétheia" – verdade que, desvelando, vela – mais "atmosfera". Latusas é o nome dos objetos criados pelo tempo da ciência afirma SOLER, Colette. *A psicanálise na civilização*, 1998.

[48] LACAN, Jacques. *O avesso da psicanálise*, 1992, p. 169.

de qualquer apelação. "O grande triunfo da ciência é fazer calar tudo aquilo que fala."[49] Isso pode ser observado claramente na estrutura do discurso capitalista atual. Nessa direção – fazer calar tudo que fala –, o idoso é, sobretudo, aquele que tende a ser extraído mais rapidamente de sua condição de sujeito, tornando-se aquele que já passou de "seu tempo". Ocupa-se da velhice para fazê-la calar, pois a ciência não trata o real, apenas o silencia.

A velhice no mal-estar da cultura atual

Mesmo que tecida sob diferentes formas, não é tão distante de nós aquilo que a velhice tem despertado em grande parte das sociedades primitivas ou em outras sociedades mais organizadas. Se não deixamos os nossos velhos morrerem à míngua nas *montanhas da morte*, o abandono está presente sob formas mais veladas.

Se a carência e o empobrecimento imperam para grande parte da população brasileira, obrigando o governo à campanha *Fome Zero*, escancarando aquilo que não se globaliza, a riqueza e os bens; se vivemos exatamente numa sociedade de clima duro – apesar de tropical –, de circunstâncias difíceis – apesar da riqueza –, de carência de alimentos, apesar do desperdício, como não pensarmos que nosso espelho social reflete, exatamente, a mesma imagem de outras sociedades apresentadas anteriormente, nas quais predominam a carência, a competição, o predomínio do acúmulo de bens, a desvalorização do saber dos mais velhos e da história em detrimento do novo, da beleza e da juventude? Conforme vimos, nessas sociedades, as crianças e os idosos, enquanto não produtores de bens e incapazes de gerirem riquezas, têm sinas semelhantes.

Entre o horror à decrepitude e o real de outra cena – ao avesso dos rostos e corpos das imagens globais –, a velhice não encontra no mal-estar atual um tratamento muito diferente do que vimos em várias culturas anteriormente retratadas.

O que Lacan proferiu para a psicanálise em *Televisão* – com relação ao discurso capitalista atual – vale para a velhice; nada é mais pernicioso para a velhice do que o discurso capitalista atual acoplado à nova ciência. Junto à nova ciência, inaugura-se o imperativo do novo sob diferentes formas, tanto no tocante aos objetos fabricados pelo capitalismo moderno quanto à imagem e à decapitação da história. Quando tudo se torna obsoleto num tempo mínimo, é o próprio sujeito que está em causa: envelhecer torna-se

---

[49] SAURET, Marie-Jean. Democracia e sintoma, 2000, p. 60.

também obsoletar. Se, para algumas culturas, e em outras formas de organização social, o suposto saber da experiência era um traço identificatório para o idoso, demarcando certo lugar social, hoje o suposto saber encontra-se fora dele: nas faces diversas e irreconhecíveis do Outro, que dita as regras de *envelhecer bem* ou, de modo geral, de não envelhecer.

O aumento do interesse pela velhice e os meios de detê-la encontram-se atuantes em larga escala. São inúmeros os objetos de mais-de-gozar fabricados pela Ciência (latusas) em direção a esse novo mercado, e eles refletem, na maioria das vezes, um querer calar tudo aquilo que fala ou expõe limites ao gozo.

Vivenciamos hoje aquilo que Freud anunciou em 1930: o progresso científico não trouxe ao homem a esperada felicidade, não melhorou as relações entre os homens, não aliviou o medo das perdas, não aplacou a angústia. E tudo isso se escancara de forma ainda mais irrevogável no que tange à velhice. Nas palavras do senhor João (95 anos):

> Vejo uma diferença sensível no mundo de hoje. Antes, na minha época, tudo era mais tranquilo, tinha mais paz de espírito, acordava com serenata; agora acordo com tiros. A situação de insegurança piorou muito, incomoda-me essa dificuldade que todo mundo vive. Não gosto da globalização, muita notícia, não há notícias boas; os programas jornalísticos trazem apenas muita preocupação para todos. Antigamente não tínhamos tanta notícia assim, é um exagero. Será que o mundo muda tão rápido mesmo? Acho difícil acompanhar tudo isso, assimilar tanta coisa. Não me enquadro nos princípios desse mundo de agora, não sou solidário a tantas desavenças. A guerra (*referindo-se à invasão dos EUA no Iraque*) é de interesse e de posse. Vejo o mundo trepidante; há uma devastação, um confronto muito grande entre as pessoas. Stalin quis invadir os EUA e desistiu por causa da bomba atômica; os EUA já tinham bomba atômica naquela época. Agora isso não impede mais as guerras, pois todos os grandes países têm armas mais poderosas; isso dá medo, causa insegurança, tristeza.

É flagrante – para esse senhor que nasceu no início do século XX –, o olhar de estranheza diante do mundo que se descortinou com a efetivação da globalização. Nesse movimento pelo qual tudo se torna obsoleto em um tempo mínimo, resta sempre a questão: que novo é esse? Que novo é esse que se faz à revelia de uma história e não pressupõe nenhuma posição nova do sujeito diante da vida? Esse novo, como bem descreve esse senhor, é um "novo" da repetição interminável, sem tréguas, mesmo torneado por novas vestimentas. Um novo do excesso, sem um ponto de basta pelo qual o passado poderia ser reinscrito e atualizado. Um novo, portanto, sem memória. Sem o que reatualizar, sem como recontar e fazer uma cadeia significante particularizada, o sujeito que não se globaliza sob imperativo algum está cada vez mais solitário para conduzir seu desamparo.

O desamparo, abordado no capítulo anterior, conjuga-se ao perigo da perda do amor, angústia relativa ao desejo do Outro e ao próprio desejo e temor ao superego. Tais inscrições não se perdem jamais, fazem parte do *infantil* da constituição do sujeito e serão reinscritas sob outras roupagens em conformidade ao *perigo* em questão. Na atualidade, o idoso encontra diferentes formas de se deparar com o desamparo. Sua história não encontra lugar diante das *nov-idades* do mercado, sua imagem não pode acolher como antes as maquilagens (em francês: maquille-âge, maquiar a idade), mesmo com o mercado das próteses e cirurgias plásticas; o limite persiste. O temor à perda de amor torna-se real dada a fragilidade corporal que não responde, como antes, aos imperativos de agilidade, força e beleza. Os caminhos abertos pela cultura à inscrição e atualização de sua história tornam-se também mais restritos. É flagrante, no mundo atual, o desrespeito ao idoso concernente à sua fala, à sua marcha – sempre mais lenta – sempre em descompasso com um mundo que gira ao redor de outro imperativo: tempo é dinheiro.

Conforme afirma Arendt:

> Remonto-me, de época a época, até a mais remota antiguidade, porém não encontro paralelo para o que ocorre ante meus olhos; a partir do momento em que o passado cessou de lançar sua luz sobre o futuro a mente do homem vagueia na obscuridade.[50]

Não podemos nos desvencilhar de nosso passado, de nossa história como nos desvencilhamos dos objetos que não têm *mais-valia,* mais serventia. Nossa história deveria conter, como contém alguns objetos, o valor de troca, valor adquirido por sua inserção no campo social. Mas, ao contrário, a história no mundo globalizado tende a ser anulada em detrimento do novo.

Fora do tempo atual, fora do mercado do trabalho e da rapidez exigida pelo mesmo, fora do imperativo do novo, e desvalorizado em seu saber, a velhice tende a experimentar o desamparo de maneira cruel. Diante disso, só resta ao idoso uma aposta naquilo que jamais se globaliza, aquilo que o constitui como sujeito, buscando fazer novas reinscrições a partir do particular que o anima. É nessa aposta que a psicanálise – discurso avesso ao discurso

---

[50] ARENDT, Hannah. *Entre o passado e o futuro,* 2000, p. 32.

atual – pode ater-se a esse tão velho e novo *sintoma,* a velhice, dando a ele novos contornos, apostando cada vez mais no sujeito em detrimento do universal. Nas palavras de Soler:

> o sintoma é precisamente o que faz com que cada um, em alguma coisa, não consiga, de maneira nenhuma, fazer o que lhe é prescrito pelo discurso de seu tempo.[51]

A segregação do idoso e o discurso capitalista atual

Se as civilizações sempre se assentaram contrapondo-se aos sujeitos, vivenciamos na contemporaneidade algo no mínimo constrangedor, através da forma escancarada e cruel pela qual se busca apagar as diferenças. Sob a Lei do desmentido, vivenciamos, nesses últimos tempos, atos de força, brutalidade e desrespeito que nos chocam. Os motivos segregatórios, antes torneados pela visão desregrada do antissemitismo aos judeus – Hitler foi o exemplo mais cruel –, assentam-se no mal-estar da cultura atual sob uma espécie de antissemitismo que, mesmo camuflado sob diferentes matizes, caminha em direção a uma devastação sem limites. O desrespeito à Lei, às diferenças e às possibilidades de pacto torna sangrentas, muitas das vezes, as relações entre os povos. Vivenciamos novas formas de segregação que são, sobretudo, ditadas pela nova ordem econômica entre aqueles que fazem parte e os excluídos da globalização.

Situaremos, a partir da psicanálise, o conceito de segregação para, em seguida, situarmos a segregação e a velhice.

A segregação é articulada por Freud em vários momentos de sua obra particularmente em "O mal-estar da cultura" [1930] e em "Moisés e o monoteísmo" [1934-1938].[52] Tal conceito é trabalhado em torno do antissemitismo e desenvolve-se a partir da concepção do *narcisismo das pequenas diferenças.* As teses então desenvolvidas são preciosas para se pensar a segregação na contemporaneidade.

Em "Psicologia dos grupos e análise do ego",[53] Freud afirma que a integração dos grupos na cultura só se realiza pela via das identificações e pelos laços libidinais inibidos em seu objetivo. Nesse sentido, a formação dos

---

[51] SOLER, Colette. O sintoma na civilização, 1998, p. 170.

[52] FREUD, Sigmund. Moisés e o monoteísmo [1934-1938], 1975.

[53] FREUD, Sigmund. Psicologia dos grupos e análise do ego [1921], 1976.

grupos, percorrendo os traços identificatórios e laços libidinais, caracteriza-se pela projeção para fora do grupo de toda agressividade, mantendo intacta a sobrevivência do mesmo.

Lacan, por sua vez, afirmará, em *O avesso da psicanálise*, que "tudo que existe como origem da fraternidade é a segregação". Esta é o isolar-se junto, isolar-se do resto. Em outros termos, é o que Freud denominou de ódio do semelhante. Mas de que semelhante se trata?

O semelhante nos remete sempre ao outro da relação especular. Remete-nos ao inquietante do duplo; esse outro quase que imperceptivelmente outro, porque eu mesmo. O semelhante é segregador na medida mesma em que a imagem que vejo nele perpassa a minha, ali onde o insuportável de uma cena se mostra pelo furo que toda imagem nos devolve. O semelhante que se odeia ou não se quer ver é a encarnação do que Freud, em "O estranho" [1919], descreve como *Unheimlich*. Assim expressa-se sobre este conceito: "pode ser verdade que o estranho (Unheimlich) seja algo que é secretamente familiar (heimlich heimisch) que foi submetido ao recalque e depois voltou, e que tudo aquilo que é estranho satisfaz essa condição".[54] O estranho é, então, esse familiar e semelhante que retorna do recalcado.

Na análise feita do *narcisismo das pequenas diferenças,* Freud acentua que o ódio contra os judeus opera do inconsciente, através do ciúme dos povos contra esse povo que se declarou filho primogênito e favorito do Deus Pai e, principalmente, pela prática da circuncisão dos judeus que escancara a temida castração. Tal tese foi anteriormente discutida no "Caso Hans" (1909) e Leonardo da Vinci e uma lembrança de sua infância (1907).[55] Ele afirma que "o complexo de castração é a mais profunda raiz do antissemitismo".

Para Lacan, a castração tem um valor estrutural, demarcando o corte do gozo pela intervenção do significante. Frente a esse gozo a menos (menos da castração), o sujeito busca de várias formas um gozo a mais. Mas persiste sempre algo no gozo que não é significantizável. Algo que, da repetição em busca do que foi perdido, sobra sempre: o objeto *a*.

Como vimos, o discurso capitalista opera exatamente escamoteando a relação de logro que o sujeito tem com o objeto, buscando tamponar o movimento deste resto que causa o desejo, além de assentar-se sob o desmentido da Lei,

---

[54] FREUD, Sigmund. O estranho [1919], 1976, p. 306.

[55] A propósito ver: Análise de uma fobia em um menino de cinco anos [1909]. In: *E.S.B.,* 1976, p. 46 e Leonardo da Vinci e uma lembrança de sua infância [1910]. In: *E.S.B.*, 1976, p. 88.

ou seja, desmentido do significante mestre que faz corte ao gozo desenfreado. Não é difícil deduzir a partir dessas indicações porque a segregação opera hoje em larga escala.

Soler (1995)[56] distingue segregação e discriminação; podem-se encontrar culturas discriminatórias, a exemplo das castas na Índia, sem serem segregativas. Um excluído, um estrangeiro, por exemplo, pode tornar-se um exótico. Enquanto "a segregação é uma via de tratar o insuportável, o impossível de se suportar [...], a discriminação é uma diferença afirmada e mantida". Outro exemplo de Soler é as formas da sexuação formalizadas por Lacan; são discriminatórias, mas não são segregativas. Dessa forma, a segregação busca excluir as diferenças, coadunando com o imperativo atual do Um para todos.

Todavia algumas práticas discriminatórias podem tornar-se segregativas. Em nossa cultura, temos uma série de práticas discriminatórias para o idoso: entrar pela porta da frente do ônibus sem pagar, reservando os primeiros lugares para os mais velhos, fila especial nos Bancos e outras repartições públicas, entrada gratuita nos cinemas em sessões diurnas etc. Tais práticas podem tornar-se segregatórias se tomadas pela via: todos os idosos são iguais.

A partir dessas pontuações, surgem algumas indicações da segregação do idoso. Diante do imperativo: *todos devem gozar*, a velhice marca, na maioria das vezes, aquilo que faz limite ao gozo ou um furo no encontro prometido com o objeto. Ela se escancara como a imagem marcada pelo tempo na qual o insuportável de se ver reaparece: o limite da castração. Isso faz ressonância com o que Hitler afirmou com relação aos judeus: "como eles se assemelham a nós, e, de outro lado, como são diferentes".[57]

O fracasso, muitas vezes, no real dos laços sociais, impele muitos idosos à busca do Um pela comunidade de iguais. Buscam introduzir a discriminação contra a segregação pela formação de grupos, inserindo-se, muitas vezes, em algum tipo de segregação.

Poderíamos situar a segregação daí decorrente em três vias principais. Na primeira estão os segregados pelo corpo social, pela não produção de bens e pela impossibilidade de se inserirem no mercado. Nesse *não saber-fazer* em relação ao mercado, insere-se uma facção de *aposentados*. Termo pejorativo que se traduz muitas vezes por obsoleto; aposentam-se como se aposentam outros objetos de mais-gozar ultrapassados pela rotatividade das

---

[56] SOLER, Colette. Sobre la segregación. In: *Pharmakon*, 1994, p. 10.
[57] ZALOSZYC, A. Abord psychanalytique de la segregación. In: *La lettre Mensuelle*.

trocas no tempo. "Ultrapassados" pelo domínio do *novo* e sem inserção no mercado das *latusas*, perfazem uma classe na qual o sentimento presente é de enfastio e fardo social. Asilados ou não, muitos prescrevem em vida a marca da morte. Muitos *aposentados* demonstram constrangimento com suas condições atuais, e, não raro, surge o sentimento de culpa advindo pela não inserção na produção de bens socialmente valorizados.

Uma segunda via é de idosos que, de uma forma ou de outra, conseguem se inserir no mercado e fluem para os clubes da maioridade, clínicas e organizações afins. Tais formações de grupo buscam fazer o Um como forma de manutenção de algum traço identificatório, mesmo que pela segregação. De toda forma, é inegável o papel social desses grupos, pelos quais muitos idosos encontram uma forma de laço social. Nesses grupos – imaginariamente de iguais –, a diferença acaba por se impor.

Por fim, na terceira via, encontram-se aqueles que, efetivamente, continuam inseridos no mercado enquanto consumidores de bens. Normalmente esses fazem um outro tipo de segregação. Tragados pela rede da indústria farmacêutica e cosmética, buscam, sob qualquer preço, desfazer-se das marcas do tempo. Como no *Retrato de Dorian Gray*, de Oscar Wilde, tais sujeitos correm o risco de, aprisionados pelo jogo mortífero da busca de uma imagem imutável, decapitarem a própria história. O sujeito tende a desaparecer para fazer advir a imagem. Universaliza-se, segrega-se pela supressão daquilo que pode fazer furo à cultura do novo.

A segregação asilar

Nos asilos e casas para idosos, exibi-se, na maioria das vezes, a mais incisiva marca segregatória ao idoso. Ali habitam os idosos, aposentados ou não, incapazes de se manterem sozinhos, estejam ou não com doenças que os comprometam fisicamente ou mentalmente. Nas casas para idosos encontram-se, normalmente, idosos com boa situação financeira, mas com doenças que demandam cuidados especiais, e que ali são deixados pelas famílias. Mesmo que a infraestrutura seja bem diferente das instituições asilares tradicionais, persiste, nos dois casos, a mesma prática do apagamento das diferenças; mesma comida, horários predeterminados para refeições, banho e outras atividades. Enfim, a rotina é a mesma para todos como em toda instituição asilar ou hospitalar. A demanda é de que os sujeitos apaguem seus traços particulares a favor do bom funcionamento da rotina. Nessa empreitada, além do excesso de medicamentos antidepressivos e inúmeros "calmantes" que buscam calar sob qualquer preço aquilo que insiste em não calar, impera a uniformização dos quartos, dos utensílios a serem utilizados, das atividades. Os sujeitos devem deixar para trás todos as lembranças, todos os hábitos, todos os gostos e escolhas para se adequarem ao grupo.

Neste contexto, é flagrante a formação de sintomas que buscam escrever o particular. Alguns sujeitos pegam "mania" (como é aí nomeado o particular) de ajuntar pequenos objetos, transformando-os em pequenos ornamentos para o corpo ou para seu dormitório; outros agarram-se a determinados objetos, "restos" de outra vida, transformando-os em verdadeiros *objetos transicionais*. Alguns recolhem-se no silêncio como forma de manter – sob alguma proteção – vestígios de seus desejos. Outros rendem-se ao *Um para todos* à custa de vários sintomas, pois o sintoma resiste sempre ao universal; é o traço mais particular que o sujeito porta. Para outros, o estado depressivo ou a inibição surgem como forma de alienação. Outras formas menos silenciosas de recusa à ordem imposta podem surgir, e, no melhor dos casos, a contestação pela palavra – pouco tolerada pelas instituições. Alguns idosos resistem ao apagamento de seus próprios traços mesmo que seja pela via do ódio ou da *pirraça,* como afirmam. Enfim, há uma enormidade de sintomas como resposta daquilo que jamais se institucionaliza em cada *asilado*. De forma análoga ao movimento social e político que permitiu a reforma psiquiátrica no Brasil, urge um movimento em relação aos asilos que permita outras condições de vida aos asilados idosos.

Selma (78 anos) é encaminhada à CPNP apresentando, na primeira entrevista o seguinte discurso: "Sou exclusivista e observadora, agora mais ainda. Tenho um prato e um copo só meus; não bebo água em copo misturado, sempre fiz isso. Ganhei também um colchão novo, diferente de todos os outros [...] Tenho uma colega de quarto que tem tara com minhas coisas, porque tenho coisas boas (mostra a calcinha de renda), uso o melhor perfume do mundo (alfazema), tenho creme Nívea, mas é muito bom". Pergunta à estagiária se tem banheiro e acrescenta: "vou fumar lá dentro; vou fazer como faço no asilo, eu sempre dou um jeitinho".

Antônio (72 anos) asilado chega à CPNP com dificuldades para se locomover e expondo seu sofrimento. "Estou cansado de esperar (chora)... Espero a morte, estou andando aos trancos e barrancos. Não presto para mais nada, não posso mais jogar bola que é o que eu gosto de fazer. Sem isso vou andando desse jeito, isso é um caso sério, andar aos trancos e barrancos".

Os trancos são as dores nas pernas que não o deixam andar como antes, esses pequenos saltos com os quais ele tenta se equilibrar. São as dificuldades com sua vida asilar (está lá há um ano) e a perda de todos os laços afetivos. Os barrancos são as derrapadas de sua vida que escorrega e ele não sabe como parar. Contudo, mesmo dizendo não saber, Antônio sabe sem o saber, pois, nessa dor que *rola de um lado para o outro*, por esse sintoma metáfora que o faz andar aos trancos e barrancos, ele, como um jogador de futebol profissional que já foi, deixa agora *rolar a dor* como deixava antes *rolar a bola*. Sintoma que escreve o particular de seu desejo, escrevendo também algo sobre o real insuportável. Quando fala de futebol, seu corpo se endireita, seus olhos brilham, *sente a vida voltar*.

Comparece à CPNP por duas vezes, e, no final do segundo encontro, a atendente do asilo diz para a estagiária: "ele está numa depressão total, profunda; vamos ver se ele continua, acho difícil que ele volte". A difícil tarefa de levá-lo do asilo até a CPNP ecoa pela voz da atendente: "acho difícil que ele volte". E Antônio não volta mais.

Como ele, vários outros asilados poderiam estar usufruindo os efeitos dos significantes sobre si mesmo, fazendo o luto do que se foi, reinscrevendo suas histórias. Todavia, isso não é cômodo para a rotina asilar, já que a análise, marcando as diferenças, fará exatamente o oposto da segregação.

Entretanto, existem sujeitos que, mesmo inseridos nesse contexto completamente adverso, ainda sustentam a causa do desejo contra a causa institucional. É o caso de um outro senhor asilado que tem sido atendido na CPNP, também sob minha supervisão. José chega muito deprimido e com dificuldades na marcha devido a um derrame cerebral. "Deixei minhas ferramentas para trás (ele era pedreiro), pás, enxada, peneira... Acordo e vejo que não posso trabalhar mais... (chora) Queria voltar ao tempo que azulejava banheiro; de um jeito só meu. Um assentamento que só eu podia fazer, com minha técnica".

Essas ferramentas "deixadas para trás" – seu laço social –, isso que marcava um "jeito só dele", lhe reenviam, pouco a pouco, pelas associações livres, a um outro jeito que, mesmo com o lado esquerdo comprometido por um derrame, reaparece como um desejo possível de ser realizado: "[...] mas o que eu quero mesmo é uma mulher; pode ser negra, branca, amarela... ela pode ser doida como eu. Você não poderia me arrumar uma?" Pergunta para a estagiária. "Meu lado direito está bom, posso ainda fazer muita coisa com ele [...]" Eu não tenho "jeito porque não saio, não tenho dinheiro, meu dinheiro fica todo no asilo".

Por detrás das queixas, surge a inibição e o silêncio, o mesmo que no asilo, afirma ele, lhe dá proteção de não ser expulso e ficar sem moradia. Pelas associações livres surgem algumas cenas fantasmáticas nas quais ele associa seu silêncio à fala da mãe que, ao agredi-lo, dizia: "boca calada não entra mosquito, se falar apanha mais". Esse sujeito repete na relação com o Outro, pelo silêncio, os efeitos desses significantes em sua forma de gozo. Ao mesmo tempo, como corte a essa *morte simulada,* esse sintoma reaparecia ao avesso pelas explosões de nervosismo. Poder falar *sem apanhar,* experimentando os efeitos de sua própria fala, tem propiciado a esse sujeito retificações subjetivas, inclusive de, pela palavra, marcar seu desejo junto ao asilo de comparecer às sessões.

O despojamento de todos os objetos, o parco salário pelo qual os asilados, aposentados ou não, poderiam escolher pequenas coisas que lhes trouxessem insígnias de suas diferenças, tudo isso é dissolvido em prol de uma sobrevivência que, para muitos, se torna apenas uma monótona e insuportável espera da morte. Asilam-se os traços de uma profissão exercida, os traços marcados em pequenos objetos, as lembranças marcadas nas paredes de um quarto, de uma cozinha, nas paisagens do dia a dia, nos odores que povoam cada ambiente, pequenos matizes com as quais cada sujeito tece sua cobertura de vida... Tudo isso é deixado para trás com a entrada no asilo-exílio. Essa representa, sobretudo, para muitos a "aposentadoria" da possibilidade de desejar.

A segregação, a tentativa de excluir as diferenças, alia-se ao horror do semelhante, ao *estranho,* ao duplo especular e ao furo que toda imagem nos devolve. Portanto, em relação à velhice, não é tão distante de nós a mencionada frase de Hitler em relação aos judeus: "como são semelhantes, como são diferentes a nós mesmos". O horror à velhice é, principalmente, o horror ao encontro inevitável com tudo que ela escancara do real da castração.

Nessa direção, vale lembrar que, em um determinado momento da obra de Freud, há três contraindicações à análise: às crianças, aos psicóticos e aos idosos, tendo em vista sua clínica naquele momento.[58] Consideramos curioso que, enquanto as duas primeiras se constituíram em um vasto campo de pesquisa desde a época de Freud – assentando-se numa prática clínica que exibe seus resultados –, a última, concernente à velhice, guarda ainda a face do silêncio. Por quê?

Pode-se interrogar se esse silêncio não advém, sobretudo, porque o louco, a criança e mesmo o assassino (já que houve um desenvolvimento crescente na conexão da psicanálise com o campo jurídico) são sempre um Outro que posso evitar, enquanto a velhice é o inevitável, é o Outro irremediável que espreita cada um de nós.

Os idosos são segregados e às vezes se segregam e, nesse caso, identificando-se ao significante *idoso,* fazem uma cadeia interminável de sintomas, delegando ao Outro sua administração. De qualquer forma, a velhice, sendo

---

[58] A propósito ver: FREUD, Sigmund. A sexualidade na etiologia das neuroses [1898], 1976, p. 309.

um significante, só pode ser analisada a partir da cadeia construída por cada sujeito. Se, por estrutura, o sujeito não se globaliza, resta sempre o particular de cada sintoma para dizer não a essa empreitada e fazer furos à segregação. O sintoma é, portanto, a via pela qual cada um desses sujeitos exibe outra cena para além dos muros sem faces dos asilos.

Sublimação e velhice

A sublimação é um dos quatro destinos pulsionais assinalados por Freud em "As pulsões e suas vicissitudes". Vicissitudes, destinos, caminhos pelos quais aquilo que não cessa de se escrever – a pressão pulsional –, diante de uma satisfação que é sempre substitutiva, delimita mudanças no seu objetivo prescrevendo-lhe outros caminhos. A tese dos destinos para a pulsão encontra-se na ideia de que o corpo não pode suportar toda a pressão pulsional em busca de satisfação; há que se interpor uma barra a essa empreitada. No texto supracitado, Freud nomeará as vicissitudes como "modalidades de defesa contra as pulsões".[59] Junto à sublimação, delimitará três outros destinos: o recalque, o retorno em direção ao próprio eu e a reversão ao seu oposto. Tais vicissitudes têm uma íntima relação com os quatro termos pulsionais, mas não nos deteremos nessa análise pois ela nos afastaria de nosso propósito, a sublimação. Se toda pulsão tem sempre algo à deriva – um sentido avesso ao instinto –, esse *à deriva* do objetivo pulsional, a satisfação, guarda sempre uma cota de fracasso em sua empreitada, expondo algo de impossível.

Na sublimação, determinada cota de satisfação é obtida sem passar pelos caminhos do recalque, guardando, todavia, uma relação com o mesmo. Há sempre uma determinada cota de fracasso no sublime da sublimação. Aliás, o termo *sublime* acoplado à sublimação pode trazer a ideia de que esse mecanismo se atrelaria intimamente à idealização. Freud fez questão de separar esses dois mecanismos contrapondo-os. A idealização constitui-se numa formação de um ideal, é herdeira do Édipo e do recalque, enquanto a sublimação não sofre o mecanismo de recalque.

Pois bem; ao realçarmos a proposição de que toda vicissitude carrega em si uma cota de fracasso, pretendemos delimitar o caráter irrevogável da pulsão: retorno ao seu circuito. Ao enlaçar o objeto, que escapa sempre, a pulsão retorna à fonte, corporal, sob uma pressão que não cede.

---

[59] FREUD, Sigmund. As pulsões e suas vicissitudes [1915], 1975, p. 147.

Em "O mal estar na civilização", Freud acoplará a sublimação à flexibilidade; ou seja, uma reorientação dos objetivos pulsionais de maneira que possam eludir a frustração causada pela relação com o mundo externo. "Obtém-se o máximo quando se consegue intensificar suficientemente a produção do prazer a partir de fontes do trabalho psíquico e intelectual".[60] Vê-se que o próprio trabalho psíquico pode ser fonte sublimatória juntamente com outras as atividades, tais como a criação artística, a criação científica e todas atividades *livremente* escolhidas que se ligam às inclinações existentes em cada sujeito. Mas Freud não deixa de assinalar o efeito temporário da sublimação; ela não é "suficientemente forte para nos levar a esquecer a aflição real".[61]

Reafirmando o caráter não todo da sublimação – não se sublima tudo –, ele assinala, ainda, sua relação com a estrutura do fantasma; forma particular da relação do sujeito ao objeto. Freud não deixa de acentuar, a nosso ver, as vicissitudes, as dificuldades na consecução da sublimação. Isso pode ser observado pelas inúmeras dificuldades que os artistas encontram no ato criativo. Nas palavras de Duras:

> Se soubéssemos algo daquilo que se vai escrever, antes de fazê-lo, antes de escrever, nunca escreveríamos. Não ia valer a pena [...] Escrever apesar do desespero. Que desespero, eu não sei, não sei o nome disso. Escrever ao lado daquilo que precede o escrito é sempre estragá-lo. E é preciso no entanto aceitar isso: estragar o fracasso significa retornar para um outro livro, para um outro possível desse mesmo livro.[62]

O próprio fracasso impõe um *mais ainda* do que se escreve. Ele pressupõe, como dissemos, que algo de real e de impossível resida em seu desenlace; não é possível sublimar tudo.

Para Lacan a criação se ancora na falta, cria-se a partir do nada do significante, portanto, a partir de uma lógica fálica;[63] criar é "trazer algo à luz lá onde não havia nada. Entretanto ao dizer "lá onde havia nada", eu já implico um lugar. E não há tal coisa como um lugar sem o simbólico e suas marcas [...]".[64]

No Seminário *A Ética*, Lacan afirmará:

---

[60] FREUD, Sigmund. O mal-estar na civilização [1930], 1974, p. 98.
[61] FREUD, Sigmund. O mal-estar na civilização [1930], 1974, p. 100.
[62] DURAS, Marguerite. *Escrever*, 1994, p. 48.
[63] LACAN, Jacques. *Mais ainda,* 1985, p. 56.
[64] SOLER, Colette. *A psicanálise na civilização,* 1998, p. 15.

A libido vem encontrar sua satisfação nos objetos – como distingui-los inicialmente? Muito simplesmente, muito massivamente, e, para dizer a verdade, não sem abrir um campo de perplexidade infinita, como objetos socialmente valorizados, objetos aos quais o grupo pode dar sua aprovação, uma vez que são objetos de utilidade pública. É desse modo que a possibilidade de sublimação é definida.[65]

Assim, a satisfação substitutiva advinda pela sublimação ancora-se, por um lado, nos objetos (nomeados por Freud por *die Sache*) que adquirem um valor social coletivo com toda a plasticidade característica da pulsão, com todos os seus limites, e, por outro, no contorno daquilo que é o objeto inalcançável da pulsão, a coisa, *das ding* ou, em termos lacanianos, o gozo do Outro. Existem diferentes respostas que servem de anteparo ao gozo do Outro, e duas delas são as produções socialmente reconhecidas e o desejo. Os objetos em termos freudianos dizem respeito à libido objetal; objetos investidos narcisicamente. Por conseguinte, na sublimação, o objeto carrega investimentos imaginários, culturais; e, buscando recobrir isso que não existe, ela tem íntima relação com o impossível, no sentido já salientado.

Atrelada tanto ao fantasma fundamental de cada sujeito como aos laços sociais, a sublimação torna-se um ponto de ancoragem importante pelo qual cada um pode tratar o insuportável, constituindo mecanismo essencial aos destinos pulsionais e à relação do sujeito com o Outro.

Na velhice, muitos dos canais abertos socialmente como forma de sublimação tornam-se impossíveis, principalmente aqueles abertos pela via do trabalho tal como ele se organiza nas sociedades capitalistas. Com a aposentadoria e diminuição do poder aquisitivo, diminuem também as possibilidades de participação em atividades pelas quais o idoso poderia encontrar caminhos da sublimação, por exemplo, as advindas nos campos da arte e da cultura. Em algumas cidades, o programa de entradas gratuitas nos cinemas em alguns horários da semana, as atividades dos clubes da maioridade e outros programas afins têm, sem dúvida, aberto algumas possibilidades de laços sociais e possibilidades de sublimação. Entretanto, elas não constituem, por si mesmas, uma via possível à sublimação. Não se trata de negar a importância dessas atividades como alternativas abertas à expressão do desejo e como vias sublimatórias, mas a sublimação vai além dos espaços instituídos. Não se pode também fazer da mesma mais uma prática do Um para todos. É fundamental atentarmos a este ponto.

---

[66] FREUD, Sigmund. O mal-estar na civilização [1930], 1974, p. 103.

Tais atividades, sendo oferecidas em torno do grupo, e não em função dos traços particulares, não produzem, por si mesmas, necessariamente, a satisfação pela sublimação. Por outro lado, mesmo não se atendo ao particular, elas podem ter efeitos sobre o mesmo. O importante é o retorno às indicações freudianas e lacanianas: o caminho à sublimação não está disponível como uma mão que se estende aos objetos; ao contrário, na maioria das vezes, faz-se necessário um longo percurso de buscas até que o sujeito possa extraí-lo.

Isso surge na clínica de diferentes maneiras. Nas neuroses, por exemplo, o sujeito afirma desejar fazer algo que lhe dê prazer, algo particularmente seu, mas encontra diante de si todos os impedimentos possíveis em direção ao que se deseja ou, sabendo-o, encontra toda espécie de insatisfação ou de impossibilidade barrando sua realização. Além disso, partindo-se do princípio de que toda satisfação é sempre substitutiva e não original, o sujeito encontra toda espécie de dificuldades para se reconhecer naquilo que ele diz desejar.

Infelizmente, na maioria das práticas de oficinas dedicadas aos idosos, observa-se uma falta total de compreensão dos mecanismos intrínsecos à sublimação. Elas não se colocam como espaços à sublimação, mas, na maioria das vezes, estendem-se como ofertas universalizadas de produção de objetos em série, reproduzindo o *modus operantis* do discurso capitalista, sem atenção ao particular que anima cada desejo ou, pior, advêm, na maioria das vezes, como formas de preencher o tempo vazio e sem perspectivas do idoso. Desconhecendo a estrutura desse *destino pulsional*, tais práticas, se dispondo a preencher o tempo livre, esquecem-se de que o desejo não se anima pela via universal. Elas esquecem-se, ainda, de que a maior parte dos sujeitos foram inseridos na vida por uma única via de investimento sublimatório, o trabalho – se é que o trabalho tenha ocupado de fato esse lugar –, e muitos não tiveram a oportunidade de experimentar em si os efeitos de outras vias de satisfação pulsional, com toda a complexidade que ela envolve na relação do sujeito ao objeto. Então, faz-se necessário abrir espaços à sublimação pelos quais cada um possa escolher suas formas de satisfação, e isso passa necessariamente pela escuta do desejo. Sabendo-se que a oferta cria o desejo, torna-se indispensável saber ofertar, e, seguramente, não se alinha simplesmente a preencher o tempo ocioso.

Para concluir, retomo Freud, em "O mal-estar na civilização", quando, discutindo a questão da felicidade aí circunscrita – como um problema da economia libidinal – e demonstrando que não existe uma *regra de ouro para conduzir o mal-estar na cultura* ele acentua:

> Qualquer escolha levada a um extremo condena o indivíduo a ser exposto a perigos, que surgem caso uma técnica de viver, escolhida como exclusiva, se mostre inadequada. Assim como o negociante cauteloso evita empregar todo seu capital num só negócio, assim também, talvez, a sabedoria popular nos aconselhe a não buscar a totalidade de nossa satisfação numa só aspiração.[66]

Da mesma forma, não será pelo excesso de atividades que o sujeito encontrará sua satisfação.

O IMAGINÁRIO NA VELHICE: IMAGEM E CORPO

> Se não houvesse linguagem, aquilo que discerne o corpo, este nem mesmo se constituiria. Se não pudesse falar o homem não cogitaria nem do corpo, nem do real, nem da realidade [...] O primeiro corpo, o simbólico, faz com que o segundo, o biológico, nele se incorpore.
>
> *Jacques Lacan*

> O que é um espelho? É o único material inventado que é natural. Quem olha um espelho, quem consegue vê-lo vem se ver, que entende que a sua profundidade consiste em ele ser vazio, quem caminha para dentro de seu espaço transparente sem deixar nele o vestígio da própria imagem – esse alguém percebeu o seu mistério de coisa.
>
> *Clarice Lispector*

O narcisismo e a formação do eu

Ovídio, em suas *Metamorfoses*, nos traz um interessante relato do mito de Narciso, afirmando algo próximo às formulações freudianas e lacanianas em torno do narcisismo e da imagem especular. Vejamos um fragmento:

> Deitou-se e tentando matar a sede,
> Outra mais forte achou. Enquanto bebia,
> Viu-se na água e ficou embevecido com a própria imagem.
> Julga corpo, o que é sombra, e a sombra adora.
> Extasiado diante de si mesmo, sem mover-se do lugar,
> O rosto fixo, Narciso, parece uma estátua de mármore de Paros.
> [...] Admira tudo quanto admiram nele.
> Em sua ingenuidade deseja a si mesmo.
> A si próprio exalta e louva. Inspira ele mesmo os ardores que sente.
> [...] Crédulo menino, por que buscas, em vão, uma imagem fugidia?
> O que procuras não existe. Não olhes e desaparecerá o objeto de teu amor.
> A sombra que vês é um reflexo de tua imagem [...].[1]

O necessário traçado pelo narcisismo, eixo da constituição do sujeito que deixa traços indeléveis, o entorpecimento expresso por Narciso, no encontro com sua imagem – confusão entre ele e o outro –, a marca do eu como corporal, e o fascínio diante da própria imagem, tudo isso não é estranho à psicanálise. Não foi outra a observação freudiana em 1914 ao escrever "Sobre o narcisismo: uma introdução".

Nesse texto, colocando em cena o narcisismo na perversão e na psicose, Freud afirmará que o narcisismo se encontra presente também nas neuroses e nestas, como na psicose, há uma retração da realidade, mesmo que

---
[1] *Apud* BRANDÃO, Junito. *Mitologia grega*, 1989, p. 180.

caracterizada por mecanismos diferentes. Como Narciso, essa "chama que a si própria alimenta",[2] o narcisismo impõe mecanismos de proteção ou de defesa contra os furos trazidos pelo encontro com a realidade.

Propondo-se responder qual seria a relação entre o autoerotismo (estado inicial da libido) e o narcisismo, e postulando tanto a existência de uma única espécie de energia psíquica (libido sexual), bem como de um narcisismo primário para todos, Freud expõe sua primeira tese:

> No tocante à primeira questão (*relação entre autoerotismo e o narcisismo*), posso ressaltar que estamos destinados a supor que uma unidade comparável ao ego não pode existir no indivíduo desde o começo; o ego tem de ser desenvolvido. As pulsões autoeróticas, contudo, ali se encontram desde o início, sendo, portanto, necessário que algo seja adicionado ao autoerotismo – uma nova ação psíquica – a fim de provocar o narcisismo.[3]

A princípio existiria, dessa forma, uma dispersão corporal oferecida pelas pulsões autoeróticas; a formação do eu comportaria a passagem destas ao narcisismo primário – tentativa de dar consistência à dispersão corporal por meio de certa unidade corporal representada pelo eu ideal –, primeiro esboço de imagem que causa júbilo ou *êxtase diante de si mesmo*. O narcisismo primário, relação do sujeito à imagem, tem efeitos inevitáveis sobre as escolhas objetais posteriores. Nessa direção existiria, conforme Freud, dois tipos de escolha: uma anaclítica ou de ligação (se é de "ligação" pressupõe-se que seja atravessada pelo processo secundário), transferência do narcisismo primário ao narcisismo objetal, e outra narcísica, busca de si mesmo no objeto amoroso.

Nessa vertente, o sujeito busca proteger seu narcisismo ("a si próprio exalta e louva"), e diante da castração desenvolverá uma relação com o Outro na qual parte do narcisismo possa ser resguardada. Essa nova ordem da economia libidinal exibe-se em torno da formação do ideal do eu, como efeito do recalque. O ideal do eu representa agora o amor a si mesmo, anteriormente representado pelo eu ideal, ou seja, o sujeito "abre mão" de uma satisfação em troca de outra. "O que ele projeta diante de si como sendo seu ideal é o substituto do narcisismo perdido de sua infância na qual ele era o seu próprio ideal."[4] O eu ideal representa, pois, um ponto essencial da economia libidinal,

---

[2] BRANDÃO, Junito. *Mitologia grega*, 1989, p. 181.

[3] FREUD, Sigmund. Sobre o narcisismo: uma introdução [1914], 1974, p. 93.

[4] FREUD, Sigmund. Sobre o narcisismo: uma introdução [1914], 1974, p. 111.

e todas as vezes que o sujeito se vê na vida de adulto em situações nas quais o narcisismo é muito ferido, ele busca recuperá-lo sob a forma do eu ideal.

Lacan, por sua vez, acentua:

> Sejam quais forem as modificações que intervêm em seu ambiente e seu meio, o que é adquirido como Ideal do eu permanece, no sujeito, exatamente como a pátria que o exilado carregaria na sola dos sapatos – seu ideal do eu lhe pertence, é, para ele algo de adquirido. Não se trata de um objeto, mas de uma coisa que, no sujeito, é a mais.[5]

O ideal do eu desempenha uma função "tipificadora no desejo do sujeito"[6] e, encontrando-se ligado a toda economia libidinal, é fundamental no enlaçamento do sujeito ao Outro.

Na velhice, o encontro com o real de um corpo que se transforma, marcado por uma imagem antecipada anunciando o irreparável de algumas modificações – imagem nem sempre fácil de suportar –, além de outras perdas concernentes às possibilidades de laços sociais – pelos quais o ideal do eu poderia se sustentar –, tudo isso poderá promover um retorno ao eu ideal representado pela identificação aos objetos. Assim, a carência de traços simbólicos introjetados pelo ideal do eu, pelos quais o sujeito se via susceptível de ser amado, na ausência de um ideal que possa servir de mediador entre o eu e o narcisismo e na carência de laços sublimatórios, poderá subsistir para alguns idosos tanto o apego aos objetos quanto o predomínio do ódio, além de estados depressivos passageiros ou não. Isso que o senso comum costuma caricaturar como "mania de velho" – apego excessivo aos objetos, observado em alguns idosos – parece-nos uma tentativa de se manter determinada consistência de si mesmos. Agarrando-se aos objetos especuláveis, buscam promover certo tipo de identificação de si mesmos aos traços depositados nos objetos.

Se a sublimação, como foi assinalado, é uma via importante para tratar o real, ela carrega determinada cota de fracasso em sua empreitada. Diferindo-se, como acentuou Freud, da idealização (formação do ideal do eu), ela é um processo relativo à libido objetal (um dos destinos possíveis da pulsão), uma determinada *deflexão* da sexualidade, enquanto a formação de um ideal – a idealização – refere-se ao engrandecimento do objeto. "Um homem que tenha trocado seu narcisismo para abrigar um ideal elevado do eu, nem por isso foi

---

[5] LACAN, Jacques. *As formações do inconsciente,* 1999, p. 301.
[6] LACAN, Jacques. *As formações do inconsciente,* 1999, p. 301.

necessariamente bem-sucedido em sublimar suas pulsões libidinais."[7] Mas, ao contrário, pode-se deduzir que um trabalho sublimatório efetivo reverte-se sempre favoravelmente a uma nova reorganização do ideal do eu. O sujeito encontrou, neste caso, mais recursos para operar com o real.

Como salientamos, toda a tecnologia que pôde alongar a vida até pontos inimagináveis não pode diminuir a distância entre um envelhecimento corporal inevitável e um psíquico que não envelhece. De qualquer forma, o corpo físico que se modifica mais visivelmente na *meia-idade*, para alguns após os 40 anos, somando-se às perdas objetais que se tornam mais numerosas (viuvez, perda de amigos e parentes) e às perdas sociais, tudo isso tem consequências sobre o narcisismo.

O ideal do eu – correspondente, no adulto, aos ideais a serem alcançados – encontra uma série de impedimentos na velhice, podendo provocar determinada regressão ou formação de numerosos sintomas que buscam tratar o real exposto, mesmo que pela via do sofrimento. Se a tais modificações soma-se alguma doença orgânica, a conjunção doença e velhice surge como uma possível resposta; a velhice passa a ser o álibi para tudo. Como nos indicou Freud, na "Conferência XXVI" [1916-1917],

> a doença orgânica, a estimulação dolorosa ou a inflamação de um órgão criam a condição que resulta nitidamente em um desligamento da libido de seus objetos. A libido que é retirada é encontrada novamente no ego, como catexia aumentada da parte doente do corpo.[8]

Isso pode acoplar-se à hipocondria, tão frequente na velhice; "um órgão atrai atenção do eu, sem que, pelo menos na medida em que podemos perceber, esse órgão esteja doente."[9] São casos nos quais o sujeito nega as modificações inevitáveis da velhice, justificando-as como doenças, e entrando numa cadeia interminável de idas aos médicos como tentativa de tamponar o real em cena.

Nessa mesma conferência, Freud reafirma: "é provável que esse narcisismo constitua a situação universal e original a partir da qual o amor objetal só se desenvolve posteriormente, sem que, necessariamente, por esse motivo o narcisismo desapareça."[10]

Quando o investimento objetal encontra no real muitos obstáculos, a tendência é de que o sujeito retroaja ao narcisismo primário, pela regressão libidinal.

---

[7] FREUD, Sigmund. Sobre o narcisismo: uma introdução [1914], 1974, p. 112.
[8] FREUD, Sigmund. A teoria da libido e o narcisismo [1916-1917], 1976, p. 489.
[9] FREUD, Sigmund. A teoria da libido e o narcisismo [1916-1917], 1976, p. 489.
[10] FREUD, Sigmund. A teoria da libido e o narcisismo [1916-1917], 1976, p. 499.

O narcisismo, o estranho e a velhice

Em "O estranho" [1919], Freud tenta verificar os motivos da estranheza (estranho) e, nesse intuito, faz uma vasta pesquisa do termo em alemão: *Unheimlich* (estranho), passando inicialmente pelo sentido, supostamente, contrário *Heimlich* (doméstico, familiar, íntimo, amistoso...), concluindo, de início, que a palavra *Heimlich* conduz ao seu sentido oposto; há algo secreto e suspeito no familiar. *Das Unheimlich*, por sua vez, acrescenta Freud retomando Schelling, "é o nome de tudo que deveria ter permanecido secreto e oculto, mas veio à luz".[11] E o que é *Heimlich* vem a ser *Unheimlich*.[12] O familiar, esse secreto e escondido, toma o sentido de obscuro, associando-se com o estranho.

A associação entre *Heimlich* (familiar) e *Unheimlich* (estranho), adverte-nos Freud, é utilizada pela literatura como forma de causar suspense e enigma. Retomando o conto de Hoffmann, *O homem de areia*, Freud depura cada vez mais o conceito de estranho, associando-o ao fenômeno do duplo; duplica-se a imagem como defesa contra a extinção, algo semelhante ao que ocorre nos sonhos. Tais ideias

> [...] brotaram do solo do amor-próprio ilimitado, do narcisismo primário que domina a mente da criança e do homem primitivo. Entretanto, quando essa etapa está superada, o 'duplo' inverte seu aspecto. Depois de haver sido uma garantia da imortalidade, transforma-se em estranho anunciador da morte.[13]

É interessante assinalar a relação dessa duplicação da imagem com o duplo descrito por Lacan como duplo homólogo da relação especular. Em ambos persistem os efeitos de agressividade e de transitivismo, esse "domínio do corpo, da imagem do outro, ou seja, do semelhante que por ser igual é rival sendo também atraente, fascinante, amante",[14] mas portando também a morte. A título de ilustração, tomemos o exemplo oferecido por Freud de sua experiência de duplo:

> Estava eu sentado sozinho no meu compartimento no carro-leito, quando um solavanco do trem, mais violento do que o habitual, fez girar a porta do toalete anexo, e um senhor de idade, de roupão e boné de viagem entrou. Presumi que ao deixar o toalete, que havia entre os dois

---

[11] FREUD, Sigmund. O estranho [1919], 1976, p. 281.
[12] FREUD, Sigmund. O estranho [1919], 1976, p. 282.
[13] FREUD, Sigmund. O estranho [1919], 1976, p. 294.
[14] QUINET, Antônio. *Um olhar a mais,* 2002, p. 127.

compartimentos, houvesse tomado a direção errada e entrado no meu compartimento por engano. Levantando-me com a intenção de fazer-lhe ver o equívoco, compreendi imediatamente, para espanto meu, que o intruso não era senão o meu próprio reflexo no espelho da porta aberta. Recordo-me ainda que antipatizei totalmente com a sua aparência.[15]

Observa-se que o estranho, neste caso, adveio a Freud pela imagem de um senhor de idade, ele próprio, como antecipadora de uma imagem familiar, mas estranha. Tudo isso remete à tese de vários autores anteriormente mencionada e com a qual coadunamos: velho é sempre o outro no qual nós não nos reconhecemos. Nessa direção Messy (2002) faz notar que a palavra velho (*vieux*) em francês, guarda tanto a palavra *vie* (vida) como o pronome pessoal *eux* (eles).[16] A velhice pode ser, dessa forma, vivida como um estranho familiar.

Mesmo que deparemos com os signos irremediáveis de mudanças em nossa imagem – não envelhecemos de uma só vez –, esse processo é longo e silencioso. Percebemos mais facilmente a velhice no outro. Principalmente se ficamos muitos anos sem ver alguém, podemos dizer *como fulano envelheceu, como ele está desgastado,* esquecendo-nos de que nós também aos olhos dessa pessoa, podemos estar envelhecidos. A experiência do duplo pode advir como esse estranho inquietante até mesmo por uma fotografia; muitos idosos percebem as marcas do tempo pelas fotos de si mesmos, e outros, ao se verem em fotos de pais ou avós. Como retrata o poeta Mário Quintana,

> Por acaso, surpreendo-me no espelho: quem é esse
> Que me olha e é tão mais velho do que eu?
> Porém seu rosto... é cada vez menos estranho...
> Meu Deus, meu Deus... Parece
> Meu velho pai – que já morreu!
> Como pude ficarmos assim?[17]

Freud acentua que a ideia de duplo não desaparece após a passagem do narcisismo primário ao secundário; ela receberá um "novo significado nos estágios posteriores, como a função de observar e de criticar".[18] Algo similar, portanto, à função do superego. Ele nos expõe outro ponto curioso sobre o duplo:

---

[15] FREUD, Sigmund. O estranho [1919], 1976, nota 1, p. 309.
[16] MASSY, Jack. *La persone âgee n'existe pas*, 2002, p. 18.
[17] QUINTANA, Mário. *Melhores poemas*, 1996, p. 15.
[18] FREUD, Sigmund. O estranho [1919], 1976, p. 294.

> Há também todos os futuros, não cumpridos, mas possíveis, a que gostaríamos ainda de nos proteger, por fantasia; há todos os esforços do ego que circunstâncias externas adversas aniquilaram e todos os nossos atos de vontade suprimidos, atos que nutrem em nós a ilusão da Vontade livre.[19]

É interessante focalizarmos na velhice a questão dos *futuros não cumpridos,* e que perderam, muitas vezes, qualquer possibilidade de realização. Eles surgem diante do encontro com o irremediável; aposentadoria, menopausa, mudança na performance corporal, etc., e podem ser escutados nas palavras de alguns idosos indicando a passagem do "Eu vou ser assim", "Eu farei isso e aquilo" ao "Eu fui tal profissional", "Eu fazia isso bem". A lembrança do que se foi é, entretanto, uma via utilizada por muitos na busca de enlaçamento com algum traço do ideal do eu.

A propósito, recordamos um senhor de 85 anos que tinha, como diziam os filhos, *mania* de ocupar-se cotidianamente pelos jornais do mercado de imóveis. Já pela manhã pegava as cotações dos preços dos imóveis, calculando o *valor de sua casa própria*, bem como de outros imóveis da família, expondo o desejo de possíveis negociações. Com receio de que ele fizesse um mau negócio, os filhos o convenceram a passar o apartamento e a casa em nome da filha mais nova, restando-lhe o *usufruto*. Sabendo que a partir dali não poderia mais *negociar,* ele responde, a princípio, por uma retirada da libido do mercado de imóveis e, pouco depois, por um acentuado estado depressivo. Para ele, comerciante por profissão, continuar a *comercializar,* mesmo que não efetivamente, era uma via de sustentação de seu ideal do eu.

Nesse sentido, vemos muitos idosos atualizarem seu passado pelas lembranças: contam e recontam cenas nas quais se sentem escrevendo a sua história. Reviver o passado é uma via importante pela qual sustentam os investimentos na vida. Contudo, se essa é a única via de atualização – viver em um passado, muitas vezes, idealizado –, há riscos de decapitarem os investimentos libidinais no presente. De qualquer forma, mostrar fotografias de quando se era jovem, contar conquistas amorosas e outras formas de domínio sobre o real é muito frequente na velhice. Qual seria a relação dessa forma de obter prazer com o fantasma originário?

Freud nos dá uma indicação importante ao associar a experiência do duplo com a fantasia – algo muito mais primitivo – "um estádio em que o duplo tinha um aspecto mais amistoso", mas que depois se transformou, após o recalque, em um horror. Ou seja, o duplo tem dupla face: remete ao

---

[19] FREUD, Sigmund. O estranho [1919], 1976, p. 294.

familiar e ao júbilo, bem como ao mais arcaico e aterrorizante para o sujeito. Depreendemos com Freud que o encontro do sujeito com a falta – intrínseca a toda imagem perpassada pelo Outro –, como diferença, corte, provoca o horror. Nessa direção, ele o associa ainda à ideia de desamparo e à repetição.

A repetição, como nos indicou Freud, é uma força poderosa que excede, vai *além* do princípio do prazer – "princípio" marcado desde sempre pelo limite, pelo impedimento[20] –, subjugando-o. Dessa forma, toda vez que esse limite for transposto haverá a irrupção do estranho. O exemplo oferecido por Freud é a história "O anel de Polícrates". O rei do Egito afastou-se aterrorizado de Polícrates, seu anfitrião, ao deparar com uma situação na qual todos seus desejos eram imediatamente atendidos e cada vacilo seu era imediatamente anulado por um destino amável.[21]

Na sequência, ele indicará que o "estranho não é nada novo ou alheio, porém algo familiar e há muito estabelecido na mente, e que somente se alienou desta através do processo do recalque."[22] O recalque, o seu retorno – recalque secundário que guarda os efeitos do recalque primordial –, é a condição do estranho. Não obstante, "nem tudo que preenche essa condição – nem tudo o que evoca desejos recalcados e modos superados de pensamento pertencentes à pré-história do indivíduo e da raça – é por causa disso estranho."[23] Nessa perspectiva, haveria duas espécies de estranho: uma advinda de pensamentos superados e outra, do recalcado. A primeira, bastante utilizada pela ficção literária e cinematográfica, estaria no reino da fantasia – e não do fantasma fundamental – e não se submete ao teste da realidade. Ela oferece oportunidades de se criarem sensações de estranheza, possíveis no mundo real.

Diferentemente [...] "uma experiência estranha ocorre quando os complexos infantis que haviam sido recalcados revivem uma vez mais por meio de alguma impressão".[24] Isso poderá ocorrer em qualquer momento da vida, e a velhice é, sem dúvida, como tantas vezes já sublinhado, um momento particularmente propício a tal vivência pela exposição, sob variados aspectos, de traços do real da castração.

Extraímos a seguinte cadeia a partir do conceito de familiar: estranho, duplo, repetição, desamparo, angústia, assombrador, assustador e morte.

---

[20] A propósito remetemos o leitor ao texto: Além do princípio do prazer [1920], 1976, p. 20-21.

[21] FREUD, Sigmund. O estranho [1919], 1976, p. 298.

[22] FREUD, Sigmund. O estranho [1919], 1976, p. 301.

[23] FREUD, Sigmund. O estranho [1919], 1976, p. 306.

[24] FREUD, Sigmund. O estranho [1919], 1976, p. 310.

Todos remetem a uma aproximação com o real da castração, à exposição de um real diante do qual o sujeito está desamparado, apartado de significantes que o nomeiem. Ou, de outra forma, como destaca Freud,

> um estranho efeito se apresenta quando se extingue a distinção entre imaginação e realidade, como quando algo que considerávamos imaginário surge diante de nós na realidade, ou quando um símbolo assume as plenas funções da coisa que simboliza, e assim por diante.[25]

Tudo isso, tocando o narcisismo, a imagem, o real e o familiar, toca, impreterivelmente, também a velhice no que ela nos é familiar – envelhecemos desde sempre – e naquilo que ela é sempre estranha, estrangeira. Traços marcados retornam, muitas vezes apartados de um saber que horroriza.

Para concluir, acentuamos que esse susto, essa sensação de estranho, implica o encontro do sujeito com as nuances do real – ponto de fixação, não dialetizável nos termos de Freud – ou esse buraco, como afirmou Lacan a respeito do recalque originário. O estranho familiar é a lacuna diante do qual o sujeito não tem palavras para nomear, restando-lhe buscar, entretanto, na cadeia significante – no tesouro significante – representações possíveis disso que escapa. Diríamos que o estranho é o efeito do encontro do sujeito com o real sem um suporte adequado do imaginário e do simbólico, ou quando esses dois registros se encontram incapazes, mesmo que momentaneamente, de dar um tratamento ao real.

Espelho, imagem e olhar

> [...] a imagem, é aquilo que de que sou excluído. Ao contrário desses desenhos-charada, onde o caçador está secretamente desenhado na confusão do arvoredo, eu não estou na cena [...][26]

Lacan formaliza em 1936 uma retomada estrutural do narcisismo pela concepção de "estádio do espelho", momento formador do eu. Apesar de ter sido bastante comentado por inúmeros autores, percorreremos também essa via, pois ele introduz de maneira peculiar a passagem do autoerotismo ao narcisismo, descrito por Freud, introduzindo de maneira espetacular a formação do eu ideal – tentativa de dar certa consistência à fragmentação corporal.

Para Lacan, a criança bem pequena não tem ainda uma matriz simbólica de seu próprio corpo, necessitando do Outro para fazer desse corpo orgânico

---

[25] FREUD, Sigmund. *O estranho* [1919], 1976, p. 304.
[26] BARTHES, Roland. *Fragmentos de um discurso amoroso,* 1991, p. 124.

– nomeado por Lacan como "carne" – um corpo erogeinizado. Como já mencionado, o corpo, para a psicanálise, é o encontro entre a imagem, os significantes que o nomeiam e o real, aquilo que escapa a toda nomeação possível e está aí dado, presente, mas carente de representações.

Uma criança entre 6 e 18 meses antecipa uma imagem coerente e integrada de si mesma pelo encontro de um Outro que ela vê como inteiro, mesmo antes de qualquer possibilidade de se ver como um corpo organizado. [...] "Um drama cujo impulso interno precipita-se da insuficiência para a antecipação."[27] Algo se *precipita*, se antecipa a partir da própria insuficiência apresentada pelo real do corpo, pois nesse momento a criança tem apenas uma imagem fragmentada de si mesma (corpo despedaçado). O encontro com o Outro lhe proporciona uma imagem ideal de si mesma, um eu ideal.

É interessante situar esses dois momentos que se cruzam: da insuficiência à antecipação, pois, em verdade, somos sempre insuficientes em relação a nossa apreensão corporal e antecipamos pelo Outro aquilo que podemos ser, mas esse Outro apenas nos oferece uma imagem antecipada e não uma imagem real de nós mesmos.

De qualquer forma essa imagem é consistente, ela mantém, enlaça, dá um sentido a partir do qual o sujeito começa a se nomear como um "eu". O estádio do espelho constitui-se também como "uma identificação", ou seja, essa "transformação produzida no sujeito quando ele assume uma imagem".[28] O sujeito identifica-se primordialmente com uma *Gestalt* de seu corpo; uma *Gestalt* ideal em comparação à ausência de coordenação de sua motricidade.

A relação ao espelho é, portanto, marcada pelo engodo; espera-se que ele diga a verdade, mas o espelho *não traduz*. "Registra aquilo que o atinge da forma como o atinge. Ele diz a verdade de modo desumano, como bem sabe quem – diante do espelho – perde toda e qualquer ilusão sobre a própria juventude [...] O espelho não interpreta os objetos."[29]

Entretanto, dizer a verdade de modo desumano não é dizer a verdade, essa só pode ser dita pela "miopia" própria a toda verdade, pelo desvelar que vela, pois "materialmente faltam palavras para dizê-la", acentuou Lacan. O espelho só pode produzir uma imagem na presença do objeto; ele não permite produzir a imagem na ausência como uma representação do

---

[27] LACAN, Jacques. O estádio espelho. In: *Escritos,* 1998, p. 100.
[28] LACAN, Jacques. O estádio espelho. In: *Escritos,* 1998, p. 97.
[29] ECO, Umberto. *Sobre os espelhos e outros ensaios,* 1989, p. 17.

sujeito como acontece com os significantes. O espelho apenas trata o objeto especularizável, objeto que se exibe pela presença.

O narcisismo funda-se na introdução de uma imagem – um eu ideal – e uma falta. Há dois tipos de narcisismo: um relativo à imagem corporal, que permite dar certo domínio do corpo; e outro advindo da identificação ao outro, sob o domínio de uma alienação fundamental pela qual o eu e outro se misturam. O narcisismo traçará também, na concepção de Lacan, a matriz fundamental pela qual o sujeito escolherá seus objetos, e está na base da agressividade; o eu pelo qual o sujeito se reconhece, passa pela intermediação de um outro que se situa como duplo homólogo. Essa captação pela imagem, que domina até os dois anos e meio, compõe a dialética possível da criança com o semelhante e organiza-se por traços do transitivismo e a agressividade, traços marcantes também na paranoia. Pelo transitivismo, a criança que bate sente-se batida, expressando sua "dor" à outra que foi agredida, um "escravo identificado com o déspota, ator com o espectador, seduzido com o sedutor".[30]

Assim, antes de constituir-se como sujeito do inconsciente, a criança se objetiva como eu, como eu ideal i(a) formado pela imagem do outro. É a partir desse eu ideal, essa forma primitiva pela qual o eu se constitui, que o sujeito faz o percurso de outras identificações a um ideal do eu, quando o Outro, em seu caráter de extimidade, caráter de diferença, apresenta-se como a matriz da identificação propriamente dita. Entretanto, esse i(a), como faz notar Lacan, essa "minha imagem, minha presença no Outro é sem resto. Não posso me ver o que perco aí [...]".[31]

O ideal do eu marca o ponto pelo qual o sujeito se verá *como visto pelo Outro*, um ponto no qual ele poderá receber o amor do outro. Como acentua Quinet,

> o ideal do eu corresponde ao olho benevolente e protetor que traz um olhar de aprovação para os atos do sujeito, respondendo assim à sua demanda, que é sempre demanda de amor. É o ponto de vista do amor, mesmo se dizem que o amor é cego.[32]

Nesse sentido, o autor assinala que tal cegueira é aquela que não permite ver a esquize entre o olhar e o olho, a esquize entre a visão e o olhar. "Lá

---

[30] LACAN, Jacques. A agressividade em psicanálise. In: *Escritos,* 1998, p. 116.

[31] LACAN, Jacques. *Seminário da Angústia,* lição de 22/05/1963.

[32] QUINET, Antônio. *Um olhar a mais,* 2002, p. 118.

onde estava a visão Freud descobre a pulsão",[33] e Lacan colocará em cena o olhar enquanto objeto *a*, causa de desejo e de angústia.

Como foi acentuado no capitulo anterior,

> o objeto a não faz parte do campo da realidade, ou seja, suas modalidades de objeto oral, objeto anal, olhar e voz não são percebidas: não são vistas, ouvidas, sentidas, tocadas, nem provadas. [...] Ele se encontra como mais – de-gozar no sonho, no sintoma e no lapso; o olhar é o objeto em causa na vergonha, na inveja, e no ciúme.[34]

Por conseguinte, o olhar não se encontra no campo da visão, "ele é o invisível da visão".[35] Como objeto *a,* objeto da pulsão escópica – objeto da pulsão de ver e de ser visto –, ele introduz o sujeito no campo do Outro, esse invisível que assola o sujeito fora da consistência imaginária permeada pelo especular dos objetos perceptíveis e visíveis, impondo-lhe aquilo que lhe escapa em cada olhar.[36] Podemos indicar que o olhar constitui a face mais real do objeto *a*. Diante do imaginário do olho posta-se o real da visão, e como elo que permite ligar o visível (o olho, o campo das imagens, o especularizável) e o invisível (o olhar, o escópico, o real pulsional) está o simbólico, olhar perdido que retorna pela intervenção do Nome do Pai. Esse entrelaçamento perfaz a realidade: "A realidade é feita de imaginário e determinada pelo simbólico do qual o real está forcluído".[37]

Quer dizer, estamos sempre insuficientes em relação à nossa apreensão corporal e antecipamos pelo Outro aquilo que podemos ser, mas esse Outro apenas nos oferece uma imagem antecipada e não uma imagem real de nós mesmos, mas que dela não podemos nos prescindir. Retomemos tais elaborações para a velhice.

A velhice e o "espelho quebrado"

Segundo Massy, esse momento jubilatório, primeira inscrição ao narcisismo secundário, pode encontrar, no curso da idade avançada, uma angústia pela antecipação não de uma imagem totalizante, mas, ao contrário, uma antecipação

---

[33] QUINET, Antônio. *Um olhar a mais*, 2002, p. 43

[34] QUINET, Antônio. *Um olhar a mais*, 2002, p. 43.

[35] QUINET, Antônio. *Um olhar a mais*, 2002, p. 43

[36] Sobre a relação entre olho e olhar, ver: Antônio Quinet, *Um olhar a mais*, 2002, parte III.

[37] QUINET, Antônio. *Um olhar a mais*, 2002, p. 42.

de um corpo fragmentado, despedaçado, corpo para a morte. Nessa direção, a vivência não seria mais prospectiva em direção a um ideal do eu; ao contrário, há o predomínio de um eu hediondo, repugnante, revelado pela queda do ideal.

Para o autor, essa percepção antecipada de despedaçamento (*morcellement*), em francês conjuga-se com *mort (morte) e scellement* (colagem, cimentação) – faz ressurgir o fantasma do corpo despedaçado. Se a primeira experiência do estádio do espelho é retroativa – pelo menos na neurose o sujeito não para nessa experiência –, é sempre um retorno ao passado, essa vivência de despedaçamento vivida muitas vezes na velhice é, ao contrário, uma antecipação sem retorno, pois várias das mudanças em curso não oferecem perspectivas de novas aquisições. Ao contrário, tratando-se da imagem são perdas que, não encontram nenhuma reparação e com as quais o sujeito deverá se conformar e se adaptar. A imagem traçada na velhice pode trazer um reencontro ao estádio do espelho, mas dessa vez pelo espelho "quebrado", com os mecanismos presentes no segundo momento do estágio do espelho, sobretudo pela agressividade contra essa imagem que se vê e se odeia, tentativa de matar esse outro no qual o idoso se aliena.

Por consequência, a antecipação da imagem vivida na velhice pela experiência do duplo ou do *espelho quebrado* – ao contrário da primeira antecipação da constituição do eu que precipita para o sujeito uma primeira identificação – provoca uma aflição, uma inquietante estranheza que, para alguns, anuncia a dependência ao Outro e uma nova alienação do eu: uma "tensão agressiva nasce entre o eu e o eu hediondo, porque se deseja destruir essa imagem insuportável".[38] Essa vivência do *espelho quebrado* traduz-se, ainda, conforme o autor, por uma fase depressiva correspondente à perda da imagem ideal.

É importante ressaltar que tal perda da imagem ideal não se refere simplesmente a uma mudança na imagem corporal trazida pelas rugas, pelos cabelos brancos, elasticidade da pele, mas, como indicado por Freud e Lacan, essa imagem ideal refere-se à constituição do sujeito, marcando-o de forma irrevogável. Na criança, a tensão entre o eu e o eu ideal é regulada pela ideal do eu; traços simbólicos, significantes que fazem emergir para o sujeito perspectivas diversas de laços sociais. Esses traços introjetados lhe oferecem uma promessa de amor, se determinadas exigências forem aceitas.

Na adolescência, apesar das dificuldades com um corpo que se transforma, provocando certo luto do que se foi, existem, concomitantemente, novas perspectivas de um futuro a ser cumprido por esse corpo pelas identificações

---

[38] MESSY, Jack. *La personne âgée n'existe pas,* 2002, p. 99

ao Outro. Há um luto, mas um luto de passagem, e o corpo, esse estrangeiro de cada um, recebe marcas que se abrem a novas aquisições.

De forma, talvez, inversa, na velhice a imagem é marcada por diferentes mudanças diante das quais o sujeito só poderá fazer um trabalho de luto; não há como impedir esse processo e, sobretudo, não existe uma valorização possível dessa imagem pela qual, como na adolescência, o idoso poderia se identificar. A imagem da velhice, além de não ser valorizada culturalmente, não traz perspectivas de novas aquisições, pelo contrário, delineiam-se apenas perdas. Há também as dificuldades de se reconhecer naquilo que o espelho apresenta, e no paradoxal, o fato de que para cada um o velho é sempre o outro pode provocar para alguns, uma percepção – mesmo que ilusória, como toda percepção – de que afinal a imagem não se modificou tanto assim. Muitos sujeitos não vivenciam essa modificação da imagem como perda dolorosa ou porque estão atrelados a outra imagem interna de si mesmo – mais importante e forte do que aquela oferecida pela imagem corporal ou pelo espelho-, ou porque conseguiram fazer um trabalho de luto eficiente. Todavia, nem sempre é essa a via, principalmente numa cultura permeada pela cultura do *novo* e essencialmente fálica.

Vivemos sob os auspícios da masculinização da cultura atual que atinge igualmente homens e mulheres; uma verdadeira mostração do poder fálico em seus diferentes matizes. Se a preocupação com a imagem até pouco tempo era um traço preferencialmente concernente às mulheres, na *nova ordem social* esse traço invade o mundo masculino e, nesse sentido, as perdas narcísicas não dizem respeito apenas às *mulheres* – como é frequente se pensar já que estas são mais atreladas à imagem corporal –, elas se encontram também no campo masculino, mesmo que aí possam ter outras vestimentas. Muitos homens têm procurado, como as mulheres, os recursos oferecidos pelo mercado concernentes às plásticas e aos cosméticos, bem como outras formas de exibição das conquistas fálicas para suprir os avatares da imagem. Deduzimos que, com o passar do tempo, os homens idosos sofrerão também daquilo que concernia, em outros tempos, principalmente às mulheres idosas: a dificuldade com a mudança da imagem. As mulheres, por sua vez, estando cada vez mais inseridas em outras formas do gozo fálico, sofrerão a ferida narcísica não apenas relativa às modificações da imagem.

Não obstante, da mesma forma que os traços apresentados pela cultura para nomear o adolescente, a mulher, o homem, o feminino, o masculino... não conseguem dizer para cada sujeito o que é uma mulher, um homem, um adolescente, também os traços trazidos pela cultura para nomear a velhice estão longe de poder indicar o que consiste na velhice para cada um.

As modificações na imagem como outras perdas – a irrupção de um real que não encontra um tratamento possível – poderá provocar a entrada na velhice no sentido negativo do termo pela perda do desejo. Contudo, o destino poderá ser bem outro. Como o envelhecimento se processa geralmente de maneira silenciosa, ao contrário da sempre ruidosa adolescência, o sujeito tem na velhice possibilidades de adaptar-se àquilo que se instala por pequenas modificações. Isso, não impede, contudo, o surgimento de dificuldades concernentes ao reconhecimento e aceitação da imagem que a velhice impõe.

As respostas ao "espelho quebrado" são sempre construídas por cada sujeito no enlaçamento do imaginário com o simbólico, na maneira como ele tece seu campo erótico e afetivo, enfim, ela se acopla à sua forma de gozo.

A saga dos corpos e o discurso capitalista

Nas palavras de Drummond,

> Meu corpo não é meu corpo,
> É ilusão de meu ser,
> Sabe a arte de esconder-me
> E de tal modo sagaz
> Que a mim ele se oculta.[39]

Nessa *via crúcis* do corpo pela qual o eu se constitui, muitos são os traços aí deixados, muitas marcas com as quais o sujeito irá se confrontar durante todo o seu percurso de vida; o corpo contém, desde sempre, o estrangeiro de cada sujeito. A criança, conforme já acentuado, passa pela vivência de uma desfragmentação corporal que será em seguida reorganizada sob determinada imagem ideal. De modo semelhante, o adolescente vive esse estrangeiro de si mesmo pelas transformações da puberdade que, mesmo lhe trazendo pontos nos quais a angústia irrompe, aporta perspectivas de que as aquisições irão sobrepujar, em muito, o campo das perdas, podendo se espelhar em alguns ideais a serem cumpridos.

Destino diferente é o da velhice. Muitas perdas corporais escancaram-se sem nenhuma promessa de aquisição. Pequenas e continuadas mudanças vão se inscrevendo a partir da meia-idade; cabelos brancos, rugas, elasticidade da pele e, pouco a pouco, outras indicam ao sujeito que seu corpo não é mais o mesmo, principalmente no tocante às belas formas. Embora essas

---

[39] DRUMMOND, Carlos. *Corpo*, 1984, p. 8.

mudanças não indiquem doenças, elas podem ser interpretadas como tais numa tentativa de denegação do real da imagem.

Desde sempre o homem se inquietou com seu corpo, dedicando-se às maneiras de mantê-lo jovem por meio dos famosos "elixires da juventude". Com o aumento da expectativa de vida, as imagens do corpo idoso irão povoar o universo das "belas formas". Conforme já reportamos, até meados do século XIX, era considerada idosa uma pessoa de 40 anos (no Brasil, até a década de 40, a vida média não ultrapassava essa idade). Os séculos anteriores não presenciaram, como a nossa época, a exposição de corpos atravessados pelo desgaste do tempo. Quando se buscava exaustivamente o "elixir da juventude", a velhice não era de fato, sob a perspectiva do corpo envelhecido, uma questão realmente importante. Conseguiu-se o "elixir do prolongamento da vida", ensaia-se a extinção das marcas da velhice, mas o real insiste e presenciaremos o avesso daquilo que seria o cobiçado elixir. Justamente hoje, numa cultura calcada no imperativo do "novo" em todos os níveis – vendendo-o sob diferentes formas –, a velhice surge fazendo furo ao ideal de perfeição trazido pela juventude. Nessa direção, a velhice torna-se uma das faces do mal-estar da cultura; advém, como salientado, fazendo furo ao encontro prometido com o objeto.

Como suportar a exposição de um corpo que se modifica à revelia de todos os esforços da indústria farmacológica e estética, com todas as seus bisturis, vitaminas e métodos sempre mais sofisticados? Quais os avatares de um corpo que insiste em expor marcas que não se recolhem e estão ali a contar cada face da história, escrita passo a passo, ponto a ponto?

A cultura do "novo" busca erradicar tudo aquilo que faz ressonância à castração. A exposição da pele, dos corpos e dos rostos limita-se a um padrão estético determinado de beleza imposto pelo padrão jovem, no qual qualquer marca "inadequada" é imediatamente corrigida pelas próteses e diferentes mecanismos de escultura corporal. Entretanto, essa "escultura corporal" não apaga o real de um corpo que se modifica. Ao mesmo tempo, observa-se que os corpos "modelos" tendem a ser extremamente magros, extraídos da carne, extraídos do gozo, extraídos da sedução; apagam-se os corpos para fazer advir o produto. No mundo da moda, o corpo só está em cena sob forma de objeto especularizável. Diante de tantos semblantes e ideais, como suportar o real de corpos que transitam pelas ruas desabrigados de toda tecnologia?

Nesse mundo de corpos malhados, não importa como e a que preço, a suportabilidade àquilo que não responde aos ideais de estética e de performance é cada vez menor. Se na Idade Média o corpo doente – marcado pela peste ou por doenças incuráveis – constituía-se o horror a ser imediatamente segregado, podemos indagar se hoje o horror não se dirige ao corpo envelhecido, já que a doença do corpo se acomodou no interior dele, e passou a ser tratada "higienicamente" em hospitais, longe da exposição aos olhares e entregues, na maioria das vezes, às máquinas. Nessa direção, como acentua Mannoni,[40] o espaço da doença, deslocando-se para o interior do corpo, faz com que o doente fale de suas radiografias, exames patológicos, radiológicos, etc. O corpo doente é vasculhado em sua intimidade, busca-se a transparência total da doença, diagnósticos cada vez mais precisos, mesmo que nessa empreitada o "doente" seja foracluído. Não obstante, existem sintomas que não se deixam cobrir com facilidade, como algumas dificuldades motoras, mais frequentes na velhice, expondo, com certeza, algo do fracasso dessa empreitada. Estão também aí a atualização das conversões histéricas que continuam, como antes, interrogando o saber médico.

Nas palavras de uma senhora (76 anos) com diferentes sintomas de conversão e em atendimento na CPNP,

"Foi a farmácia (Faculdade de Farmácia) quem me indicou à clínica, onde me mandarem eu vou, mas depende...". Relata em seguida duas cenas: uma aos 13 anos – tomou uma chuva muito forte, ficando com o *lado esquerdo esquecido*. Isso a levou à *farmácia* juntamente com o pai "(eu e ele éramos como unha e carne)". Outra cena aos 20 anos; ficou paralisada do pescoço para baixo, "mas consciente; as pessoas iam me ver e diziam 'você está bem bonita'". Restabeleceu-se após duas semanas.

> Continuo a sentir dores generalizadas por todo o corpo e, às vezes, elas se estabilizam nos ombros e bacia; tenho de tomar inúmeros remédios para diminuir minha sensibilidade; ninguém pode me tocar. Tomo os remédios, mas eles não melhoram. Os médicos não sabem nada. Se eles não sabem, deveriam falar que não sabem; não sou boba para ser jogada de um lado para o outro. Sou franca e falo o que deveria ser feito: uma junta médica para me diagnosticar ao invés de ficarem supondo problemas na coluna e outras coisas mais no meu corpo. Como está na moda a fibromialgia, disseram-me que tenho isso.

Na sequência nomeia o que gosta e não, criticando as pessoas "que só ficam de frente da televisão", rezando ou dormindo, sem fazer nada.

> Faço ginástica na cama, depois hidroginástica e depois visito meus velhinhos do asilo. Se não faço nada, penso na dor. Os médicos não sabem o que eu tenho; a dor generalizada espalha-se pelos pés, às vezes pelas costas, pernas... fica tudo vermelho. Os médicos não sabem

---

[40] MANNONI, Maud. *O nomeável e o inominável*, 1995, p. 24.

nada mesmo, antes diziam: é coluna, coluna... depois fibromialgia, deve ser outro nome para a mesma coisa. Os médicos de antes eram melhores que os de hoje; os de hoje só entendem de um dedinho, não sabem nada do corpo; pedem exame de sangue, urina e outros exames e nada [...]

Dessa forma, como expõe esse sujeito, o discurso médico atual – semelhante ao discurso universitário – parte de uma rede de significantes predeterminados (S2) como agente do discurso: exames diversos e uma sofisticada aparelhagem respaldada por um saber construído a partir de signos previamente determinados. Dirige-se a um outro, lugar do trabalho, que, neste caso, é o corpo doente (objeto *a*) reduzido aos sinais de uma doença. Como produto desse discurso temos um sujeito dividido, foracluído de um saber sobre seu corpo. No lugar da verdade está o significante mestre (S1).

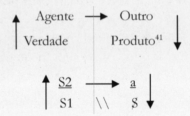

Outra leitura cabível do discurso médico atual, pelo menos para algumas práticas médicas, é pela estrutura do discurso capitalista, abordada no capítulo anterior.

$$\begin{matrix} \$ & & S2 \\ & \times & \\ S1 & & a \end{matrix}$$

O sujeito, em posição de agente (fala de seus exames, analisa-os, discute diagnósticos...), só é "agente" sob a forma de semblante, determinado que está pela incidência dos objetos sobre ele. Na clínica nos chegam sujeitos que expõem seus diagnósticos, falam com muita desenvoltura de suas medicações e nada sabem da particularidade deles – sem nenhuma implicação com aquilo de que se queixam. O diagnóstico, cadeia de saber

---

[41] A propósito da estrutura dos discursos tal como formalizada por Lacan, remetemos o leitor ao capítulo anterior, na parte intitulada: O mal-estar da globalização e o discurso do mestre moderno.

(S2) a ser produzida, está de fato comandado pelo significante mestre (S1) que impera, apesar de estar sob a barra do recalque. Ou seja, não são raros os diagnósticos voltados para a oferta de objetos fabricados pela ciência e pelo capitalismo moderno.

Em outra vertente, longe dos corpos doentes, está a exposição da intimidade dos corpos sadios e belos, vendendo a ilusão na qual o desejo encontra, e com facilidade, a sua causa. Corpos ideais desfilam no palco montado pela cultura do olhar. Nesse sentido, Quinet[42] assinala o privilégio do olhar na cena da cultura atual não apenas pelo imperativo à fama e à transparência expostos pela TV, vídeo e pelo cinema, como também pelo controle exercido pelos sofisticados aparelhos que, antes destinados à espionagem, são agora utilizados na vida cotidiana.

Sua tese do "mais-de-olhar", inspirada no conceito lacaniano de objeto *a*, tal como visto na estrutura dos discursos como um mais-de-gozar, é de que a prevalência da função do olhar sobre o sujeito subverte a tese cartesiana "Sou, logo existo" para "Sou olhado, logo existo". Entretanto, como bem demonstra, dar-se a ver e ser-visto porta diferentes efeitos – além da causa do desejo –, já que o olhar "adquire a função de objeto por ser justamente aquilo que se perde. É o impossível de apreender".[43] Nas palavras do autor,

> o objeto *a*, portanto, não faz parte do campo da realidade, ou seja, suas modalidades de objeto oral, objeto anal, olhar e voz não são percebidas: não são vistas, ouvidas, sentidas, tocadas nem provadas. O objeto oral não pode ser comido nem degustado; o objeto anal não tem cheiro; o olhar é invisível; e a voz, silenciosa. No entanto, o objeto a retorna ao campo do Outro por meios e formas que a lógica da psicanálise nos permite apreender. O objeto a causa do desejo, causa a angústia.[44]

A relação do sujeito ao objeto é diferenciada de acordo com a estrutura em questão. Na neurose persiste a duplicidade do olhar como causa do desejo do Outro, bem como causa de angústia com tudo que esta sinaliza do fantasma fundamental. O perverso, por sua vez, "tenta devolver ao Outro o olhar para fazê-lo gozar; e o psicótico não tem o olhar como objeto separado, mas como atributo do Outro, outorgando-lhe o poder de vigiar e punir".[45] Dessa forma, aquilo que excede e incide diretamente sobre o sujeito pode

---

[42] QUINET, Antônio. *Um olhar a mais*, 2002, p. 13.
[43] QUINET, Antônio. *Um olhar a mais*, 2002, p. 90.
[44] QUINET, Antônio. *Um olhar a mais*, 2002, p. 43.
[45] QUINET, Antônio. *Um olhar a mais*, 2002, p. 13.

ter efeitos tanto de causa de desejo como efeitos terríveis não apenas para esse, como também para os laços sociais.

A relação da velhice com os objetos

Vale retomar algumas pontuações do capítulo anterior do discurso capitalista, tal com formalizado por Lacan, para relembrarmos a incidência sobre o sujeito dos objetos mais-de-gozar fabricados pelo capitalismo atual e a nova ciência. Relembremos mais uma vez a estrutura de tal discurso:

$$\frac{\$}{S1} \underset{\diagup}{\overset{\diagdown}{}} \frac{S2}{a}$$

Observa-se que no discurso capitalista atual os objetos *a*, em forma de latusas (objetos fabricados pela ciência que buscam escamotear o desejo e sua causa), incidem diretamente sobre o sujeito; uma flecha dirige-se diretamente deles ao sujeito, sem nenhuma barra. Esse discurso, entretanto, busca escamotear tal incidência apregoando a falácia de que o sujeito é livre e autônomo em suas escolhas e em sua determinação subjetiva. Há outra flecha que sai diretamente do mestre moderno (S1) à produção do saber (S2). O mestre está sob a barra do recalcado, sem faces – ao contrário do mestre antigo que mostra sua face –, não expondo sua impotência ou cota de fracasso presente em toda forma discursiva, como tentativa de tratar o real.

A partir do ensino de Lacan e das indicações de Quinet sobre o mais-de-olhar, proporíamos como hipóteses três possíveis leituras do objeto *a* como mais-de-gozar – o mais-de-comer, o mais-de-ouvir e o mais-de-domínio –, analisando-as a partir da estrutura do discurso capitalista, ou seja, objetos *a* como latusas, já que o objeto *a* não existe no campo da realidade.

O excesso oral expande-se em níveis até então inimagináveis tanto no que se come ou não se come pela boca, quanto nos diferentes tipos de sintomas do tipo *anoréxico* e *bulímico* como efeitos da relação do sujeito com os objetos. A *oralidade* apresenta-se sob múltiplas formas, inclusive pelo excesso da palavra que pretende dizer toda a verdade sobre sujeito, pelo excesso de informações, pelo excesso da palavra que livraria o sujeito do mal-estar, dentre outras. Se por um lado, as respostas são também múltiplas, por outro, há diferentes sintomas expondo aquilo que jamais se universaliza em cada sujeito. O sujeito faz depressão e para de falar, perde o desejo, tem enfastio dos objetos, rejeitando-os num tipo de *anorexia* que se estende muito além da relação com o alimento. Faz pânico e não sai, sente horror das informações, horror da pressa do mundo, não trabalha e para de consumir.

Ou, pelo contrário, ele come e *come tudo*; comida, excesso de informação, excesso de trabalho... Come os objetos de consumo, mas não sendo *digeríveis* como objeto *a* – não é bem isso que se quer ou não comer –, retornam sob outros sintomas. Colocando tudo que pode para dentro, no cúmulo do enfastiamento, o sujeito torna-se *obeso* em diferentes sentidos, fazendo furos à nova ordem com seus corpos magros e *extraídos do gozo*. Todavia, como foi sublinhado anteriormente, já que não se pode *comer* os objetos *a* – eles não existem no campo da realidade –, o sujeito come uma forma prescrita de gozo e, pela ingestão ou rejeição, responde com o particular de seu sintoma e pelos caminhos próprios de seu gozo.

Sob a face do mais-de-ouvir, o que se ouve, pelos quatro cantos e sem pausa, ou fala-se *pelos cotovelos* toma tanto o lugar da palavra que não se pode dar como outrora – *dou-lhe minha palavra de honra* –, bem como delimita todos os *descaminhos* pelos quais sempre se diz mais do que se pensava dizer, mas buscando-se anular os efeitos do que se ouve. Isso pode ser apreendido pelas novas formas de relações pela Internet. Malgrado a tentativa de apagar o mal-entendido, ele persiste, impondo outra espécie de mal-estar. A questão é como a nova ciência trata o excesso da fala, a falta da fala e os atos que, "falhados", dizem da verdade do sujeito.

O mais-de-domínio, *caráter anal*,[46] principalmente em suas manifestações de controle, ordem, dúvida e compulsão, expande-se sob faces diversas. Há um verdadeiro delírio de que o sujeito é autônomo controlando e escolhendo tudo que satisfaria seu desejo. Nesse circuito, a nova ordem impõe como contraponto da retenção anal a expurgação dos objetos, já que a cada dia *novos* e *eficazes* objetos chegam ao mercado, prometendo o mais-de-gozar. Reter e expulsar faz-se num tempo mínimo no qual o sujeito que imagina ter controle sob medida acaba por perdê-lo sem nenhuma medida. Isso pode ser observado, por exemplo, na desmedida do mercado das dívidas, diante da qual vários sintomas buscam dizer a verdade que habita cada sujeito no mais particular de seu fantasma.

Aquilo que parecia sob controle enlaça-se ao campo de intermináveis dúvidas como respostas à expansão do domínio das ofertas; para tantas ofertas,

---

[46] A propósito ver: FREUD, Sigmund. Caráter e erotismo anal [1908], 1976.

tantas e intermináveis dúvidas e dívidas. Não é rara a exposição daquilo que Freud indicou para a neurose obsessiva:

> [...] a dúvida se faz notar na área intelectual, e lentamente começa a corroer até mesmo aquilo que geralmente é tido como muito certo. A situação inteira termina em um grau sempre crescente de indecisão, perda da energia e restrição da liberdade.[47]

Tais semblantes do objeto *a* expostos sob a forma de mais-de-olhar, mais-de-comer, mais-de-ouvir, mais-de-domínio encontram na velhice outro real. Acentuamos inúmeros encontros com o real da castração que a velhice é, de longe, um momento mais privilegiado. O campo das latusas e suas infindáveis promessas de gozo encontram na velhice inúmeros impedimentos, mesmo que a ciência tente apagá-los, como demonstra o novo mercado dirigido aos idosos. Mercado bem paradoxal. De um lado, persiste o convite para que os idosos utilizem os objetos que trariam de volta o gozo anterior – por vezes jamais existido; por outro, o idoso é convidado a apagar sua história, seus traços, sua forma de agir, de pensar, em favor desses objetos. Eles respondem a esse imperativo atualizando seus sintomas, expressando-se pela depressão, inibição, falta de desejo, inapetência, impotência.

Do mais-de-olhar – *sou visto, logo existo* – a velhice só retém a face de controle do olhar, pois a outra, dedicada à existência pelas belas formas, advém tentando apagar as marcas do tempo e, portanto, o próprio sujeito.

Instados a ingerir muitos objetos, é raro um idoso que não acumule uma farmácia em casa e outros objetos. Muitos se identificam com esses objetos como se o corpo – retalhado, vigiado, medido, supervisionado por aparelhos – perdesse aos poucos a forma mais original de erotização. Os idosos vivem no geral uma verdadeira *bulimia* de medicamentos. Ingerindo ainda tantos diagnósticos e prognósticos, muitos esperam fatigados os efeitos da nova ciência sobre seus corpos. Enfastiados pela velocidade de informações – tão à revelia do compasso por vezes mais lento da velhice –, são chamados a responder num tempo que desconhece qualquer necessidade de elaboração e atualização. Diante do falar e do ouvir sem limites, o idoso é convocado a se calar; tolera-se pouco, e muito mal, que ele conte e reconte suas histórias, sempre em descompasso com o tempo das novidades.

Diante do mais-de-domínio, caráter anal, a tendência a reter objetos, exibida por alguns idosos, delineia uma forma de gozar conjugada à tentativa

---

[47] FREUD, Sigmund. O sentido dos sintomas [1916-1917], 1976, p. 308.

de preservação de seus traços. Retendo objetos que guardam insígnias de seus próprios traços, o idoso busca deixar intactas marcas de sua história; uma resposta de retenção e controle diante do pavor da perda. Retendo-os é como se pudessem aplacar muitas das perdas de laço social. De toda forma, tal retenção situa-se em desalinho com a nova ordem que impõe uma circulação rápida e contínua de objetos. A partir dessas indicações, faz-se necessário focalizar a relação dessas insígnias do gozo com o corpo.

Corpo e velhice

Como assinalamos rapidamente no capítulo I, há um real do corpo que escapa ao sujeito, um real que, estando aí, presente, eficiente, escapa à nomeação. Há também uma imagem antecipada por um Outro que apenas o representa, dando consistência e colocando o corpo em determinada ordem e uma certa Gestalt. O corpo sofre ainda os efeitos de corte dos significantes que, longe de traçarem qualquer coisa da ordem de um instinto, impõem ao corpo os caminhos de uma outra ordem (pulsional), excluindo-o irremediavelmente do mundo do vivente no sentido biológico do termo.

Para Lacan, a linguagem possibilita dizer que *esse é seu corpo*. Aliás, o próprio simbólico é traçado por um corpo; as palavras também têm um corpo, uma contextura. Elas nos indicam que, bem antes de nascermos, bem antes de reconhecermos o corpo como *nosso corpo*, há certa identificação aos significantes que nomeiam o corpo. Como acentuado em *Radiofonia*,[48] o corpo do simbólico ao se incorporar nos dá um corpo; dissemos *temos um corpo*.

Tudo isso significa que para além da anatomia, para além do que a ciência possa pretender nomear das doenças inscritas no corpo, há sempre um além advindo pelo corte significante, há o inominável. Assim, quando pensamos em corpo não pensamos apenas em um corpo velho, jovem, bonito, feio, doente, "sarado"... Junto ao corte significante marcando o corpo, dando-lhe nomes, junto à imagem que oferece certa consistência, está o real, está aquilo que não se representa nesse corpo, e está o corpo erogeinizado com toda sua efetividade.

Pois bem, quando situamos a noção de *corpo*, seguindo as indicações freudianas e lacanianas, colocamos em cena um corpo que goza, ou seja, um corpo que, sendo erogeinizado pelo Outro, sofre tanto o efeito dos significantes (efeitos da linguagem) quanto de todos os objetos destacados do próprio

---

[48] LACAN, Jacques. Radiofonia. In: *Autres écrits*, 2001.

corpo, objetos periféricos (nomeados por Freud de pré-genitais): objetos orais e anais, voz e olhar. Por exemplo, o supereu é constituído com o que se ouve – voz do Outro como desejo *do* Outro – tornando-se, depois, o imperativo de uma "voz interna". A demanda oral advém da *demanda ao* Outro, por isso a demanda diz sempre de outra coisa para além do que se diz demandar. O objeto anal relaciona-se com a *demanda do* Outro; é a disciplina, momento no qual o sujeito depara com o *não pode, negociando* para não perder o amor e, finalmente, o olhar advém como *desejo ao Outro*. Conforme é acentuado por Quinet, enquanto os objetos orais, anais e a voz advêm da fala, o mesmo não ocorre com o olhar, não há palavras para dizer o olhar.[49]

Interessa-nos, então, assinalar que o *real* do corpo – tratado pela psicanálise – é bem outro; não é um real a ser inscrito em uma construção experimental ou formal aos moldes da nova ciência. Soler afirma[50] que o sujeito diz *ter* um corpo e não *ser um corpo*, demonstrando que há um sujeito do significante e há um corpo, e os dois não são a mesma coisa. O sujeito é falado, nomeado pelo Outro mesmo antes de falar e se reconhecer nessa nomeação ou mesmo antes de ter um corpo. Esses significantes perduram para além de sua morte. Freud e Lacan, por exemplo, estão vivos pelo legado que deixaram, pelos significantes que os nomeiam. Como acentua Soler, retomando Lacan em *L'Étourdit*, no metabolismo do corpo é a linguagem que isola os órgãos e lhe dá uma função. Ou, de outra forma, o significante afeta não é o sujeito, é representado pelo significante, mas afeta o corpo, retalhando-o até a queda do objeto *a,* no caso de uma neurose.

O corpo, sendo marcado por significantes, recebe as marcas primeiras de um gozo para sempre perdido. Tudo que vem no *só depois* vem pela repetição, fazendo de cada sujeito um eterno viajante em busca de algo impossível de ser encontrado. Há uma perda inicial, um desencontro irremediável entre sujeito – marcado pelo significante que o representa – e o objeto. O sujeito é, pois, marcado por significantes trazidos pelas demandas do Outro e ao Outro (anal e oral respectivamente), bem como por algo que escapa aos significantes, o desejo do Outro e desejo ao Outro: voz e olhar. Temos aí as duas vertentes pulsionais da constituição do sujeito – uma simbólica e outra real, vertente de gozo – e que incidem sobre o corpo.

Pois bem, os sintomas tendo sua vertente de verdade, expressando-se por significantes – dizem sempre a verdade do sujeito –, retêm de forma

---

[49] QUINET, Antônio. *Um olhar a mais,* 2002, p. 70.
[50] SOLER, Colette. O corpo no ensino de Lacan. *Papéis do Simpósio,* 1989.

insistente a face real, de gozo. Como assinala Soler, *é uma verdade que se goza*, ou seja, algo nos sintomas têm relação com isso que não é significantizável para o sujeito, portanto, desconhecido. O trabalho analítico visa construir o sentido desse gozo, desconhecido, destacando a causa do desejo.

Se o inconsciente afeta o corpo, essa afetação surge naquilo que Lacan acentuou em *Televisão*: pela angústia, tristeza, tédio, morosidade. Dessa forma, o corpo marcado por significantes é um corpo que vai além do desejo. O desejo é, justamente, um limite ao gozo; ele o interdita, não permitindo que o gozo ultrapasse determinados limites.

Situemos, de forma quase esquemática, cada uma dessas afetações. A angústia tem relação com o objeto, com a presença de algo que deveria permanecer oculto e surge no real para o sujeito; é quando a falta falta, afirmará Lacan no Seminário *A angústia*. Abordaremos esse conceito por meio de um caso clínico de neurose obsessiva no capítulo IV. A tristeza, o estado de depressão, nomeado por Lacan de *covardia moral*, é um nada querer saber dos efeitos do inconsciente, e a morosidade é a tendência a pensar que não há um limite do tempo, muito presente na neurose obsessiva. Todas essas afetações do inconsciente no corpo podem encontrar na velhice um campo propício à sua exposição, pois ela é o momento no qual o real surge de forma mais premente, demandando do sujeito um tratamento. Nesse ponto, no qual a angústia pode irromper, o sujeito poderá responder com outros afetos do corpo, tais como tristeza, depressão, dentre outros.

É frequente na clínica dos idosos a demanda de análise por sujeitos afetados por tais afetos, principalmente a depressão. A maioria dos que demandam uma ajuda utilizam antidepressivos por longos anos, juntamente de *sedativos* para sedar a dor de existir.

O inconsciente afeta o corpo

> Meu corpo inventou a dor
> a fim de torná-la interna,
> integrante do meu Id,
> ofuscadora da luz
> que aí tentava espalhar-se.
> *Drummond*

Maria (77 anos), ainda em entrevistas preliminares, deixa um recado na secretária solicitando um horário e afirmando uma indicação médica. Ao retornar-lhe a chamada (de início ela nada sabe sobre tal telefonema feito por um parente) responde num tom quase afirmativo: "Ah, então você é a especialista em idosos, não é?" Respondo-lhe que era psicanalista ao que ela retruca: "não, não é isso... você não trabalha com 3ª idade, com idoso?" Reafirmo-lhe ser psicanalista e que poderia escutá-la, convidando-a a vir falar. Essa mulher, com graves sofrimentos corporais – como já sinalizado em parte no Capítulo I –, chega à análise demandando mais um *especialista* numa cadeia que se estendia a especialidades diversas; gastro, psiquiatra, oftomologista, clínico geral, fisioterapeuta, massagista, etc., que pudesse responder ao real de seu sintoma.

Tendências anoréxicas – ela não comia quase nada – mesclavam-se a um funcionamento intenso dos intestinos – evacuações que lhe extraíam mais carne, *mais peso* de seu corpo –, e que se exibiram três vezes no percurso da primeira entrevista. Diante da questão o que ela expelia dessa forma para fora?, responde incisivamente: "Uma vida de cocô".

É curiosa a precisão do significante utilizado, pois ela poderia, por exemplo, dizer como se diz usualmente: "Minha vida está uma merda"! Para ela, ao contrário, *vida de cocô* remetia ao real das fezes, esse semblante de objeto que ela buscava extrair totalmente sem deixar restos, mas permanecendo sempre *um restinho* prestes a sair, impondo-lhe visitas frequentes ao banheiro. Durante grande parte de sua vida esse sujeito apresentou o sintoma inverso – terríveis e contínuas constipações –, submetendo-se a duas cirurgias de hemorroidas.

O cocô era ainda o representante da demanda do Outro, essa *vida insuportável* e de muito sofrimento que presenciara entre os pais e se refletira em sua própria vida. Nunca encontrara prazer no que fazia, "apenas fazia. Minha vida familiar, profissional e afetiva foi um fracasso". Trabalhou em uma profissão por 40 anos, mas sem gostar. Recorda-se apenas que "tinha horror de homens... Não sabia lidar com eles". A fala da mãe ressoava sempre forte – "não se aproxime deles, homem não presta", enquanto o pai não queria vê-la com homem algum.

Entre a voz da mãe e o olhar do pai, Maria *engolia muitos sapos*, devolvendo-os sob a forma de fezes – *enfezada* –, ou retendo-os com dores terríveis no estômago e nos intestinos. O corpo cheio de fezes remetia aos restos retidos de uma raiva intensa da mãe e às frequentes brigas do casal, numa cadeia que se estendia à brutalidade dos irmãos. A *síndrome* dos *intestinos irritados* – significantes colhidos do discurso médico e apropriados por ela de maneira incisiva – nomeava, exatamente, sua raiva contida e o silêncio persistente com o qual ela respondia, sob a falta de palavras, à *repressão familiar*. Na falta de palavras, respondia com seus *órgãos de choque,* que sempre foram, segundo ela, seu estômago e intestino. *Órgãos de choque* pelos quais ela escrevia, sem saber, sua forma de gozar, como respostas à interpretação da demanda e do desejo do Outro. Essa expulsão pelas fezes, expulsão-manutenção da vida de *cocô* retornava, segundo ela, exatamente no melhor momento de sua vida, "quando as coisas poderiam estar tranquilas... Aparece isso para me impedir de viver e fazer o que eu gosto". Se não conseguia chorar, como acentuou certa vez, seus *órgãos de choque* choravam por ela.

Esse sintoma inscrevia ainda uma identificação ao pai, morto aos 82 anos, após 5 anos passando pela mesma via crúcis do corpo, expulsando fezes, corpo enfezado como o dela. Da *constipação* dessa vida dura, árdua, enfezada e sem amor, vida sem palavras, ela devolvia, também sem palavras, com revolta e mágoa, num vaivém sem trégua, as merdas retidas e todos os sapos engolidos. Ao mesmo tempo, por esse sintoma, impedia o prazer; isso que ela *poderia* ainda viver e não vive.

A identificação ao sintoma do pai casa-se com as identificações com os traços maternos: "Minha mãe também não gostava de comer muito, era magrinha como eu. Ela era uma mulher dura, que não sentia prazer nas coisas. Sou também nervosa como ela". Às intervenções feitas no sentido de traçar a diferença que persiste em toda identificação, ela responde com a questão: "Seria possível, com essa idade, mudar isso?" – Qual *idade* lhe delimitava o impossível?

Apesar de assinalar várias das dificuldades que encontram os idosos na relação com o Outro, buscando fazer desse campo anônimo uma via pela qual encontraria respostas ao seu sofrimento, esse sujeito expressa claramente sua insatisfação com essas hipóteses. E não é por um leve acaso que demandando *um especialista de 3ª idade,* como toda demanda, esse especialista era o que ela menos queira. Isso se evidencia desde o primeiro encontro ao acentuar: "vamos deixar de lado a 'senhora'", afirmando seu desejo de ser chamada apenas pelo nome próprio. Nome que lhe é próprio – ela tem razão! – fazendo furo ao impessoal, à segregação (exclusão da diferença) que *idosa ou 3ª idade* lhe imporia.

Não obstante a busca do singular de seu sintoma e de um tratamento do real aí concernido, esse sujeito escrevia uma forma de gozar que, afetando ainda seu corpo com a tristeza, angústia e entrelaçando a uma "vertente psicossomática" persistente – resposta também ao Outro que cuida –, tornava complexa a condução do tratamento. As fezes que transitavam da expulsão à retenção – com períodos cada vez mais curtos –, dores no estômago (*queimor sem trégua*), na coluna e nas pernas, *intestinos irritados*, traços de pânico – pane do desejo – faziam cadeia à dependência do Outro, impondo diferentes manejos na condução do tratamento. Apesar da construção de certo saber sobre seu gozo que se insinuava, a resistência do sintoma prescrevia sua efetividade.

O apelo ao saber médico continuava incessante, e dessa corrida sem tréguas ela retornava sempre fatigada e sem esperanças, indicando sem cessar a impotência de todos os discursos diante de sua forma incisiva de gozar. Escrevendo uma vida sem prazer, difícil de desvencilhar, continuava a escrever, pelo real do corpo, vários traços depositados, pelos quais ela identificava sua dor de existir.

Expondo traços nomeados por Freud em 1908 de caráter e erotismo anal[51] – preocupação com limpeza –, ela relata inúmeros atos para retirar *a sujeira,* teimosia, *pirraças* e outras respostas semelhantes que se enlaçavam ao silêncio e à raiva, pelos quais se vingava do Outro, e uma marcante erotização em sua relação com as fezes, ela apresentava também sintomas mais típicos da histeria.

Os sintomas migratórios expandiam-se no real do corpo. Reter e expulsar as fezes misturava-se ou deslocava-se aos enjoos, que perduravam dias e dias, à anorexia e a um nojo terrível de vários objetos *tocados pelo Outro* – maçanetas de porta, chaves (só as pega com um pano) e, principalmente, botões: "botões de roupa de homem então não posso nem ver que passo mal de tanto nojo". Lembra-se de que a mãe, costureira, os guardava em vidros, sentindo muito nojo. E acrescenta: "Como poderia ter casado com tanto nojo assim?".

É visível sua posição de insatisfação diante do Outro, bem como de interrogação diante do saber médico, esvaziando sempre qualquer tentativa diagnóstica e fazendo do corpo o palco de inscrição do que não encontrava palavras. Como acentua Freud,

> na histeria a representação incompatível é tornada inócua pela transformação de sua soma de excitação em alguma coisa somática. Para isso eu gostaria de propor o nome de conversão. A conversão pode ser total ou parcial. Ela opera ao longo da linha de inervação motora ou sensorial relacionada – intimamente ou mais frouxamente – com a experiência traumática.[52]

Como o nojo e a náusea fazem cadeia com a profissão da mãe que costura e conserta roupas, pregando botões? Por que os botões, isso que entra

---

[51] FREUD, Sigmund. Caráter e erotismo anal [1908], 1976.
[52] FREUD, Sigmund. As neuropsicoses de defesa [1894], 1976, p. 61.

e sai das casas – representantes das possíveis, e imaginárias, relações sexuais que ela nunca experimentou –, trazem como resposta o nojo e a vontade de vomitar não realizada?

De toda forma, extrair a sujeira, seja do Outro ou dela mesma, acasala-se aos vômitos e ao nojo das fezes, prescrevendo um tipo de erotização anal aliada à inibição com os homens.

Observa-se que junto ao desejo de construir um saber sobre seu gozo, persiste a resistência do sintoma como um tratamento, doloroso mas "conhecido" diante do real traumático. A isso somam-se as dificuldades de perder os "novos laços" obtidos com tantos sintomas: poder entregar-se aos cuidados do Outro – coisa nova para ela – buscando inverter nessa posição a demanda do Outro em demanda ao Outro: "Todos se preocupam comigo, minha irmã está magrinha de tanta preocupação comigo". Do nunca ter sido tocada por alguém, nunca ter sido beijada e amada, ou não ter sabido olhar para os homens, Maria passa a ser olhada, tocada, vista pelo Outro, mas por meio de um corpo que goza.

Da demanda ao Outro (demanda de amor) – fezes que saem e se retraem em seu corpo –, ela se rebela, ao mesmo tempo, contra a demanda que imagina ser do Outro: fezes que saem à revelia da intervenção dos especialistas. Forma histérica de mostrar aos mestres que eles são castrados e nada sabem do desejo, mas tendo como verdade um mais-de-gozar pelo qual o desejo é subtraído.

Do corpo fechado ao Outro ao corpo entregue ao Outro, Maria não pode fazer ainda do desejo a única via pela qual a repetição sofreria outras direções para além do sofrimento. Os objetos destacados do corpo-fezes, voz, olhar – incidem sobre ele de forma incisiva. Essa via-crúcis traçada no corpo, indicando a força de tais incidências sobre ele, demonstra a importância do recurso à palavra como forma de tratar o real em cena. É preciso, portanto, apostar na subversão do desejo como limite ao gozo.

Deparamos aqui com um corpo idoso, frágil, sofrido, quase "pele e osso" extraído da carne, vasculhado por tantos especialistas e exibindo o fracasso de toda intervenção. De alguma forma, um corpo que, mesmo afetado pela dor, subverte a ordem médica, subverte toda oferta de objetos para tratar o impossível. Subvertendo a satisfação oferecida pela civilização, acasala-se a uma satisfação que excede os limites impostos pelo princípio do prazer. Corpo afetado pelo inconsciente e pelo discurso, corpo que goza pela insatisfação, expondo formas sintomáticas que buscam suprir o impossível de dizer.

Se não resta senão a palavra como tratamento possível contra aquilo que do sintoma sempre resiste e escapa à nomeação, temos nesse caso, limites precisos na direção do tratamento pela forma decidida com a qual o gozo barra o desejo. Há um corpo que tenta subtrair toda cena, subtraindo o sujeito do desejo e demonstrando a disjunção dos dois. Se o discurso médico opera tentando extrair cada vez mais os traços subjetivos que encobrem a "clareza dos sintomas", à prática analítica só resta operar cada vez mais com esse real concernido no sintoma, fazendo-o falar pela voz desse sujeito que, mesmo pensando não ter mais jeito, ainda insiste em falar para além do corpo doente.

A VELHICE E O REAL

[...] antes de qualquer formação do sujeito, de um sujeito que pensa, que se situa aí – isso conta, é contado, e no contado já está o contador. Só depois é que o sujeito tem que se reconhecer ali, reconhecer-se ali como contador.

Jacques Lacan

Eu arriscava o mundo em busca da pergunta que é posterior à resposta. Uma resposta que continuava secreta, mesmo ao ser revelada a que pergunta ela respondia.

Clarice Lispector

Nota sobre o real no ensino de Lacan

Conforme abordado nos capítulos anteriores, o real para Lacan é tudo aquilo que tange o irrepresentável, não significantizável, resistente à subjetivação; é uma "evacuação completa do sentido".[1] Apesar disso, ele é efetivo, nos afeta, e surge sob forma de acontecimento; algo diante do qual o sujeito é apartado de significantes que o nomeiem. "O real é o choque, é o fato de que isso não se arranja imediatamente, como quer a mão que se estende para os objetos exteriores."[2] Ou, com *RSI*,

> [...] é o apagar de todo sentido [...] é absolutamente impossível dizer inteiramente esse Todo-outro, há uma *Uverdrängung*, um Inconsciente irredutível e este, de ser dito, é, por assim dizer, o que não só se define como impossível mas introduz como tal a categoria de impossível.[3]

O recalque originário, como abordado no Capítulo I, coloca uma barra ao sentido, inaugurando um impossível de ser dito que tem, entretanto, efeitos permanentes sobre tudo que virá depois. Dessa forma, a psicanálise opera com um real que, apesar de não poder ser visto, não ser tocado, não se nomeado, tem incidência sobre o sujeito. A psicanálise, ao contrário da Ciência, busca tratá-lo. Afirmar que o real implicado na psicanálise não é o real da ciência, assinala Morel,[4] não implica que não seja definível, mas coloca em cena a diferença do impossível em causa para a ciência e para a psicanálise.

> O "dizer verdadeiro" deixa em branco no inconsciente, qualquer coisa impossível de imaginar, nomear ou representar, que Lacan conceituou

---

[1] LACAN, Jacques. Intervention de Jacques Lacan à Bruxelles. In: *Quarto*, 1981.
[2] LACAN, Jacques. *Os quatro conceitos fundamentais*, 1988, p. 159.
[3] LACAN, Jacques, *RSI*, lição de 17/12/1974.
[4] MOREL, Geneviève. *Ambiguïtés sexuelles*. Sexuation et psychose, 2000, p. 30.

como o objeto a [...]. No campo da psicanálise, o real definido como impossível implica sempre o gozo do sujeito.[5]

Assinalamos no Capítulo I que a categoria do impossível é introduzida na Carta 52 em termos de uma *falha de tradução,* posteriormente (1915) retomada por Freud pelo conceito de recalque originário – ponto de fixação. Há um primeiro tempo formado por traços que se fixam, dos quais o sujeito não tem jamais consciência, mas que continuam a funcionar como polo de atração para todos os outros "traços" ou outros conteúdos a serem recalcados. Outra leitura do real como impossível em termos freudianos está no processo primário, descrito por Freud, nas experiências de satisfação. Relembremos que a princípio há um fracasso do processo primário ao se apoiar sobre a necessidade. Sabemos que o objeto encontrado não é o buscado; há sempre uma defasagem entre aquilo que se busca e o que se encontra efetivamente. Quando o Outro nomeia, por exemplo, o grito, o choro de um bebê, o faz sempre de forma incompleta. Por exemplo, o bebê chora de dores na barriga e a mãe entende que é fome. De qualquer modo, há traços deixados por tais experiências que restarão no inconsciente como insígnias do objeto. Pelo processo secundário, o sujeito busca, na cadeia significante, objetos que tenham traços do primeiro objeto. Quer dizer, o processo primário encontra de início o real como impossível; impossível dado por estrutura, pois, como assinalado outras vezes, falta um significante para nomear; nem tudo é significantizável. O real como impossível concerne ainda ao real do sexo.

> Para o ser falante, a relação sexual que a biologia inscreve para o animal, ou para o homem, concebido como um animal, não existe. Isso não quer dizer que o acasalamento não exista para os humanos, mas que não é suficiente a se reconhecer mutuamente nem a se definir como sexuado. A natureza e o instinto animal são subvertidos pela linguagem. Não se torna homem ou mulher pelo ato sexual, isso é puramente imaginário, isso não prova nada ao sujeito quanto ao seu ser sexuado.[6]

Indicamos anteriormente que a velhice é o encontro maciço com os signos do real e, expondo o desamparo em sua face mais nua, enlaça-se ao destino particular do gozo, demandando um tratamento importante e permanente pelo simbólico. Ou, de outra forma, ela é o encontro do sujeito

---

[5] MOREL, Geneviève. *Ambiguïtés sexuelles.* Sexuation et psychose, 2000, p. 33.
[6] MOREL, Geneviève. *Ambiguïtés sexuelles.* Sexuation et psychose, 2000, p. 35.

com o real de um tempo quando o tempo marcado pela referência fálica derrapa. Prevalecendo determinado enfraquecimento – variável para cada sujeito – do tempo presente em razão de um afrouxamento dos laços afetivos, sociais e inúmeras perdas, a velhice impõe ao sujeito a criação de novas formas de atualizar seu passado enlaçando-o ao futuro, com perspectivas de revestir com outras tessituras o desejo.

Real, imaginário e simbólico subsistem em torno de um nó, nó borromiano. A consistência (*cum + sistere*, ou seja algo que se mantém junto, aquilo que faz Um) prevalece no imaginário, mesmo que os outros dois registros tenham também sua consistência, senão eles não se manteriam juntos. A incidência do imaginário na velhice foi discutida no Capítulo III. O real está do lado do que Lacan nomeou de ex-sistência, um *ex* que gira ao redor da existência, faz intervalo. Da existência se diz, nomeia-se, enquanto a ex-sistência marca o não todo, pressupondo a presença de um buraco, é sustentado primordialmente pelo simbólico e produzido inicialmente pelo recalque originário (*Urverdrängung*). Todavia, o buraco também está presente nos três registros, permitindo o enlaçamento das três cordas. Em termos gerais podemos dizer que o imaginário consiste e o real ex-siste; quer dizer, ele existe mas é irrepresentável. Antes de ter acesso às palavras, o sujeito recebe uma série de significantes que, de início, não formam uma cadeia significante e somente no *a posteriori* poderão ser articulados.

Arriscando um pequeno salto pela literatura, vislumbramos algo disso nas palavras de Clarice Lispector:

> Não, nem a pergunta eu soubera fazer. No entanto a resposta se impunha a mim desde que eu nascera. Fora por causa da resposta contínua que eu, em caminho inverso, fora obrigada a buscar a que pergunta ela correspondida. Então eu me havia perdido num labirinto de perguntas, e fazia perguntas a esmo, esperando que uma delas ocasionalmente correspondesse à da resposta, e então eu pudesse entender a resposta.[7] [...] Eu arriscava o mundo em busca da pergunta que é anterior à resposta. Uma resposta que continuava secreta, mesmo ao ser revelada a que pergunta ela correspondia.[8] [...] Pois a coisa nunca pode ser realmente tocada.[9]

Neste capítulo será abordado o real em cena na velhice, no que tange à morte, ao luto e à sexualidade.

---

[7] LISPECTOR, Clarice. *A paixão segundo G. H.*, 1998, p. 134.

[8] LISPECTOR, Clarice. *A paixão segundo G. H.*, 1998, p. 137.

[9] LISPECTOR, Clarice. *A paixão segundo G. H.*, 1998, p. 138.

Morte e feminino – o inominável

É frequente a associação entre velhice e morte, encontrando-se nessa conjunção a rejeição que alguns profissionais apresentam no trabalho com idosos. A propósito, lembro-me de que em 1997 expus, numa seção clínica composta por analistas, o caso clínico de uma senhora de 75 anos, com alguns comprometimentos físicos – diabetes, nefrite dentre outros –, e que havia visivelmente entrado em análise. As questões, então colocadas por alguns colegas – denotando uma posição contrária ao discurso analítico –, enfocavam se teria valido a pena a entrada em análise (sugeriu-se, inclusive, uma terapia breve), pois o sujeito estaria se deparando com questões que, possivelmente, demandariam um tempo hábil para mudanças, e ele não o teria. Outras pontuações, numa direção similar, associaram velhice e imodificável, velhice e intocável... Tais pontuações, abordadas no Capítulo I, encontram-se principalmente nas ideias defendidas por Ferenczi, e também presentes em alguns momentos da obra de Freud, as quais serão retomadas posteriormente. De toda forma, a velhice expondo faces do real é associada à morte, porque esta é também o silêncio, o indizível e o limite à existência.

A leitura de Freud da morte encontra sua originalidade a partir dos conceitos de pulsão de vida e pulsão de morte. Não obstante, antes de introduzirmos tais conceitos, retomaremos brevemente algumas de suas pontuações sobre a morte, buscando delimitar sua interface com os conceitos de pulsão de morte e inconsciente, bem como de gozo e de feminino. Comecemos pela relação morte e feminino.

No texto "O tema dos três escrínios" [1913][10], ao retomar a polaridade da *terceira* em diferentes histórias ("Mercador de Veneza", "Os doze irmãos", "Cinderela", "Psyquê", "Afrodite", "Rei Lear", etc.), Freud assinala o quanto nos é ininteligível, à primeira observação, o lugar da terceira escolhida nessas histórias, pois ela porta uma contradição inegável: sendo a deusa do Amor, da Beleza, da Lealdade ou da Sabedoria, ela é, ao mesmo tempo, a deusa da Morte. Por que tal substituição pelo contrário? Por que o mais belo, o mais sábio e mais desejável associam-se à morte? Tal contradição, indica-nos Freud, típica do inconsciente – que desconhece a regra lógica da contradição, desconhece o tempo, a negação, a dúvida e é regido pelo princípio do prazer – e presente de forma escancarada nos sonhos, busca driblar o inexorável da morte trazendo-a para a vida. Dessa forma, ele acentua, no inconsciente, uma linha

---
[10] FREUD, Sigmund. O tema dos três escrínios [1913], 1975, p. 365-379.

primeva preparou a substituição da deusa da Morte, as Moiras, pela deusa do Amor. Portanto, a terceira das irmãs não seria mais a morte, mas a mais bela, a mais desejável e amável das mulheres. *A Deusa do amor era outrora idêntica à Deusa da morte, tanto criadora como destruidora.*[11] Há, por fim, uma curiosa observação final sobre o tema das três mulheres.

> Poderíamos argumentar que o que se acha representado aqui são as três inevitáveis relações que um homem tem com uma mulher – a mulher que dá à luz, a mulher que é a sua companheira e a mulher que o destrói; ou que elas são as três formas assumidas pela figura da mãe no decorrer da vida de um homem – a própria mãe, a amada que é escolhida segundo o modelo daquela e, por fim, a Terra-Mãe, que mais uma vez o recebe. Mas é em vão que um velho anseia pelo amor de uma mulher, como o teve primeiro de sua mãe; só a terceira das Parcas, a silenciosa deusa da Morte, tomá-lo-á nos braços.[12]

Observa-se que Freud reafirma a vinculação entre inconsciente, morte e feminino, e, portanto, de real naquilo que tais conceitos tangem de inominável. Não é outra a via percorrida nos textos "A sexualidade feminina" [1931] e "Feminilidade" [1932],[13] nos quais, ao indagar a problemática da feminilidade e da mulher, ele as nomeiam de "continente negro" – enigma diante do qual não há palavras para nomear – e, como a morte e o real, encontra também o silêncio. A mesma hipótese encontra-se no texto "O tabu da virgindade" [1917] no qual Freud acentua que o "homem primitivo institui um tabu quando teme algum perigo",[14] desenvolvendo a tese de que não é a virgindade o tabu, mas a própria mulher, pois, encarnando a diferença, a castração, ela impõe o enigma do sexo e o risco dos efeitos feminizantes sobre o viril. Nesse sentido, sempre que o homem primitivo se lançava em expedições importantes, ele se afastava da mulher; encarnando a feminização, ela encarnava também a possibilidade da morte.

Poder-se-ia percorrer inúmeros outros textos freudianos nos quais a mesma cadeia – morte, inconsciente, feminino e real – é delimitada. Retomaremos depois tais indicações, a partir das formulações lacanianas em torno dos conceitos de gozo e de real.

---

[11] FREUD, Sigmund. O tema dos três escrínios [1913], 1975, p. 376

[12] FREUD, Sigmund. O tema dos três escrínios [1913], 1975, p. 379.

[13] Ver: FREUD, Sigmund. A sexualidade feminina [1931], v. XXI e Feminilidade, conferência XXXIII [1932], v. XXII da *ESB*, 1976.

[14] FREUD, Sigmund. O tabu da virgindade [1917], 1976, p. 185.

Morte e pulsão de morte

> [...] a gente morre é para provar que viveu.
> *Guimarães Rosa*

Assinalando uma conjunção estreita entre vida e morte, Freud afirmará em "Além do principio do prazer" [1920], que a noção de "morte natural" é inteiramente estranha às raças primitivas; eles a atribuíam à influência de um inimigo ou de um espírito mau. Na realidade, todos os homens opõem-se à ideia de que a vida pulsional sirva para ocasionar a morte; que ela trabalhe para garantir que o "organismo" seguirá seu próprio caminho em direção a uma morte mais natural possível. Cada um morre de seu próprio modo, acentua Freud, ao que poderíamos acrescentar: cada um morre em conformidade à sua forma de gozar.

> O que nos resta é o fato de que o organismo deseja morrer apenas do seu próprio modo. Assim, originalmente, esses guardiões da vida eram também os lacaios da morte. Daí surgir a situação paradoxal de que o organismo vivo luta com toda a sua energia contra fatos (perigos, na verdade) que poderiam auxiliá-lo a atingir mais rapidamente seu objetivo de vida, por uma espécie de curto-circuito. [...] se tomarmos como verdade que não conhece exceção o fato de tudo o que vive morrer por razões internas, tornar-se mais uma vez inorgânico, seremos então compelidos a dizer que 'o objetivo de toda vida é a morte', e, voltando o olhar para trás, que 'as coisas inanimadas existiram antes das vivas'.[15]

Em 1915, logo após de deflagrada Primeira Grande Guerra, Freud escreve "Reflexões para o tempo de guerra e morte", afirmando que, apesar de parecer óbvio ser a morte o resultado da vida e que "cada um deve à natureza uma morte, natural, inegável e inevitável", isso não ocorre; ao contrário, a tendência é de negá-la, silenciá-la, colocá-la de lado, eliminando-a da vida, pois, na realidade,

> [...] é impossível imaginarmos a nossa própria morte e, sempre que tentamos fazê-lo, podemos perceber que ainda estamos presentes como expectadores [...] no fundo ninguém crê em sua própria morte, ou, dizendo a mesma coisa de outra maneira, que no inconsciente cada um de nós está convencido de sua própria imortalidade.[16]

---

[15] FREUD, Sigmund. Além do princípio do prazer [1920], 1976, p. 57.
[16] FREUD, Sigmund. Reflexões para os tempos de guerra e morte [1915], 1974, p. 327.

No mesmo ano, ano da metapsicologia, Freud publica o texto "Sobre a transitoriedade" trazendo-nos algo curioso ao afirmar que "o valor da transitoriedade é o valor da escassez no tempo".[17] É o limite da fruição que eleva seu valor ou, de outra forma, a morte impondo um limite, impõe a possibilidade de "fruição". A morte assemelha-se aqui à castração; interditando a fruição, torna-a possível, mesmo que não toda possível. Assinalamos aqui um esboço do conceito de pulsão de morte: impondo um limite, introduz a categoria do impossível.

Mas porque nos é tão difícil aceitar tal assertiva, indaga-se Freud, senão pelo fato que, ao pensarmos no transitório, estamos inserindo de imediato o luto pela perda. Antecipar o luto pela perda é, diríamos, tentar extrair do real seu caráter de inesperado, via bem frequente utilizada pelo obsessivo em sua relação com a morte e as perdas. Assim, se a vida acena para o inesperado, a morte, única e derradeira verdade absoluta, por ser absoluta, não é dialetizável. Quando o sujeito pensa na morte, ele a pensa como forma de desalojar a inquietude que a vida lhe impõe e que, tantas vezes, não sabe tratar. Se o inesperado amedronta, o insuportável é a vida sob sentença; se o objetivo da vida é a morte, outra coisa é a morte em vida.

A tendência é de pensar a morte como fortuita – acidente, doença, infecção e idade avançada. Reduzindo-a a um fortuito, busca-se dar um tratamento ao real que ela sempre escancara. Como os povos primitivos nós também não acreditamos na morte natural, a não ser transportando-a para o futuro – a velhice. A conjunção tão frequente entre velhice e morte desloca a morte para um futuro sempre incerto e, imaginariamente, sempre longe e no qual não nos vemos. Assim o fazendo continuamos a desconhecê-la. De toda forma, ter a morte conjugada à velhice imputa a esta todo o horror, reforçando o medo e sua negação.

Interessou a Freud não a morte biológica, da qual nada se sabe, mas extrair da morte – conceito que não encontra nenhum correlativo no inconsciente – aquilo que faz parte da vida e com ela se entrelaça: a pulsão de morte. Nesse intuito, ele faz uma aproximação cada vez mais rigorosa entre pulsão de vida e pulsão de morte e, sobretudo, afirmando em "Além do princípio do prazer" a predominância da pulsão de morte sobre a pulsão de vida; a vida tende para a morte: *"Si vis pacem, para bellum"*. "Se queres preservar a paz, prepara-te para a guerra." Ou com São João: "se queres suportar a vida prepara-te para a morte";[18] estejas preparado para aceitar a morte como um limite e possibilidade.

---

[17] FREUD, Sigmund. Sobre a transitoriedade [1915], 1974, p. 345.
[18] FREUD, Sigmund. Além do princípio do prazer [1920], 1976, p. 69.

Suportar a vida é suportar a falta, é suportar o limite ao princípio do prazer, é suportar o real, conduzindo-o a algo que não seja a própria morte ou ao gozo mortífero. É no paradoxal dessa empreitada que cada um pode se arranjar para conduzir sua vida a uma morte a mais contingente possível.

Os poetas parecem saber dessa conjunção ou, pelo menos, ensaiam em brincar com o que da morte pode se inscrever como poesia. Nas palavras de Mário Quintana:

> Amigos não consultem os relógios quando um dia for de vossas vidas...Porque o tempo é uma invenção da morte: não o conhece a vida – a verdadeira – em que basta um momento de poesia pra nos dar a eternidade inteira. E, também, porque um poeta brinca com a morte: A morte é a libertação total: a morte é quando a gente pode, afinal, estar deitado de sapatos.[19]

Somos levados a concluir, a partir da leitura de "Além do princípio do prazer", que toda pulsão é a pulsão de morte.

Ao retomar o mito de Aristófanes, mencionado anteriormente, Lacan afirma que procurar a outra metade é um logro, "[...] a pulsão, a pulsão sexual, é fundamentalmente pulsão de morte, e representa em si mesma a parte da morte no vivo sexuado"[20] parte que sofreu o corte como efeito do recalque originário, perdida para sempre, apesar de tão marcada e tão eficaz. No mesmo *Seminário* é afirmado que, em termos da pulsão, não é do vivo que se trata. Que é o vivo senão o que tange o biológico, o puro instinto de autoconservação? O vivo só quer viver e a pulsão, à medida que é um efeito da intervenção do Outro no campo da necessidade, está irremediavelmente separada desta, e isso está na contramão de qualquer instinto de conservação. A tese de que a pulsão refere-se à intervenção do Outro no campo da necessidade não é nova. Não foi outra coisa que em 1905, no Capítulo VII da "Interpretação dos Sonhos",[21] Freud afirmou em relação às experiências de satisfação: a partir da intervenção do Outro no campo da necessidade – marcada pelas *experiências de satisfação* –, não se pode falar de necessidade e, muito menos, de pura vida. Está implicado nessas experiências o real; nessa intervenção significante algo se perde.

A leitura lacaniana dos textos freudianos sobre a pulsão acentua uma ligação estreita entre o conceito de pulsão, inconsciente e real. *A pulsão,*

---

[19] QUINTANA, Mário. *Nova ontologia poética*, 2003, p. 171.
[20] LACAN, Jacques. *Os quatro conceitos fundamentais,* 1988, p. 195.
[21] FREUD, Sigmund. A interpretação dos sonhos [1900], 1972, p. 601-605.

afirma Lacan, "é precisamente essa montagem pela qual a sexualidade participa da vida psíquica, de uma maneira que se deve conformar com a estrutura de hiância que é a do inconsciente".[22] Essa hiância, esse buraco – recalque originário, diríamos com Lacan do *RSI* – implica o significante que não se tem acesso. Em sua face pulsional, esse real surge sob a forma de objeto *a*, perdido para todo o sempre, só reencontrável sob a forma de semblantes de objeto, como foi abordado no Capítulo II. Portanto, as pulsões e seus destinos encontram sempre o real em sua empreitada.

Da mesma forma que não há uma morte natural, não há uma velhice natural – mesmo que exista um corpo biológico que envelheça e provoque seus efeitos sobre o sujeito. Não há velhice natural do ponto de vista psíquico porque o inconsciente não envelhece, porque não existe, em termos pulsionais, o natural, mas significantes. E eles não podem nomear tudo; há sempre um real diante do qual todos nós somos sempre despreparados ou, com Freud, desamparados para conduzir. Toda resposta, toda condução ao real da velhice, deixa sempre um resto. Por isso é tão difícil definirmos a velhice já que ela tange sempre o real e o indizível, como foi exaustivamente abordado no Capítulo I.

Contudo, a morte biológica, tocando o real toca também o pulsional, toca aquilo que está inscrito em nosso inconsciente, mesmo que este desconheça a morte. A relação do sujeito à morte e à pulsão de morte tange sempre o mais particular mas, com certeza, o mais real; à relação que todo sujeito tem com o objeto, portanto com seu fantasma. Nas palavras poéticas de Lispector, "a morte será o meu maior acontecimento individual: a pessoa se despe de si mesma para morrer sozinha de si um sopro de vida [...]".[23]

Freud nos traz outras indicações associando a pulsão de morte ao superego:

> As perigosas pulsões de morte são tratadas no indivíduo de diversas maneiras: em parte são tornadas inócuas por sua fusão com componentes eróticos; em parte são desviadas para o mundo externo sob a forma de agressividade; enquanto que em grande parte continuam, sem dúvida, seu trabalho interno sem estorvo.[24]

Esse trabalho interno sem estorvo, essa remissão sem tréguas na qual o sujeito é lançado, tudo isso nos remete à frase lacaniana no *Mais ainda:* nada obriga ninguém a gozar a não ser o superego. Dessa forma, para além da

---

[22] FREUD, Sigmund. A interpretação dos sonhos [1900], 1972, p. 167.
[23] LIPECTOR, Clarice. *Água viva*, 1998, p. 72.
[24] FREUD, Sigmund. O ego e o id [1923], 1976, p. 58.

morte real, o sofrimento advém do imperativo de gozo, não importando a idade e, diante dele, o sujeito é subjugado; ali está o real do seu corpo entregue à morte. Encontra-se aí um dos principais motivos que levam muitos sujeitos a buscar a morte real como corte àquilo que não dá tréguas, seu gozo, por um ato que não deixe restos.

Vemos, pois, no percurso freudiano que a pulsão de morte é cada vez mais associada ao real lacaniano e, sobretudo, ao gozo. Lacan nomeou a pulsão de morte do "Além do princípio do prazer de gozo". É o que se repete no caminho da satisfação pulsional, que se diferencia de prazer e quer sempre um *Mais ainda* em sua satisfação, por não encontrar jamais um objeto adequado. Repete-se, portanto, o sentido do gozo, forma como cada sujeito busca responder à falta do significante no campo do Outro, S (A). Diante desse encontro com a falta, ou melhor, o vazio, da qual o objeto *a* é uma expressão, o neurótico tem como resposta o seu fantasma. A fantasia, afirma Lacan, "é, essencialmente, um imaginário preso numa certa função significante".[25] Numa certa função significante, pois algo resta sempre real e irrepresentável.

A fantasia é uma moldura, dirá Lacan, que o neurótico coloca no encontro com o real. Ele é uma janela pela qual o neurótico olha o mundo, conduzindo sua relação com os objetos da forma como o objeto *a* está aí representado. Lacan o formalizou pelo matema: $ \$ \lozenge a $ – sujeito barrado ($\$$) porque falta-lhe o falo, falta-lhe o objeto. O falo refere-se à junção e disjunção do sujeito com o objeto *(a)* que, faltando, é também aquilo que entra a título de suplência da falta. Dito isso, pode-se deduzir que o neurótico tem, a partir da estrutura de seu fantasma originário, formas de lidar com a pulsão de morte, seu gozo, sem dirigir-se à morte derradeira. O fantasma permite erogeinizar a pulsão de morte, colocando um anteparo ao gozo mortífero. Nossa língua é permeada por expressões – *morrer de rir, morrer de amor, morrer de felicidade...* – denotando que a morte foi, de alguma forma, erogeinizada e entrelaça-se ao mais cotidiano da relação do sujeito aos objetos

Na psicose – como demonstra Freud em seus textos sobre a psicose, em especial na "Perda da realidade na neurose e na psicose"[26] e no O caso Schreber[27] –, havendo um fracasso do recalque originário, não existe, concomitantemente, a estrutura fantasmática como borda ao real. A relação com

---

[25] LACAN, Jacques. *As formações do inconsciente,* 1999, p. 423.

[26] FREUD, Sigmund. *A perda da realidade na neurose e na psicose* [1924], 1976.

[27] FREUD, Sigmund. *Notas psicanalíticas sobre um relato autobiográfico de um caso de paranóia (dementia paranóides)* [1911], 1969.

o gozo é uma relação sem barra; gozo do Outro. Diante do encontro com o real, o psicótico responde, no melhor os casos, com uma criação delirante; uma das formas possíveis de resposta à incidência do real.

Gozo e pulsão de morte

Acentuamos rapidamente no Capítulo I o conceito de gozo formalizado por Lacan. Torna-se indispensável que o retomemos, pois ele constitui o cerne da direção da cura, entrelaçando-se aos conceitos de repetição e pulsão de morte.

Conforme nos lembra Morel,[28] Freud utilizou a palavra *Befriedigung*, satisfação, em um contexto diferente do que costumamos pensar; há uma satisfação contida no sintoma, satisfação bizarra, pois causa sofrimento. A palavra *jouir*, satisfação, tem na língua francesa uma vasta riqueza semântica. Implica tanto o sentido de aproveitar-se de algo, extrair prazer, como o sentido inverso: pena, sofrimento..."gozar de sua dor". Lacan aproveitou essa riqueza semântica para formalizar, a partir das indicações freudianas de "Além do Princípio do prazer" que há algo que excede esse princípio, provocando uma destruição da homeostase exigida por ele:

> Gozo (*jouissance*) significa bem o excesso de prazer [...]. Freud deu vários exemplos: o jogo da criança comemorando a separação dolorosa da mãe, o pesadelo na neurose traumática, a compulsão à repetição da neurose fazendo reproduzir elementos penosos, a resistência terapêutica negativa, etc. Ele nomeou de 'pulsão de morte' a tendência, mais forte que o princípio homeostático de prazer, responsável por esses fenômenos.[29]

Pois bem, se toda pulsão visa a satisfação, indicado por Freud em "As pulsões e suas vicissitudes" [1914], não existe satisfação que não esteja suportada pela pulsão de morte. Há nessa satisfação algo que escapa ao sujeito, tornando-a bizarra, desconhecida, estrangeira. Ela se alinha ao fantasma originário, resposta ao buraco erigido por esse trauma mais irredutível. Por consequência, as maneiras de gozar são completamente diferenciadas de um sujeito para outro já que inscritas pela estrutura fantasmática. Alguns fragmentos clínicos foram destacados no capítulo anterior, demonstrando a incidência do gozo nos sintomas,[30] e outros casos clínicos serão trabalhados

---

[28] MOREL, Geneviève. *Ambiguités sexueles*, 2000, p. 25.
[29] MOREL, Geneviève. *Ambiguités sexueles*, 2000, p. 26.
[30] A propósito ver Capítulo III. O inconsciente afeta o corpo.

ao longo deste capítulo e do próximo, para que o leitor possa vislumbrar, pela clínica, a importância de tal conceito.

Lacan retoma as indicações freudianas formalizando três formas estruturais diferentes de gozo em resposta ao encontro com o real: o gozo sexual ou fálico, o gozo do Outro e o gozo feminino. O gozo fálico, como o próprio nome indica, é suportado pelo falo. O falo permite certa conexão entre o real do gozo – que escapa ao ser falante – com o simbólico. Todavia, ao fazê-lo, isso não implica que ele unifique o sujeito com seu gozo: a castração libera e, ao mesmo tempo, interdita o gozo, abrindo possibilidades de acesso a um gozo interditado, sinalizando que este falta ao ser falante. Por conseguinte, o gozo fálico, inscrito pelo significante, impõe uma barreira irremediável ao gozo total.

O gozo do Outro é um gozo sem barreiras, não tendo a castração como referência que, interditando o gozo total, o libera sob a barra do significante. Esse gozo está presente na psicose, apresentando-se como uma verdadeira invasão de sentido, observado pelos diferentes fenômenos elementares.

Há outra forma de suportar o real para além da referência fálica que Lacan nomeou de "gozo feminino". O gozo feminino – que não diz respeito à mulher como gênero, podendo ser encontrado em homens e mulheres –, tendo uma referência ao falo, ao significante, encontra-se, ao mesmo tempo, para além do gozo fálico. Ele indica que nem tudo pode ser nomeado pelo significante: falta um significante para nomear o feminino, a mulher, e falta tanto para os homens como para as mulheres. O gozo feminino é não todo inscrito na lógica da exceção definida pelo gozo fálico; ele excede à castração. Sendo discordante em relação à lógica fálica, ele não se funda nos princípios lógicos da não contradição; suporta o sim e o não de formas simultâneas e não excludentes, e, como tal, associa-se ao próprio funcionamento do inconsciente. Nessa direção, ele se suporta também no vazio, na hiância, nada alheios à ideia de inconsciente.

Dessa forma, a pulsão de morte tangenciando tudo aquilo que escapa ao simbólico está presente tanto naquilo em que usualmente a colocamos, ou seja, o impossível que habita a repetição e o gozo, como é algo inscrito no gozo feminino e no amor. Delimitamos a relação entre a morte, o feminino e o inominável em Freud. A pulsão de morte faz cadeia com o gozo no sentido geral – uma delimitação ao princípio do prazer – enquanto barrado desde sempre ao ser falante, bem como àquilo que da extração desse gozo não se pode nomear.

Seguindo tais indicações, concluiríamos que há uma primeira morte, aquela introduzida pelo simbólico que, ao nomear o sujeito, ao inscrevê-lo na ordem simbólica, o libera para desejar. É a falta que impõe o desejo primordial. Distinguimos este desejo sustentado na pura falta, do desejo advindo pelo processo secundário, metonímico, e que se desloca de objeto em objeto, semblantes de objeto, buscando o objeto adequado para sustentar o desejo.

O desejo suportado na pura falta permite inscrever o mais inusitado, inesperado e contingente para o sujeito. Aí estão as possibilidades de um amor, para além da causa inconsciente, e o gozo feminino. Nesses é possível suportar que algo pare de não se escrever e, a partir disso que não se escreve, inventar novas formas de tratar o real que não seja pela pura insistência da cadeia significante ou do deslizamento de um significante a outro. Nesse desejo encontra-se também o fim de análise; uma decantação dos significantes mestres que determinaram o sujeito. Há nessa decantação aquilo que Freud nomeou de umbigo, a marca, a cicatriz advinda pelo buraco inaugurado pelo recalque primário. O sujeito encontra-se com a castração e o gozo interditado, mas agora suportados como limites reais. A concepção do real como impossível advindo do fim de uma análise permite que o analista ocupe na condução da análise, a partir desse percurso, o lugar de objeto *a* em sua vertente de causa de desejo.

Há outra espécie de pulsão de morte que se abre à repetição sem fim, denominado por Lacan de *automaton* "O real é o que vige sempre por trás do automaton [...]"[31] – e abre-se ao gozo, por vezes, mortífero. A repetição demonstra que não se fala em vão; existe uma determinação no sentido da fala oferecida pelo inconsciente, mas desconhecida pelo sujeito. É interessante que no seminário – *Os quatro conceitos fundamentais da psicanálise,* Lacan evoca na sequência do conceito de *automaton* o caso clínico denominado por Freud de "O Homem dos Ratos". Temos aí um sujeito atormentado pelo gozo, buscando saber qual foi o primeiro real, aquele que vige por detrás de seu fantasma fundamental que possa explicitar seu horror, seu gozo. Esse real que está por detrás, afirma Lacan, "Este real, sentimos que, através de toda análise, arrasta consigo o sujeito [...]"[32] Arrasta-o, no caso desse paciente, a uma pesquisa – como tudo isso começou? – forçando-o a uma construção do saber sobre a efetividade desse real.

Uma das formas de saber lidar com essa primeira morte de modo a inventar algo original, pela contingência, diz respeito ao gozo feminino que, por estrutura, é não todo, suportando-se também pelo real. É por isso que o

---

[31] LACAN, Jacques. *Os quatro conceitos fundamentais da psicanálise,* 1992, p. 57.

[32] LACAN, Jacques. *Os quatro conceitos fundamentais da psicanálise,* 1992, p. 57.

enigma do feminino escapa tanto aos homens quanto às mulheres. Contudo, torna-se importante assinalar que o feminino, acoplando-se à ideia de morte, pulsão de morte, inconsciente e real, não implica um gozo mortífero, ao contrário, é algo que porta uma saída completamente original diante da falta fálica.

A pulsão de morte – delimitando uma mudança na homeostase – é aquilo que permite também o novo, movimenta a vida. Nesse paradoxal entre pulsão de vida e morte, Freud destaca em uma entrevista ao jornalista americano George Syvester [1926]:

> É possível que a morte em si não seja uma necessidade biológica. Talvez morramos porque desejamos morrer. Assim como amor e ódio por uma pessoa habitam em nosso peito ao mesmo tempo, assim também toda vida conjuga o desejo de manter-se e o desejo de própria destruição. [...] O impulso de ida e o impulso de morte habitam lado a lado dentro de nós. A morte é a companheira do Amor. Junto eles regem o mundo [...] todo ser vivo, não importa quão intensamente a vida queime dentro dele, anseia pelo nirvana, pela cessação da febre chamada viver", anseia pelo seio de Abraão. O desejo pode ser encoberto por digressões. Não obstante, o objetivo derradeiro da vida é a sua própria extinção.[33]

Amor, inominável e morte

Nessa referência, temos uma associação entre morte e amor. Que tipo de amor se associa à ideia de morte ou de qual morte se trata?

Seguindo a via aberta por "Além do princípio do prazer", em "O mal-estar na civilização" [1930] afirma-se que enquanto as pulsões de vida são bastante ruidosas e visíveis, a pulsão de morte opera *silenciosamente* no sentido da destruição ou pode se desviar para o mundo em torno da agressividade e destrutividade, inclusive utilizando Eros. Amor e ódio conjugam-se da mesma forma que vida e morte.

Freud expõe a paixão pelo *Um* no mito de Aristófanes, duas metades buscando se encontrar. Não obstante, Lacan acentuará no *Seminário 11* que nesse mito está presente a lâmina cortante impedindo sempre esse encontro. Negando a existência do corte, há um tipo de amor que se escreve no seio da consistência imaginária e associa-se à agressividade sempre presente no narcisismo. À potência imaginária desse amor se une o ódio e, nessa direção, muitos sujeitos sustentam a relação amorosa pela utilização erótica da cólera.

---

[33] VIERECK, G. O valor da vida: uma entrevista rara de Freud. In: *Reverso*, 2001, p. 11.

Muitas dessa formas de amor sustentam-se pela repetição, assinalando um caminho do gozo no qual o sujeito está sujeitado à determinação do discurso do mestre – discurso do inconsciente. É o amor no qual o inconsciente ganha sempre o jogo. Associa-se, pois, à ideia de morte, pulsão de morte como repetição, *automaton*, pelo não cessar de tentar escrever o gozo.

É bem outra a via indicada por Lacan do *Um tão só*,[34] amor que se põe contra a causa do inconsciente e se sustenta na falta; onde a causa do inconsciente ganhou o jogo, ali não estaria esse amor. Tratar-se-ia da repetição, pela via da contingência, daquilo que Lacan nomeou no seminário supracitado de "Tiquê: o encontro enquanto podendo faltar, enquanto que essencialmente é encontro faltoso".[35] Duas concepções diferentes de amor que se unem a duas maneiras diferentes de o inconsciente se apresentar e, portanto, duas ideias diferentes de morte. Uma morte ligada à repetição sem tréguas, ao discurso do mestre – discurso do inconsciente –, ao amor do Um e ao gozo. Tentativas de escrever sempre e, interminavelmente, o que não se escreve. Outra que, abrindo-se sob o corte significante – primeira morte – dá outro tratamento à falta estrutural, suportando-se sob a falta e do encontro faltoso, inventa outras maneiras de tecer a relação sexual que não existe.

Entretanto, se o inconsciente desconhece a morte, ela é, contudo, do ponto de vista da perda, algo efetivo, real; um acontecimento diante do qual o sujeito não encontra palavras, demandando o simbólico como tratamento possível. Por outro lado, se o inconsciente desconhece a morte, ele não desconhece o desejo; o medo da morte é, sobretudo, o medo da perda do desejo que a pulsão de morte – repetição e gozo – sinaliza. Extraímos, portanto, as duas ideias de morte conjugam-se às duas possibilidades de leitura da pulsão de morte; algo conservador e algo que sendo real, puro vazio, pode inaugurar uma repetição pela contingência; outro tipo de gozo e, quem sabe, outra espécie de amor.

Velhice e morte

Toda a explanação teórica, até aqui, abre-nos novas interpretações da relação velhice e morte; outro olhar para aquilo que a velhice escancara. Nessa direção afirmamos que algo da velhice não se escreve, algo não faz a cadeia esperada e, se o sujeito está preso a um determinado modo de situar

---

[34] A propósito ver: LACAN, Jacques. *Mais ainda*, 1985, cap. VI.
[35] LACAN, Jacques. *Os quatro conceitos fundamentais da psicanálise,* 2002, p. 57.

seus significantes, sempre na derradeira espera de que um se siga ao outro por uma história linear, ele poderá ter problemas para escrever sua velhice.

Uma hipótese é de que quanto mais o sujeito suporta a falta fálica, quanto mais ele se inscreve pelo gozo feminino, mais ele poderá encontrar respostas criativas ou até inventivas à problemática trazida por sua velhice. Isso porque, com foi afirmado nos capítulos anteriores, expondo de forma mais escancarada o real, ela demanda novos enlaçamentos com o simbólico e o imaginário que, contudo, não podem escrever o real, mas apenas oferecer-lhe um tratamento possível. A velhice pode ser também o momento em que o fantasma de infinitude escancara sua face não mais tão divertida por diferentes perdas e modificações corporais, encontrando, ainda, uma certa fragilização dos recursos simbólicos. Tudo isso impõe o trabalho de luto. Alguns sujeitos, contudo, sucumbem no ódio da imagem encontrada, como foi assinalado nos capítulos I e III. O prelúdio de uma morte anunciada poderá igualar-se à velhice.

O medo da morte associa-se à perda do investimento libidinal. Isso pode ser associado às impressões que ocorrem na melancolia, quando as pulsões de vida e morte se afastam muito umas das outras. Isso pode nos reenviar à velhice ou a qualquer momento da vida pelo qual o sujeito se desinveste libidinalmente do mundo. Amedronta na velhice a morte do desejo e não outra coisa, amedronta o sentido da repetição e do gozo, e é aí que a morte reina soberana. Da outra morte nada sabemos; apenas que é o inevitável, o indizível e, sobretudo, constituindo-se a única certeza que temos, paradoxalmente, dela nada sabemos; não sendo dialetizável.

O medo da morte localiza-se ainda, para Freud, entre as instâncias do ego e do superego; diante de um perigo externo ou a um perigo interno que causa angústia. A angústia – aprendemos com Lacan no *Seminário da Angústia* – surge quando a falta falta; quando a cobertura fantasmática vacila. Neste ponto o sujeito encontra o real sem vestimentas.

Em "O ego e o id" [1923][36] Freud questiona por quais caminhos a pulsão de vida e de morte se relacionam, como e de que maneiras *o amansamento da pulsão de morte* pode ser efetuado pela libido. Em "O problema econômico do masoquismo" [1924][37], ele acentua que jamais lidamos apenas com a pulsão de vida ou somente com a pulsão de morte puras, mas com misturas de ambas em quantidades diferentes não há como prever como isso se dará. Por sua vez,

---

[36] FREUD, Sigmund. O Ego e o id [1923], 1976.
[37] FREUD, Sigmund. O problema econômico do masoquismo [1924], 1976.

em "Análise terminável e interminável" [1937] encontramos: "não se trata de uma antítese entre uma teoria pessimista da vida e outra otimista. Somente pela ação concorrente ou mutuamente oposta das duas pulsões primevas – Eros e a pulsão de morte –, podemos explicar a rica multiplicidade dos fenômenos da vida".[38] Por fim "O futuro de uma ilusão [1927]" coloca em cena a questão do real que assola o sujeito de diferentes maneiras:

> Há os elementos, que parecem escarnecer de qualquer controle humano; a terra, que treme, se escancara e sepulta toda a vida humana e suas obras; a água, que inunda e afoga tudo num torvelinho; as tempestades, que arrastam tudo o que se lhes antepõe; as doenças, que só recentemente identificamos como sendo ataques oriundos de outros organismos; e, finalmente, o penoso enigma da morte, contra o qual remédio algum foi encontrado e provavelmente nunca será. É com essas forças que a natureza se ergue contra nós, majestosa, cruel e inexorável; uma vez mais nos traz à mente nossa fraqueza e desamparo, de que pensávamos ter fugido através do trabalho de civilização.[39]

Tais afirmativas fazem cadeia com as teses do "mal-estar da civilização": a felicidade no mal-estar da cultura confronta o homem com três grandes dificuldades: sua fragilidade corporal, o mundo externo e a relação com outros homens, sendo esta a mais penosa, já que aí se localiza toda forma de vinculação com o simbólico. Dentre os caminhos indicados por Freud para amenizar o sofrimento está o amor. Este, como abordado anteriormente – como todos os outros recursos: sublimação, intoxicação e religião – encontra sua cota de fracasso, pois, causando dependência ao Outro e estando sob a mira da morte, do desencontro, do abandono e da rejeição, pode aportar o sofrimento.

Morte e luto, fracasso e perda fazem parte da estrutura da vida e, portanto, acompanham o sujeito. Por paradoxal que seja, porque há morte é que sabemos da vida; é porque há perda que buscamos os objetos; é porque algo falha, não se escreve, que tentamos escrever; é porque o gozo é barrado que podemos gozar. É pelo desamparo que a vida transita.

A velhice nos traz o desamparo de forma incisiva. Teme-se na velhice, já o dissemos, não a morte, já que o inconsciente a desconhece, mas outra morte que escutamos na clínica – a morte do desejo, a exposição do gozo. Todavia, isso não pode ser associado simplesmente à velhice; o desejo não se mede pela idade cronológica, pela idade de nossos vasos sanguíneos,

---

[38] FREUD, Sigmund. Análise terminável e interminável [1937], 1975, p. 276.
[39] FREUD, Sigmund. O futuro de uma ilusão [1927], 1974, p. 27.

artérias, ossos ou coração, mas sustenta-se por nossa relação com os objetos, à medida que podemos agalmatizá-los.

Concluímos que o insuportável surge quando aumenta a distância entre pulsão de vida e pulsão de morte, e restando o domínio da pulsão de morte só há uma saída: promover uma subversão do sujeito pela dialética do desejo. O desejo é aquilo que, faltando, permite que a falta não venha a faltar e, com isso, pode provocar o movimento de vida que não existe sem o movimento da morte. Quando o sujeito fala na morte, deseja a morte, é bem de outra coisa que se trata; é bem outro o corte que se quer fazer – corte com sua forma de gozar.

É inegável que, à medida que envelhecemos, passamos por inúmeras perdas, e a morte de pessoas próximas torna-se cada vez mais frequente, demandando um tratamento, uma elaboração, pois os lutos sucessivos podem provocar respostas como a depressão. Para muitos, não é fácil reinventar a vida após certa idade na qual muitos dos laços sociais anteriores são desfeitos. A regressão a um estádio anterior é, muitas vezes, a forma com a qual muitos idosos buscam resgatar o que se perdeu, contudo, toda regressão fracassa porque reenvia à fixação fantasmática. A saída é o trabalho do luto, e ele implica um mínimo da presença do Outro e de recursos simbólicos pelos quais o idoso possa simbolizar as perdas, pois além dos lutos de objetos perdidos, existem os lutos que cada um deve fazer de si mesmo.

Nessa direção, para alguns idosos o ódio chega como um primeiro tratamento ao insuportável. Como foi sinalizado no Capítulo III, o ódio surge bem antes do sentimento de amor, reaparecendo todas as vezes nos quais o eu se sente ameaçado. Nas palavras de Mannoni, "na idade avançada, o ódio pode, assim, advir como proteção do sujeito ante sua morte, pode mesmo adquirir um caráter erótico e tornar-se o suporte da continuidade de uma relação de amor".[40] Todavia, não nos parece ser uma boa saída à perda amarrar-se ao ódio. Se durante certo tempo ele constitui um primeiro apelo à vida, permanecer nessa posição acaba por retirar muitos dos laços possíveis com o Outro, limitando as demonstrações de outros afetos.

Além do ódio alguns idosos recorrem ainda à lamentação e à queixa, provocando, por vezes, um impedimento às novas inscrições do desejo e demonstrando dificuldades com o trabalho de luto. Mesmo que a lamentação faça parte do luto, é preciso concluir o luto. Se este é essencial para qualquer sujeito em diferentes momentos da vida, já que passamos sempre por diferentes perdas, não existe velhice sem luto. Luto e vida andam juntos,

---

[40] MANNONI, Maud. *O nomeável e o inominável*, 1995, p. 31.

não é possível andar na vida sem passar pelo luto e a fuga dele acaba por impedir o movimento da vida.

Suportar a velhice, o envelhecimento, é suportar que as coisas não se escrevem mais como antes e que a morte nos concerne no cotidiano de cada dia. É pela inscrição da primeira morte – a inserção no mundo da linguagem – que insistimos em viver e a escrever nosso texto, à revelia da falta de palavras para escrevê-lo tal como imaginávamos.

O trabalho de luto

No texto "Sobre a transitoriedade", comentado anteriormente, Freud se pergunta por que é tão penosa a retirada da libido dos objetos perdidos e responde que o sofrimento, o apego aos objetos perdidos, constitui – o trabalho próprio ao luto, mesmo quando a libido encontra objetos substitutivos. Esse trabalho coloca, inevitavelmente, a dificuldade de substituição; quando ele chega a seu termo, a libido fica livre novamente para usufruir novos objetos.

Na introdução de "Luto e Melancolia" [1917] é indicada uma distinção precisa entre o conceito de luto e de melancolia. Se, de início, o caminho do luto assemelha-se ao da melancolia – ambos envolvem perdas e se exibem por estados semelhantes de apatia, tristeza e dor –, o luto refere-se ao trabalho que toca o campo da realidade. Ele se apresenta diante da perda de um objeto – seja ele real, imaginário ou simbólico –, consistindo em um desinvestimento libidinal desse objeto. A mesma perda pode, todavia, em algumas pessoas, produzir a melancolia em vez do luto.

Se no luto encontram-se traços semelhantes, como desânimo profundo e penoso, a cessação do interesse pelo mundo externo, a perda da capacidade de amar e a inibição das atividades, eles não levam, como na melancolia, à diminuição exacerbada da autoestima e aos sentimentos de autorecriminação e autoenvilecimento, que culminam num delírio de punição. No luto profundo está presente, além desses sentimentos, a perda da capacidade de adotar um novo objeto de amor, substituí-lo por outro. Permanece uma verdadeira devoção ao objeto perdido. Essa disposição dolorosa do luto liga-se à economia da dor. Tal trabalho relaciona-se ao teste da realidade; a inexistência do objeto impõe ao eu uma retirada de libido, e diante de tal exigência o sujeito não responde de bom grado, mesmo quando um objeto substituto lhe acena. Mas, de todo modo, prevalece nesse caso um respeito à realidade e a retirada libidinal é efetuada aos poucos com grande dispêndio de energia e [...] "quando o trabalho do luto se conclui, o ego fica outra vez livre" *e* desinibido.[41]

Na melancolia, o sujeito

> sabe quem ele perdeu, mas não o que perdeu nesse alguém. Isso sugeriria que a melancolia está de alguma forma relacionada a uma perda objetal retirada da consciência, em contraposição ao luto, no qual nada existe de inconsciente a respeito da perda. [...] No luto, é o mundo que se torna pobre e vazio; na melancolia, é o próprio ego.[42]

Podemos ler a partir dessa observação que na melancolia persiste, ao contrário do luto – que é um trabalho pelo simbólico – um domínio crescente do gozo, do real, pelo esvaziamento do eu. Nessa direção, Freud afirma "[...] as autorrecriminações são recriminações feitas a um objeto amado, que foram deslocadas desse objeto para o ego do próprio paciente".[43] A frustração provocada pelo objeto amado destroça a relação objetal e, ao contrário do luto, ela não é religada a outro objeto, mas retorna ao eu promovendo uma identificação entre o eu e o objeto amado: "a sombra do objeto caiu sobre o ego, e este pôde, daí por diante, ser julgado por um agente especial, como se fosse um objeto, o objeto abandonado".[44] A perda objetal iguala-se, portanto, a uma perda do eu; um eu totalmente identificado ao objeto. Um eu "totalmente identificado" não constitui, por princípio, uma identificação, já que esta inclui a diferença em sua empreitada. Que *sombra* é essa mencionada por Freud?

Relendo-o à luz das contribuições de Lacan sobre o gozo, concluiríamos que na melancolia está presente a dor em forma de gozo do Outro; gozo que não inclui o corte significante, não foi inscrito pela barreira da castração e não pode, por isso, fazer a passagem metafórica de um significante ao outro. O investimento objetal, ao se defrontar com obstáculos, retroage ao eu sustentado por uma identificação puramente narcísica, na qual o eu e o outro se misturam e se igualam, provocando a agressividade sem limites contra o próprio eu.

Mesmo que a ambivalência afetiva seja constituinte tanto do luto quanto da melancolia, o destino da ambivalência em um e em outro é bem diverso. Por exemplo, o processo de luto da neurose obsessiva assemelha-se à melancolia no que tange à ambivalência; diante do amor, o obsessivo coloca a

---

[41] FREUD, Sigmund. Luto e melancolia [1917], 1974, p. 277.
[42] FREUD, Sigmund. Luto e melancolia [1917], 1974, p. 278.
[43] FREUD, Sigmund. Luto e melancolia [1917], 1974, p. 280.
[44] FREUD, Sigmund. Luto e melancolia [1917], 1974, p. 281.

contrapartida do ódio. O trabalho de luto evocará sempre a culpa bem como certa degradação do objeto perdido que retornam ao eu do sujeito. Ele se sente culpado pela perda e se pune, punindo, ao mesmo tempo, o outro pela perda objetal. Contudo, na melancolia, conforme a indicação freudiana, a sombra do objeto recai sobre o eu, e, como indicamos, o que recai é o gozo do Outro, sem barreiras e avassalador. Na neurose, o processo é diferente: o que recai sobre o eu são os traços identificatórios do neurótico ao objeto amado, mas marcados por uma distância entre eles e o próprio sujeito.

Freud assinala ainda que há um luto patológico e um luto normal. Só podemos entender o "luto patológico" como um processo no seio da neurose, já que, seguindo as próprias indicações freudianas, o luto não está presente na psicose.

À guisa de conclusão, propomos nossa leitura e interpretação do texto freudiano, relendo-o a partir de algumas formalizações lacanianas.

1 – O trabalho de luto só se apresenta se existe a capacidade de metaforizar – substituição de um significante por outro – a partir da falta primordial traçada pelo corte do recalque. Como assinalado no Capítulo 1, o tempo de ligação implica um tempo inaugurado pela barra do recalque. É o recalque primário seguido pelo recalque secundário que permitirá a ligação de um significante ao Outro numa cadeia discursiva. É pelo fato de que algo não se traduz, como acentuamos, que o sujeito – colocado sob a barra do recalque, conforme foi visto no discurso do mestre – busca significantes que possam nomear o que lhe escapa. O neurótico pode reinscrever outra versão, nova tradução do que se perdeu porque sempre lhe falta um sentido a ser traduzido.

Destino diferente é o da melancolia. Na psicose, o fracasso do recalque originário não leva à existência, como na neurose, de representantes pulsionais, desaparecendo os investimentos de representação de coisa (*Sachvorstellung*). Lembramos que para Freud existem dois tipos de representantes: representação de coisa ou objeto (*Sachvorstellung*) e representação de palavra (*Wortvorstellung*). No inconsciente existem apenas os primeiros, enquanto na consciência persistem os dois tipos. Se na psicose os investimentos de representação de coisa são retirados (falha do recalque originário), por outro lado, persistem ou aumentam os investimentos das representações verbais. É o que se observa no delírio. É por isso que na melancolia a apresentação da coisa ou do objeto que se perdeu não deixa espaço ao trabalho do luto – não há representação desse objeto como destacado do sujeito.

O luto implica que as pulsões de vida e morte encontram-se presentes. Na melancolia, como acentuado, o que retorna é o gozo do Outro, sem barras, podendo provocar a passagem ao ato, pela identificação ao objeto; *a sombra do objeto retorna ao eu* por uma identificação narcísica avassaladora. Em outros termos, o que não pode ser simbolizado retorna no seio do real como pura pulsão de morte.

2 – É importante problematizar se haveria diferenças consideráveis entre o luto pela perda de um objeto que está vivo do luto de um objeto perdido, mas, efetivamente, morto. Temos a princípio uma tese muito clara: toda perda expõe o real, no sentido abordado até aqui e, por conseguinte, abre um buraco que reenvia ao irreparável. Toda perda delimita o impossível e, portanto, tem efeitos congruentes. Como acentuou Lacan em *Hamlet*,

> o buraco desta perda, que provoca no sujeito o luto, onde está ele? Está no real. Entra por aí numa relação que é inversa que promovo sob o nome de *Verwerfung*. Do mesmo modo que o que é rejeitado do simbólico reaparece no real, o buraco da perda no real mobiliza o significante. [...] O que são estes ritos pelos quais satisfazemos ao que chamamos a memória do morto? – senão a intervenção total, massiva, desde o inferno até o céu, de todo o jogo simbólico?[45]

Outra tese serve de apoio à primeira: o inconsciente suportando o sim e o não de formas congruentes, desconhecendo a contradição lógica e a morte, não distinguiria diferenças de perdas do objeto, esteja ele vivo ou morto. Todo luto mobiliza o conjunto de significantes impondo um tratamento do real pelo simbólico, mobilizando também o gozo fálico.

Entretanto o luto de um objeto vivo mobiliza de maneira diferenciada o campo pulsional e o gozo; os efeitos da pulsão de morte são menos incisivos neste caso do que no luto pelo objeto morto. O trabalho de luto parece ter um prognóstico muito melhor do que no luto do objeto morto, diante do qual só resta o buraco, a ausência crua e nua, sem vestimentas. Talvez no campo amoroso essa hipótese perca sua força; neste, o vivo e o morto entrelaçam-se de tal maneira que a regra da não contradição lógica tem toda sua força; o impossível do amor assemelha-se à morte real. Não obstante, da mesma forma que no luto pela morte real, o objeto supervalorizado pelo amor torna-se aos poucos desvalorizado e é substituído por outro.

Lembramo-nos, nesse sentido, de Barthes a propósito do luto amoroso:

> No luto real, é a "prova de realidade" que me mostra que o objeto amado não existe mais. No luto amoroso o objeto não está morto, nem

---

[45] LACAN, Jacques. *Hamlet por Lacan*, 1986, p. 75.

distante. Sou eu quem decido que sua imagem deve morrer (e ele talvez nem saberá disso). Durante todo o tempo de duração desse estranho luto, terei que suportar duas infelicidades contrárias: sofrer com a presença do outro (continuando a me ferir à sua revelia) e ficar triste com a sua morte (pelo menos tal como eu o amava).[46]

3 – Propomos pensar na neurose dois tipos de luto tendo como referência as indicações lacanianas em torno do gozo fálico e do gozo feminino, e isso é válido para os lutos na velhice. A neurose obsessiva estaria mais próxima do luto promovido pelo gozo fálico pelas dificuldades próprias desse tipo clínico de suportar o vazio inscrito pela perda. Nessa empreitada, a degradação do objeto amado tende a sobrepujar o amor, mesmo que persista sempre uma acentuada ambivalência afetiva. Como toda perda evoca a castração e, portanto, a falta, a tendência do obsessivo é de denegar o trabalho do luto, mas, denegando-o, ele acaba por reforçá-lo ainda mais, transformando-o em um processo interminável. Na neurose obsessiva, a relação com a perda não é diferente da relação com seu desejo. Colocando-o como impossível, ele procrastina o encontro com o objeto que assinala sempre a falta, da mesma forma procrastinando o luto ele visa evitar o encontro com o buraco aberto pela perda, que o reenvia à castração. Denegando o luto, este se torna uma bagagem a mais a ser carregada pela vida, na qual a acumulação dos restos se faz presente de forma maciça. A tendência de fazer a série dos objetos amados se reproduz também com os objetos perdidos.

A histeria é também marcada pela ambivalência afetiva, mas aí a identificação com os traços permite maior mobilidade no trabalho do luto. O sujeito histérico entra de forma mais maciça nesse trabalho, e, como a presença do desejo é a marca mais essencial, ele acena sempre para um novo objeto a ser reencontrado. Todavia, da mesma forma que na neurose obsessiva, o ódio surge como o avesso do amor e acompanha também o processo, mesmo que seus destinos sejam diferentes.

Uma analisante – em trabalho de luto – faz dois sonhos com o marido morto, após mais de um ano de sua morte. O primeiro ela o procura para lhe contar algo, não sabe o que, e não o encontra. Depois de um tempo, encontra-o em um salão jogando pingue-pongue muito feliz, sentindo, então, muita raiva dele. No segundo ela se assusta ao vê-lo entrar em casa; ele está à procura de seus pertences e não os encontra. Sente-se muito aflita porque ela já os havia doado, e não sabe como lhe dizer que ele morrera.

---

[46] BARTHES, Roland. *Fragmentos de um discurso amoroso,* 1991, p. 104.

O trabalho dos dois sonhos abre-lhe pontos importantes na condução de seu luto. No primeiro, ela não o encontra e, quando o vê, ele está bem, jogando "pingue-pongue", e indiferente à sua busca. Amor e ódio misturam-se naquilo que toda morte traz de abandono e desamparo, restando sempre um ódio daquilo que se perdeu no objeto amado. No outro sonho há uma inversão: é o marido que busca aquilo que lhe pertence e não mais o encontra. Doar seus pertences é fazer circular alguns dos traços retidos com ela e dos quais ela tinha dificuldade de se separar.

Na sequência, esse sujeito tem sentimentos de culpa por desejar cair o objeto perdido; o desejo de separação mescla-se à tentativa de preservar o luto e o objeto perdido, respondendo com a inibição; não quer sair de casa para "ficar quietinha perto dele". Ficar quietinha era estar, de alguma maneira, morta para não traí-lo com sua vida, da qual ele não poderia mais participar. O segundo sonho remeteu ainda ao desejo de extrair seus traços particulares que, segundo ela, foram se perdendo numa relação bastante simbiótica que durou mais de 40 anos. Perdendo seus objetos, o sujeito perde também os suportes que serviram de pontos de identificação, e isso incide diretamente no eu, constituído por imagens objetais investidas libidinalmente.

Herfray, retomando o livro de Elizabeth Kübler-Ross[47] assinala cinco etapas do trabalho de luto e que, a nosso ver, podem ser observadas no envelhecimento/velhice. A primeira caracteriza-se por uma tomada de consciência que acompanha a perda, uma espécie de choque, traumatismo que toca a certeza da própria mortalidade a que cada um é submetido, atualizando o primeiro encontro com o significante "morte" e favorecendo o retorno do recalque. Diríamos, recalque secundário, com tudo que ele tem de ligação às primeiras marcas advindas do recalque originário (fixo e imutável), primeiro buraco em torno do qual o sujeito escreveu sua história. O choque é, portanto, efeito do encontro com o real. Nele o sujeito se sente sem palavras. Escutei alguns sujeitos em análise que exibiram estados de "choque" com a entrada na menopausa, na aposentadoria ou quando completaram 60 anos.

A segunda etapa caracteriza-se pela denegação: *Não, isso não pode ser verdadeiro; isso não é aceitável.* Como toda denegação, acaba por reafirmar, concomitantemente, a própria perda, portanto, algo da aceitação se insinua.

A terceira etapa testemunha o trabalho psíquico em curso: cólera e revolta. Conforme Herfray,[48] os afetos mobilizados pela revolta misturam-se à

---

[47] KÜBLER-ROSS, Elizabeth. Les derniers instants de la vie. Gèneve, 1975, *apud* HERFRAY, Charlotte. *La vieillesse en analyse*, 1988, p. 215.

[48] HERFRAY, Charlotte. *La vieillesse en analyse*, 1988, p. 216.

culpabilidade inconsciente enquanto suposta ao Outro; um retorno sobre si mesmo de sentimentos complexos e cruéis que estão, igualmente, depositados no Outro como portador da morte e, acentuaríamos, portador da castração com seus limites. Sabemos com Lacan que a culpa advém de uma falsa interpretação do real; o sujeito toma para si algo que é da estrutura. Tais sentimentos de revolta e culpa têm efeitos sobre a etapa seguinte, caracterizada pelos estados depressivos, regressivos e de autoacusação: "[...] se isso não é a falta do Outro, talvez é nossa própria falta"![49]

Encontra-se presente para cada um no inconsciente a tendência a pensar que as perdas se ligam à punição. Vemos os enlutados se acusarem de não terem feito isso ou aquilo para evitar a perda. Diante da morte real, permanecem durante um tempo a imaginar o desejo do morto, buscando atendê-lo, e isso se apresenta desde o rito de enterramento. Diante das perdas, o sujeito passa um bom tempo a "remoer" suas *faltas*, impondo-lhe um intenso trabalho inconsciente pelo qual as perdas anteriores são atualizadas.

Após esse intenso trabalho, *Ducharbeitung* – trabalho feito por meio dos mecanismos inconscientes –, um debruçar-se intensamente e sem interrupção sobre a perda. Diante dessa tarefa árdua e sofrida, que causa efeitos de cansaço, prostração, dentre outros, sobre o corpo, o sujeito fará uma reconciliação consigo mesmo, aceitando o inevitável do destino, e, fazendo o luto da imortalidade, abrirá a novos investimentos libidinais. Nessa conclusão, torna-se imprescindível, como acentuado anteriormente, a presença dos significantes e a função do ideal do eu, sinalizadora de novas perspectivas de laços com o Outro.

4 – Se quanto mais o sujeito metaforiza, mais efetivo é o trabalho de luto, pressupomos ainda a existência de um luto para além da metaforização, para além do gozo fálico. Quanto mais o sujeito suporta que algo não se inscreverá jamais – toda forma de tentar significantizar o real tem sua cota de fracasso, deixa sempre um resto –, mais o luto se abrirá a outras inscrições e reinscrições, inclusive preservando parte do que representou para o sujeito o objeto amado. Dessa forma, a nosso ver, há um trabalho de luto sustentado pelo gozo feminino – que se suporta pela falta, pela qual nem tudo é inscrito, e permite fazer da perda outra coisa.

Mesmo que o sofrimento seja inevitável a todo luto, suportar que algo sempre falte – inclusive significantes para nomeá-la –, permite ao sujeito construir respostas mais inventivas em torno da falta, extraindo dela um saber sobre si mesmo. Neste caso, os bons traços da relação com o objeto

---

[49] HERFRAY, Charlotte. *La vieillesse en analyse*, 1988, p. 216.

amado e perdido constituem-se um tratamento daqueles que marcaram a falha ou a perda. Sem pretender apagá-los, o luto, sustentado-se também pelo não todo, pode reinscrever algo diverso com aquilo que resta de toda perda. Não obstante, reafirmamos, só há luto por um gozo interditado, já que os significantes são essenciais para fazer furo ao real insuportável que imobiliza o conjunto de significantes. O luto calcado no gozo feminino não anula, todavia, o luto que passa inevitavelmente pelo gozo fálico.

5 – O luto exigindo significantes, como acentuou Lacan em *Hamlet*, exige também rituais que possam auxiliar na elaboração da perda. Quer dizer, diante do buraco, da perda, seja ela qual for, o sujeito necessita do conjunto dos significantes inscritos pela cultura, inscritos em sua história. Lacan salienta que os espectros, os fantasmas (como se diz os assombrações, sombras, espectros que retornam assombrando), são, na crença folclórica, uma resposta deixada ao defeito do rito significante. Não é por nada que no espiritismo tem-se a prática de reencontrar, por meio de um outro corpo no qual o espírito incorpora, qualquer palavra do morto que possa aplacar o vazio deixado pela morte.

Em algumas culturas, os rituais da morte enlaçam-se intimamente aos rituais do luto. A propósito, Bianchi[50] menciona *O livro tibetano dos mortos*, de Evans-Wenz escrito para o recitante à cabeceira do moribundo, oferece indicação da situação do moribundo e como acompanhá-lo nas experiências anteriores à morte, evitando a reencarnação. Pareceu-nos interessante nesses comentários a função do recitante: ele busca promover a implicação do moribundo com seu processo de forma a construir um saber que lhe é próprio antes de morrer. Busca-se certo tratamento do real; a morte traria uma série de experiências concernentes a cada um e que não devem ser evitadas. Há uma série de representações e figurações, mesmo que ilusórias, visando tanto a um tratamento da angústia presente diante da perspectiva da morte, quanto à promoção do envolvimento do sujeito com essas experiências; cada uma delas são forças que emanam do sujeito e devem ser reconhecidas.

Trabalho de luto e velhice

Destino diferente é o dos moribundos em nossa cultura. A tendência do discurso atual, como acentuado no Capítulo II, é de tentar apagar o real. A morte é recolhida para dentro dos hospitais – "higienicamente tratada" – e em geral morre-se acompanhado apenas por inúmeros aparelhos que, cortando

---

[50] BIANCHI, Henry. *O eu e o tempo: psicanálise do eu e do envelhecimento*, 1993, p. 45.

a possibilidade da fala e outras formas de expressão, cortam possibilidades pelas quais a angústia poderia ser tratada, já que os sedativos não podem sedar aquilo que concerne a cada um nesse encontro derradeiro. Tornou-se usual – infelizmente, muito natural – que os idosos morram isolados dentro de CTIs, após longos períodos entubados, mesmo sem nenhum prognóstico de cura. Despojados da voz, do olhar, da escuta e de tantas outras incidências importantes do objeto *a* pelos quais o sujeito se identificou, é a condição de sujeito que é forcluída em favor do corpo, reduzido às funções meramente biológicas. Ao contrário da experiência tibetana, o moribundo é obrigado a se excluir de seu processo.

De forma homóloga, os rituais que acompanham a morte tornam-se cada vez mais evasivos. Se a morte não deixa nenhum espaço à negociação e à dialética – ela é o buraco –, o luto, ao contrário, é dialetizável e demanda, como acentuou Lacan, o conjunto de significantes para a eficácia de seu trabalho. Se o mundo se torna "vazio" para o enlutado, com certeza, a ausência de mecanismos simbólicos eficientes de elaboração só tornará mais penoso o luto.

Tudo isso toca a velhice de forma ainda mais dura. As perdas advindas com o envelhecimento/velhice exigem sempre um trabalho de luto, pois é um momento no qual muitos rearranjos que o sujeito teceu para enfrentar o real desmoronam e com eles muitos dos ideais. Não podemos negar que, apesar de vivenciarmos perdas durante toda a vida, estas são mais frequentes a partir de certa idade – variável para cada um – impondo elaborações para a construção de outros ideais.

O espaço atual para sublimação, ou seja, a oferta de objetos socialmente valorizados nos quais os sujeitos possam se identificar, é também pequeno. Os objetos fabricados pela ciência, em sua incessante substituição pelo "novo", não permitem, em geral, uma identificação com o valor simbólico. No discurso atual, dominado pelos imperativos em torno da produção, beleza e do novo, envelhecer torna-se um novo sintoma, apesar de tão velho. O desfecho do luto nem sempre é suficiente para produzir novos rearranjos, ideais, investimentos libidinais, e outros sintomas podem advir como tentativa de tratar o real. A depressão é uma resposta possível ao trabalho inoperante do luto, mas não a única, e que deve ser tomada sempre como particular. A cultura, promovendo, muitas vezes, uma morte social para o idoso, provocará o encontro com outra morte, bem mais cruel que a morte real, da qual nada sabemos.

Por conseguinte, encontrar novas formas de inscrever e vestir o desejo é essencial. Aliás, não é outra coisa que fazemos ou somos induzidos a fazer desde que nascemos, e para isso necessitamos de *recursos*, que advêm também do Outro pelo olhar, pela voz, demandas que convocam o desejo. Aí está um ponto importante: muitos idosos são abandonados na completa solidão; seus corpos não são mais tocados, e, se o são, isso advém dos cuidados ao corpo *doente* e não ao corpo erogeinizado, habitado pelo sujeito. Se esta é a única forma de relação com o Outro, muitos idosos fazem uma cadeia interminável de sintomas – passando de um especialista a outro –, sem, contudo, encontrarem no real do corpo nenhum traço que possa justificar seus sintomas. Estes persistem como forma de anunciar algo do desejo. O isolamento a que são submetidos ou se submetem muitos idosos prescrevem uma morte em vida, e é por aí que muitos se rendem à derradeira morte.

Sexualidade e velhice

[...] nada
se pode dizer
com
o sexo, mas é com ele que se diz, tal a folha com o
lápis.[51]

Deixaremos nessa exposição apenas algumas indicações sobre a sexualidade, porque falar desse tema nos imporia um longo percurso, dadas às valiosas contribuições de Freud e de Lacan, bem como de diferentes autores psicanalistas, relativas ao tema. O leitor encontrará aqui apenas um breve pinçamento de algumas teses relativas à sexualidade para a psicanálise e nossas proposições relativas à sexualidade do idoso.

Freud inaugurou uma concepção completamente inédita da sexualidade com a introdução do conceito de pulsão, afirmando claramente nos "Três ensaios sobre a teoria da sexualidade" (1905)[52] que não existem regras sexuais, mas regras sociais. Ele acentuou que o desejo e a libido não têm idade, e a sexualidade adulta é a sexualidade infantil, conforme o terceiro ensaio do referido texto.[53] Ela está presente durante toda vida do sujeito e é marcada pelas pulsões parciais, já que não existe uma pulsão genital unindo os dois sexos. Nos termos de Lacan,

---

[51] LLANSOL, Maria Gabriela. *Ardente texto Joshua*, 1996, p. 101.
[52] FREUD, Sigmund. Os três ensaios sobre a teoria da sexualidade [1905], 1972.
[53] FREUD, Sigmund. Os três ensaios sobre a teoria da sexualidade [1905], 1972, p. 218.

> Essa sexualidade por se impor tão cedo, eu quase diria cedo demais, nos fez passar depressa demais pelo exame que ela representa em sua essência. É a saber, que em relação à instância da sexualidade, todos os sujeitos estão em igualdade desde a criança até o adulto – que eles só têm a ver com aquilo que, da sexualidade, passa para as redes da constituição subjetiva, para as redes do significante – que a sexualidade só se realiza pela operação das pulsões parciais, no que elas são pulsões parciais, parciais em relação à finalidade biológica da sexualidade.[54]

Dessa forma, a sexualidade não se atendo à função biológica, sendo aberrante e avessa a ela, apresenta-se pela relação que cada sujeito tem com o objeto de seu desejo, definido por seu fantasma. O objeto, conforme já abordado anteriormente, denominado por Lacan de objeto *a*, "é introduzido a título primitivo, é introduzido pelo fato de que nenhum alimento jamais satisfará a pulsão oral, senão contornando-se o objeto eternamente faltante".[55] Sendo o objeto que falta ao sujeito, ele é também aquilo que vem no lugar dessa falta, sem, contudo, jamais poder preenchê-la.

Há uma face do objeto *a* fixada pelo fantasma originário – resposta do sujeito ao trauma fundamental de que não há relação sexual, no sentido formalizado por Lacan, já mencionado – e outra face que circula pela metonímia dos objetos que entram a título de objeto *a*. Dessa forma, a realidade sexual é essencialmente determinada pelo fantasma originário. Mesmo que algo da sexualidade possa se expressar por significantes, resta sempre uma parte inominável e perdida e que sempre escapa ao sujeito no encontro com o real do sexo.

A realidade do inconsciente é a realidade sexual; é o fantasma que estrutura a relação do sujeito com seu objeto de desejo e o sustenta como desejante; o sujeito "se sustenta como desejante em relação a um conjunto significante cada vez mais complexo."[56] Não é a idade que determina a ausência do desejo e, muito menos, a ausência ou a presença de relações sexuais, mesmo que estas possam ser inscritas na velhice sob tecidos diferentes daqueles encontrados na adolescência, nos quais computar os orgasmos é uma forma usual. A sexualidade do idoso pode encontrar caminhos inéditos nos quais o desejo, que não morre, encontra outras maneiras de inscrição. Mas nada disso é garantido. Para alguns, a velhice, longe de inscrever o desejo, coloca em cena, de forma avassaladora, a forma de gozar própria ao sujeito, não abrindo espaço à presença efetiva do desejo pela

---

[54] LACAN, Jacques. *Os quatro conceitos fundamentais da psicanálise*, 1992, p. 167.

[55] LACAN, Jacques. *Os quatro conceitos fundamentais da psicanálise*, 1992, p. 170.

[56] LACAN, Jacques. *Os quatro conceitos fundamentais da psicanálise*, 1992, p. 175.

libido. A libido, por sua vez, marca a presença do desejo e este – retomando ainda Lacan no *Seminário 11, Os quatro conceitos fundamentais* – é o "resíduo último do efeito do significante no sujeito"[57].

Aprendemos desde Freud, que os caminhos pelos quais a pulsão procura se satisfazer são os mais diversos e não implicam prazer. Lacan, por sua vez, retoma no *Seminário* supracitado que os sintomas "dão satisfação a alguma coisa. Eles (*os pacientes*) não se contentam com seu estado, mas, estando nesse estado tão pouco contentador, eles se contentam assim mesmo. Toda a questão é justamente saber o que é esse que está aí contentado".[58] Conclui-se, portanto, que a satisfação pulsional, presente em toda sexualidade, passa por vias que não se ordenam de forma imediata para o sujeito. Elas não se arranjam pelo simples ato ou objetos escolhidos e, por conseguinte, a pulsão retorna sempre, buscando novas formas de satisfação, e a forma como cada um conduzirá sua satisfação é particular. Por exemplo, os dois tipos clínicos da neurose marcam duas posições diferentes do sujeito em relação ao desejo. A neurose obsessiva interpõe uma distância ao desejo e ao objeto, colocando-os na ordem do impossível. Na histeria, o desejo advém sempre pela insatisfação.

Na contemporaneidade, a sexualidade inscreve-se em conformidade com o discurso vigente: todos devem gozar, não importa como. A cultura procura inscrever o relacionamento sexual sob diferentes maneiras, diferentes traços, esforçando-se por sinalizar para cada um como ser mulher e ser homem e encontrar o prazer na sexualidade. A ciência atual estimula a crença na existência da relação sexual sem furos. Um dos reflexos disso é a cultura do unissex ou a diluição das diferenças: "o sujeito moderno é convidado a ceder de sua diferença em benefício do mais-gozar produzido nas vias prescritas pelo saber do tempo". Como resultado, temos um sujeito que *cedeu de seu desejo*, sacrificou sua diferença, em troca de quê? – Em troca de *logros de gozar*.[59] Nessa direção, Lacan afirma que *não há relação sexual* no sentido de que não há complementaridade de um sexo ao outro; não há equivalência sexual.

Como salienta Sauret, "o mercado faz crer que o gozo deficitário para cada sujeito é recuperável com os objetos que a ciência coloca em circulação". Entretanto, a sexualidade é avessa a essa ordem; ela sempre carrega o real em seu bojo. Como nos apresentou Freud a sexualidade adulta é a sexualidade infantil, e seus traços não morrem, independentemente da idade

---

[57] LACAN, Jacques. *Os quatro conceitos fundamentais da psicanálise*, 1992, p. 147.

[58] LACAN, Jacques. *Os quatro conceitos fundamentais da psicanálise*, 1992, p. 158.

[59] SOLER, Colette. *A psicanálise na civilização*, 1998, p. 289.

cronológica. A pulsão faz valer a tese de que não existe uma sexualidade natural, demonstrando, sobretudo, a não existência de uma pulsão genital que uniria os sexos; o encontro sexual é sempre faltoso, e isso não é apanágio da velhice. Mas a tendência é de negar tal cota de fracasso estrutural. Faz-se com a sexualidade o mesmo que se faz com a morte; desloca-se para a velhice o real do encontro sempre faltoso ou a cota de fracasso sempre presente.

Do amor virtual sem falhas, pílulas *milagrosas* para um gozo sem limites, sexo via Internet, cursos que ensinam a gozar sem o parceiro – novas formas de inscrição do celibato –, tudo isso faz cadeia com a vigilância de um corpo sem marcas e sempre pronto a gozar. Uma nova servidão se impõe na cultura atual. Deflagrada sob máscaras libertárias, ela esconde em suas tramas – quase invisíveis – um senhor que não se mostra, ao contrário do mestre antigo, e quer que os escravos gozem alienados de seus próprios desejos, alienados de sua forma de gozo. Nessa sexualidade que pretende ser sem falhas, como situar a sexualidade do idoso?

Diante do imperativo *todos devem gozar*, a sexualidade do idoso marca um limite ao gozo pretendido sem fronteiras, desacomodando várias das insígnias da potência fálica. Num discurso regrado pelo desempenho e por demonstrações de conquistas fálicas diversas, nesse mercado aberto a diversas ofertas que prometem o mais de gozar – expondo o ideal de uma sexualidade sem limites –, a sexualidade do idoso demarca um tema tabu. Habitada ainda pelo mesmo silêncio de outrora ou inscrita apenas no campo da pilhéria, da piada ou, por vezes, do chiste, a sexualidade do idoso exibe-se apenas como símbolo do que não funciona mais. Tentemos precisar melhor essa ideia a sexualidade do idoso como tema tabu.

Em "O tabu da virgindade" (1917) Freud nos explicita que o tabu é utilizado pelo homem primitivo "quando ele teme algum perigo".[60] Ele acentua ainda nesse texto, como já comentamos, que os homens primitivos quando partiam para a guerra, evitavam o encontro com as mulheres pelos efeitos feminizantes que elas poderiam provocar. Ou seja, o perigo em questão é do encontro do sujeito com o real da castração, já que – como assinalado – não há um significante para nomear o sexo feminino.

O tabu erigido em torno do feminino, da mulher, parece-nos semelhante àquele exibido no tocante à sexualidade do idoso, pois esta também expõe o real da castração e o limite a que todos nós estamos submetidos. Aliado a isso ela traz à baila traços fantasmáticos escritos no inconsciente do

---

[60] FREUD, Sigmund. O tabu da virgindade [1917-1918], 1970, p. 185.

neurótico; falar da sexualidade do idoso é abordar a sexualidade dos pais; no inconsciente os pais são sempre os velhos.

Situemos melhor tal assertiva a partir dos textos "Sobre a tendência universal à depreciação na esfera do amor" [1912][61] e "Um tipo especial de escolha de objeto"(1910). Freud traz nesses textos indicações preciosas sobre a questão da impotência psíquica, a escolha objetal e a depreciação na esfera do amor, inclusive questionando se a degradação não seria parte constitutiva da sexualidade masculina. Ao colocar em cena as raízes da degradação e da impotência psíquica, ele afirma que quando a criança descobre a sexualidade entre os pais responde: "Seus pais e outras pessoas podem fazer coisas como esta entre si, mas meus pais, possivelmente, não podem fazê-las".[62]

A negação da sexualidade dos pais resta como um traço, sem dúvida, com o qual todo neurótico há que se deparar ao escrever seu romance familiar, ou seja, a maneira como seu gozo foi significantizado na estrutura edípica, tecendo uma cadeia com a proibição do incesto. Para o obsessivo, como assinalado acima, o efeito dessa descoberta foi de introduzir uma distância enorme aos objetos próximos, pai e mãe, interditados. Nessa empreitada, "quando amam não desejam, e quando desejam, não podem amar [...] e a impotência psíquica, faz seu aparecimento sempre que um objeto, que foi escolhido com a finalidade de evitar o incesto, relembra o objeto proibido [...]".[63] A versão histérica, diferenciando-se da versão obsessiva, não introduz o impossível do desejo, mas marcar a insatisfação; nenhum objeto encontrado é próximo do pai ideal.

Por conseguinte, vimos que o encontro com a sexualidade dos pais tem uma marca decisiva na constituição do sujeito a partir da constelação edípica. Seguindo tais indicações, extraímos algumas respostas à compreensão da dificuldade com a sexualidade na velhice. De início, pode-se supor que no inconsciente os velhos são sempre os pais (o inconsciente é o infantil), e falar de sexualidade dos idosos é análogo a trazer à baila a sexualidade dos pais que todo neurótico prefere evitar. Da mesma forma que a criança ao deparar com a sexualidade dos pais responde num segundo momento pela degradação e depreciação, o mesmo ocorre com a depreciação que acompanha os

---

[61] FREUD, Sigmund. Sobre a tendência universal à depreciação na esfera do amor [1912], 1970.

[62] FREUD, Sigmund. Um tipo especial de escolha de objeto [1910], 1970, p. 154.

[63] FREUD, Sigmund. Sobre a tendência universal à depreciação na esfera do amor. [1912], 1970, p. 166.

comentários sobre sexualidade dos idosos. Nessa depreciação subsiste ainda o fantasma da impotência e de um corpo que não provocaria mais o desejo.

A possível impotência "psíquica" dos idosos – corpo inapto para gozar, ancorando-se na ideia de que a anatomia é o destino – desloca para a velhice o desencontro sexual inscrito ao ser falante. Colocar a falha na sexualidade do idoso, uma vez que esse destino a ser cumprido está sob a proteção da atemporalidade do inconsciente – que não deixa espaço à velhice –, é encobrir a impotência a que todo sujeito está diante de sua sexualidade, seja ele homem ou mulher. Aliás, como sustentou Lacan, "na relação sexual entram em jogo os intervalos do desejo e como o Outro sempre falta no encontro dos dois sexos",[64] o ideal viril e o ideal feminino passam no psiquismo por vias que buscam recobrir a falta. Entretanto, como ideais não são jamais suficientes para recobrir todo o real, algo resta insignificantizável. Diante da angústia que descortina o limite da potência fálica, a qual a velhice escancara, resta a pilhéria como um tratamento possível.

A menopausa, as modificações corporais, as mudanças de desempenho sexual, tudo isso não é indiferente ao processo de envelhecimento e exige, como outras perdas ou modificações, um trabalho de luto, porque tocam diretamente naquilo que toda sexualidade expõe ao ser falante: a realidade do inconsciente. Portanto, tais significantes em si mesmo não são nada e só funcionarão como significantes a partir da cadeia construída por cada sujeito. Se, por exemplo, a menopausa pode ser para algumas mulheres a vivência da perda fálica (queda das insígnias da sedução) ou a perda da possibilidade de ser mãe, para outras pode representar, um certo alívio e a possibilidade de viverem a sexualidade sem o fantasma da maternidade. Entretanto, esses significantes não são indiferentes, já que, como assinalado, o sujeito é um efeito do significante.

A propósito, lembramos de uma analisante que, ao entrar na menopausa, sente um grande alívio e na sequência afirma que, a partir daí, estaria *liberada* de fazer sexo, expondo, pela primeira vez em sua análise a questão da frigidez. De qualquer forma, não podemos nos esquecer de que as perdas fálicas recobrem tanto as mulheres quanto os homens, mesmo que de forma diferenciada.

Sobre a menopausa

É importante detalhar um pouco mais em que consiste a menopausa lendo-a a luz da psicanálise, pois ela constitui, de certa maneira, um ponto

---

[64] LACAN, Jacques. *Os quatro conceitos fundamentais,* 1992, p. 182.

nodal que, no imaginário popular, marcaria a sexualidade na velhice. Não nos deteremos na relação da sexualidade feminina e a imagem, já que isso foi abordado no Capítulo III, inclusive com ilustração de fragmentos clínicos.

Apesar dos termos menopausa e climatério serem usados como sinônimo, há uma diferença básica entre eles. O climatério compreende o período de transição da fase procriativa para a não procriativa, podendo iniciar-se a partir dos 35 anos, variando para alguns autores dos 45 aos 60 anos e para outros entre 50 e 65 anos. A Organização Mundial de Saúde (OMS) aboliu o termo climatério oficializando o termo menopausa para o referido período.

Fato essencialmente natural para o discurso médico, o climatério e a menopausa são, para além de um fato natural, significantes que tem incidências sobre as mulheres. Daniel Delanoë (2001)[65] assinala que ela é, antes de tudo, um fato social, histórica e recentemente construído, apesar de existir o fenômeno natural.

Coube ao médico Charles Pierre De Gardamme (1816) destacar o termo *ménespausie* para descrever a cessação da atividade reprodutora com a cessação da ovulação. Menopausa advém do grego como conjunção das palavras *mês* ou *regras*, mais *parada*. A menopausa constituiu, em séculos anteriores ao século XX um mistério ou um tabu. A partir deste século, principalmente na década de 1980, ela toma o estatuto de patologia pelos efeitos hormonais relativos à produção do estrogênio: fogacho, secura da pele, secura vaginal, irritabilidade, distúrbios do sono, dentre outros que, todavia, não se encontram presentes em todas as mulheres.

A ideia de que a menopausa causaria uma série de distúrbios importantes é anterior à década de 1980. Conforme Dalanöe, Kraepelin (1904) defendia a hipótese de que a menopausa produziria uma depressão de involução. Hélène Deustch (1949) retoma, de alguma forma, tal assertiva, ao considerar a menopausa como uma grande perda simbólica sem possibilidades de elaboração e compensação. Para Dalanöe a menopausa indica

> um conjunto de perturbações patológicas atribuídas à cessação das regras, uma fase da existência, mas também uma transformação dos papéis e do valor social das mulheres. [...] nos discursos dominantes, a menopausa é acompanhada de uma perda de valor.[66]

---

[65] DELANÖE, Daniel. La ménopause comme phénomène culturel. In: *Viellissement*, 2001.

[66] DELANÖE, Daniel. La ménopause comme phénomène culturel. In: *Viellissement*, 2001, p. 60.

A associação entre menopausa e perda de valor encontra no discurso médico a exposição mais clara e marcante. Alguns anos atrás, em uma conferência sobre menopausa proferida por um renomado ginecologista, o discurso – acoplado à exposição de imagens, para que não restassem dúvidas – apresentou a *mulher menopausada* como alguém frágil, rígida, curva, apática, dessexualizada, condenada à osteoporose e a outras doenças igualmente graves, caso não se submetesse à reposição hormonal. O ato médico – que se atém à prescrição – ultrapassou, nesse caso, pela violência do discurso reducionista, os limites da anulação do sujeito que habita em cada corpo feminino "menopausado" ou não. As modificações corporais e hormonais importantes dessa fase foram tomadas como uma patologia geral que, inscrevendo-se de maneira uniforme em todas as mulheres, faria delas um grupo a ser tratado de maneira também universal, reafirmando a tese de Foucault da estrutura do discurso médico: anula-se o sujeito para fazer valer a doença. A partir do momento em que a doença é nomeada, ela passa a existir no espaço simbólico com toda a efetividade do discurso.

Não se pode desconhecer os efeitos das alterações hormonais, mas não se pode, da mesma forma, desconhecer que elas não se manifestam de maneira uniforme sobre as mulheres. O destino desse reforço pulsional provocado pelas alterações hormonais está intimamente atrelado ao trabalho de luto, e qualquer prescrição médica deveria atentar sempre que no "corpo menopausado" reside um sujeito.

A ciência moderna, abordada no Capítulo II, não se propõe a tratar o real, mas a apagá-lo por meio de diferentes objetos, e, "oferecendo" verdades formalizadas e sem furos, busca apagar o sujeito e sua divisão, bem como o resto que causa o desejo. Como não é possível apagar o sujeito – ele não se universaliza – os sintomas retornam e insistem como formas de tratar o real.

Se a menopausa é ou não valorizada em conformidade ao discurso dominante, é certo que numa cultura que cultua semblantes de novo, de beleza, de performance – dentre outros, a menopausa sinalizará o fracasso da ciência em deter aquilo que insiste em se escrever apesar das promessas milagrosas de infindáveis objetos. A tudo aquilo que caminha contra o imperativo do gozo sem limites será reservado o silêncio ou o apagamento. Quando a ciência se detém a falar da menopausa, seu discurso não almeja outra coisa: controlá-la e silenciá-la. Não obstante a reposição hormonal, controlando muitos dos efeitos da menopausa, não pode anular a incidência desse significante sobre os sujeitos.

O corpo, para a psicanálise, é um enlaçamento do real, imaginário e simbólico; corpo atravessado pelos significantes advindos do Outro, sendo também constituído por determinada imagem. Dessa forma, não podemos tomar a menopausa, ou o período que a antecede, climatério, apenas como um fato natural. Dele advêm inúmeros significantes que incidirão sobre o sujeito de maneira também particular. Perda de poder, patologia e declínio, a menopausa é ainda erroneamente associada à perda de libido, a partir da associação entre possibilidade de ovulação e libido. Lacan foi incisivo ao delimitar, de forma irrevogável, a disjunção entre mãe e mulher, e isso traz uma contribuição importantíssima à análise desse conceito. É fundamental também nos debruçarmos nas contribuições freudianas, pois elas nos trazem um campo rico e fundamental de reflexões.

No texto "Sobre os critérios para destacar da neurastenia uma síndrome particular intitulada Neurose de angústia" (1895), Freud faz uma associação entre o surgimento da angústia e o aumento da "excitação" e da libido, descrevendo de forma análoga seus efeitos em homens e em mulheres, mesmo que a seu ver, dada à repressão sexual da época, a mulher sentisse mais horror ao aumento libidinal. "O horror que, na época da menopausa, a mulher em processo de envelhecimento sente diante do aumento indevido de sua libido pode [...]"[67] acarretar o surgimento da angústia. Nesse momento de suas elaborações sobre a angústia, Freud pressupunha fundamentalmente uma etiologia sexual para seu surgimento, igualando-a à abstinência sexual ou a um aumento libidinal que não encontra caminhos para a "descarga"; excitação não consumada. A neurose de angústia surgiria por exemplo como resposta ao último aumento da "necessidade sexual" trazida pelo climatério.[68]

Mesmo considerando-se todas as reformulações que a segunda teoria da angústia trouxe às suas teses iniciais, consideramos importantes tal indicação: a menopausa e o climatério são momentos propícios ao surgimento da angústia. Situemos tais assertivas em outros momentos de sua obra.

Em "Tipos de desencadeamento da neurose" (1912)[69], Freud enumera diferentes fatores que podem desencadear uma neurose. O primeiro é a frustração, necessidade de amor não satisfeita. Com Lacan, ela é definida como *uma* lesão, um prejuízo [...] um dano imaginário. "A frustração é, por essência, o domínio da reivindicação. Ela diz respeito a algo que é desejado

---

[67] FREUD Sigmund. Sobre os critérios para destacar da neurastenia uma síndrome particular intitulada Neurose de angústia [1895], 1976, p. 130.

[68] FREUD Sigmund. Sobre os critérios para destacar da neurastenia uma síndrome particular intitulada Neurose de angústia [1895], 1976, p. 118.

[69] FREUD, Sigmund. Tipos de desencadeamento da neurose [1912], 1969.

e não é obtido, mas que é desejado sem nenhuma referência a qualquer possibilidade de satisfação ou aquisição".[70]

O segundo fator advém de causas internas: o sujeito é incapaz de se satisfazer por outras formas atendendo a novas exigências da realidade. Freud delimita isso em termos de *uma inflexibilidade* que recebe toda a força das *fixações* que podemos traduzir, força dos primeiros traços advindos do recalque originário. Esse fator é fundamental nas modificações trazidas pelo envelhecimento e velhice.

Outros dois fatores referem-se à *inibição* no desenvolvimento e pela aumento libidinal. Em relação a esta ele acentua que em tais sujeitos,

> em resultado de haverem atingido um período específico da vida, e em conformidade com processos biológicos normais, a quantidade de libido em sua economia mental experimentou um aumento que em si é suficiente para perturbar o equilíbrio da saúde e estabelecer as condições necessárias para uma neurose. É notório que aumentos mais ou menos súbitos de libido deste tipo acham-se habitualmente associados à puberdade e à menopausa – quando as mulheres chegam a determinada idade; além disso, em algumas pessoas, eles se podem manifestar em periodicidades que ainda são desconhecidas.[71]

É o "represamento" da libido o fator primário; ele se torna patogênico em decorrência da frustração com o mundo externo; deve haver uma insatisfação libidinal atual para a formação do sintoma. Entretanto, o aumento libidinal não se refere simplesmente à quantidade de libido:

> Podemos supor que não se trata de uma quantidade "absoluta", mas de relação entre a cota de libido em operação e a quantidade de libido com que o ego individual é capaz de lidar – isto é, de manter sob tensão, sublimar ou empregar diretamente.[72]

Tal indicação é essencial, pois insistimos durante todo o percurso deste livro que tudo aquilo que poderia definir a entrada na velhice – menopausa, aposentadoria, mudanças na imagem – são significantes e, como tais, só têm sentido a partir da cadeia particular de cada um e como cada um irá conduzir as expressões do real. Podemos afirmar que a menopausa é

---

[70] LACAN, Jacques. *A relação de objeto*, 1995, p. 36.
[71] FREUD, Sigmund. Tipos de desencadeamento da neurose [1942], 1969, p. 296.
[72] FREUD, Sigmund. Tipos de desencadeamento da neurose [1942], 1969, p. 296.

também um dos nomes desse real que surge na velhice, e não é sem razão que Freud, em todos os textos nos quais a menopausa é enfocada, ele a acoplará à angústia, outro nome do real – quando a falta falta ou quando a cobertura fantasmática não é suficiente para fazer bordas a esse encontro.

Outro ponto essencial da citação acima é entender que o *aumento libidinal* não deve ser tomado como sinônimo de desejo sexual desenfreado. A nosso ver, ele diz respeito, sobretudo, a uma exigência pulsional diferenciada, já que, como na adolescência, há na menopausa uma série de mudanças radicais no real do corpo, exigindo novas respostas. Não se trata simplesmente da *quantidade* de libido em causa, mas da exigência pulsional em curso. Freud nos traz, sem dúvida, importantíssimas indicações à compreensão da menopausa que não podemos desconsiderar. A menopausa, representando um considerável aumento de libido, tem a força propulsora de desorganizar uma cadeia que estava aparentemente organizada, desencadeando respostas sintomáticas importantes no sujeito.

Na "Conferência XXV" (A angústia) de 1917, Freud reafirma a relação da geração da angústia com um aumento libidinal e a menopausa.[73] Por fim em "Análise terminável e interminável" (1937) é assinalado de maneira incisiva:

> Duas vezes no curso do desenvolvimento individual certas pulsões são consideravelmente reforçadas: na puberdade e, nas mulheres, na menopausa. De modo algum ficamos surpresos se uma pessoa, que antes não era neurótica, assim se torna nessas ocasiões. Quando suas pulsões não eram tão fortes, ela teve sucesso em amansá-las, mas quando são reforçadas, não mais pode fazê-lo. Os recalques comportam-se como represas contra a pressão da água. Os mesmos efeitos produzidos por esses dois reforços fisiológicos da pulsão podem ser ocasionados, de maneira irregular, por causas acidentais em qualquer outro período da vida. Tais reforços podem ser estabelecidos por novos traumas, frustrações forçadas ou influência colateral e mutuadas pulsões.[74]

É interessante que na sequência ele afirmará que as medidas *primitivas de defesa*, o recalque originário, são efetuadas num ego imaturo – cujas incidências persistem posteriormente –, e só poderão ser tratadas pelo recalque posterior: "Livramo-nos de novos conflitos através daquilo que chamamos de 'recalque ulterior'".[75] Dessa forma, há em cena duas forças importantes: a força do recalque original – ponto fixo, inominável, buraco diante do qual o sujeito se estruturou

---

[73] FREUD, Sigmund. Conferência XXV [1917], 1976, p. 469.
[74] FREUD, Sigmund. Análise terminável e interminável [1937], 1975, p. 258.
[75] FREUD, Sigmund. Análise terminável e interminável [1937], 1975, p. 259.

como neurose, psicose (falha do recalque originário) e perversão –, polo de atração para todos os outros "traços" ou todos os outros conteúdos a serem recalcados, e a força do recalque secundário. Contudo, elas não se mantêm diante do aumento da força pulsional, afirma Freud, provocando a formação de vários sintomas como possíveis formas de tratamento do real exposto.

Freud destaca que a análise auxiliará a conduzir uma "revisão desses antigos recalques".[76] Conforme trabalhado no Capítulo I, a Carta 52 sinaliza um aparelho psíquico capaz de sofrer de tempos em tempos novos rearranjos, novas inscrições e transcrições em conformidade com o real em questão, em cada período. Relembrando ainda nossas pontuações acerca dessa Carta, Freud assinala que os sucessivos registros representam a realização psíquica, de diferentes épocas da vida, e que de uma época para outra deve ocorrer uma tradução do material psíquico. Mas, como sublinhado, nem sempre ocorrerá tal tradução. Assim, toda vez que o sujeito depara-se com uma exigência pulsional muito forte, esses recalques estão ali; o primeiro assinalando o próprio real, o buraco, e a atemporalidade do inconsciente; o segundo, tentando escrever algo em torno do buraco.

> A transcrição subsequente inibe a anterior e lhe retira o processo de excitação. Se falta uma transcrição subsequente, a excitação é manejada segundo as leis psicológicas vigentes no período anterior e consoante as vias abertas a essa época.[77]

Ou seja, a força do primeiro recalque – fixa e imodificável – é muito maior que a força do recalque posterior. A análise pode oferecer um tratamento desse real, uma vez que, lidando com os derivados do recalque original – e tudo aquilo que com ele entrou na constituição do sujeito como pontos de atração –, pode permitir novas transcrições. Outrossim, uma vez marcados, como aprendemos com Freud, os traços não saem jamais – "O que veio um dia à vida, aferra-se tenazmente à existência"[78]–, principalmente os primeiros traços inscritos pelo recalque originário.

Por conseguinte, o real, encontro sempre faltoso de representações faz o sujeito despertar. Ele se expressa diante do reforço e da pressão pulsional, pela frequência dos traumas, surgimento da angústia ou pelos efeitos, atualizados, dos primeiros traços marcados para o sujeito. De todo modo, a velhice e seus significantes podem despertar muitos dos traços adormecidos. Para além da

---

[76] FREUD, Sigmund. Análise terminável e interminável [1937], 1975, p. 259.

[77] FREUD, Sigmund. Carta 52 [1896], 1977, p. 319.

[78] FREUD, Sigmund. Análise terminável e interminável [1937], 1975, p. 261.

busca do sentido, a menopausa e outras insígnias do envelhecimento podem despertar o sujeito, impondo-lhe uma barra ao sentido. E, malgrado os efeitos de uma análise sejam também limitados, como acentua Freud tão prudentemente, diante desse "despertar" ela é ainda o único tratamento do real.

A hipótese da andropausa

Também para o homem existem mudanças significativas concernentes ao funcionamento do corpo, com idade variável da mesma forma que para as mulheres. Apesar das discussões a respeito de uma possível andropausa ser ainda inusual, a ciência já reconhece que existem mudanças também hormonais incidindo sobre o real do corpo masculino. Estaria também o homem sob os efeitos das mudanças hormonais? Existiria algo como uma andropausa, outra "espécie de menopausa" masculina?

Para além das modificações hormonais diferenciadas, apostamos que as teses freudianas anteriormente afirmadas em relação ao aumento libidinal, reforço pulsional e a incidência do real sirvam igualmente para os homens. De forma análoga às mulheres, os homens também sofrem perdas fálicas, mesmo que diferenciadas, bem como os efeitos do envelhecimento corporal.

Malgrado o quase silêncio relativo a uma possível "andropausa", a medicina instaurou a prática do tão temido exame de próstata a partir dos 40 anos. Pode-se indagar os motivos de tamanho temor e mal-estar diante da perspectiva de tal exame. De início, poderíamos suspeitar que isso seria reflexo da perspectiva da dor ou do *desconforto* oferecidos. Mas a ciência – preocupada com essa invasão no corpo masculino – aperfeiçoou aparelhos que minimizam tal intervenção, diferentemente dos antiquados métodos ginecológicos que continuam bastante dolorosos, como os exames das mamas. Podemos, então, supor que o temor dos homens alia-se às fantasias feminizantes que tal intervenção acaba por suscitar no imaginário masculino.

Ao contrário das mulheres, que passam a vida "vasculhadas" por infindáveis exames ginecológicos, nos homens permanece a ilusão de manter a posição viril sempre sob proteção. Não é sem razão que apesar da vasectomia ser uma intervenção muito simples, poucos são os homens que a ela se submetem pelo terror à perda da potência sexual e o caráter viril, numa curiosa associação: impedimento à paternidade e virilidade. Mesmo que alguns homens afirmem estar conscientes de que essa cirurgia não lhes retirará a potência, é-lhes insuportável a perda da capacidade de gerar filhos, mesmo quando não os querem mais.

Além da associação entre paternidade e virilidade, bastante semelhante à associação entre menopausa, impossibilidade de ter filho e perda da feminilidade presente em algumas mulheres, encontramos nessa fantasia masculina a exposição de uma sexualidade que, apoiando-se preferencialmente na ilusão de ter o falo – confusão imaginária entre pênis e falo –, se ancora no real do órgão, ao contrário da sexualidade feminina que escapa à anatomia. De toda forma, delimitamos na vertente masculina o encontro com efeitos feminizantes que causam horror.

Não se pode, pois, desconsiderar que, embora não haja *na andropausa* os mesmos caminhos de impedimento à reprodução que a menopausa impõe à mulher, há um período similar para os homens com efeitos também particulares à forma de se exprimir da sexualidade masculina.

No texto abordado anteriormente, "Sobre os critérios para destacar da neurastenia uma síndrome particular intitulada Neurose de angústia", ao destacar como uma etiologia importante para o aparecimento da angústia o aumento libidinal, Freud menciona o surgimento da angústia em homens senescentes: "há homens que têm um climatério, como as mulheres, e que desenvolvem uma neurose de angústia nessa ocasião de potência decrescente e crescente libido".[79] No mesmo texto é utilizada a expressão "angústia de senectude" (climatério masculino): ocorre um aumento tão grande da excitação somática que a psique se mostra relativamente insuficiente para controlá-la.

Há, visivelmente, nessas indicações uma analogia entre homens e mulheres senescentes, persistindo a importância das teses anteriormente discutidas a respeito da menopausa. No caso Schreber (1911), há o seguinte comentário sobre a eclosão da psicose de Schreber:

> Na época dessa doença, o Dr. Schreber contava 51 anos e, portanto, atingira uma idade de importância decisiva na vida sexual. É um período no qual, nas mulheres, a função sexual, após uma fase de atividade intensificada, ingressa num processo de involução de grandes consequências; tampouco os homens parecem estar isentos de sua influência, pois tanto eles quanto às mulheres estão sujeitos a um 'climatério' e às suscetibilidades a doença que o acompanham.[80]

É claro que o encontro com a falta se dá diferentemente para Schreber porque, como psicótico, não tem recursos simbólicos para responder ao

---

[79] FREUD, Sigmund. Sobre os critérios para destacar da neurastenia uma síndrome particular intitulada Neurose de angústia [1895], 1976, p. 119.

[80] FREUD, Sigmund. Notas psicanalíticas sobre um relato autobiográfico de um caso de paranóia (dementia paranóides) [1911], 1969, p. 65.

real a não ser com o real. Nesse sentido, o delírio é uma tentativa de cura. Não obstante, Freud destaca que não se pode desconsiderar o momento de eclosão da psicose, diante do qual o sujeito estava apartado de significantes que pudessem tratar o real em cena. Como acentuamos anteriormente a propósito da menopausa, malgrado as diferenças, há um real que desperta tanto para as mulheres quanto para os homens. Essas proposições indicam, mais uma vez, a força desse período da vida no qual encontramos vários nomes do real: menopausa, andropausa, aposentadoria... ou tudo aquilo que possa escancarar, sob diferentes formas, o real da castração.

Vejamos dois recortes clínicos – escutados e construídos em supervisão – que trazem sob diferentes perspectivas alguns pontos importantes da sexualidade feminina e os efeitos dos significantes da cultura sobre o sujeito, bem como expõem como cada um busca tratar os diferentes nomes do real. Na parte relativa à direção do tratamento exporei dois casos que conduzi; um de neurose obsessiva masculina, que traz à baila algumas questões sobre a sexualidade masculina, e outro de histeria.

Eva e a menopausa ao avesso: frigidez feminina

Eva (50 anos) procura a CPNP[81] com queixa de depressão, insônia, falta de libido e reclamando da má convivência com o marido. Interroga-se se isso não seria efeito da reposição hormonal e da menopausa. Significantes que fazem cadeia com outros escutados do marido: *velha* (ela é 7 anos mais velha do que ele) e *menos bonita,* interpretados por ela como perda da capacidade de provocar desejo em um homem. Entre a capacidade de provocar desejo e não ter desejo, Eva responde com a ausência de relações sexuais. Sintoma nada novo; antes desse casamento, casara-se bem nova e nos 8 anos de casamento teve prazer apenas duas vezes, ficando viúva aos 27 anos. O sentimento de estar velha apresenta-se sob um fundo de insatisfação que se estendia a quase todos os aspectos de sua vida: *sentia-se sem âncoras na vida.*

Em sua análise, há um período permeado por rico trabalho de sonhos permitindo-lhe certo movimento na cadeia significante. Em vários sonhos um homem negro e forte tenta pegá-la, e ela, esquivando-se, entra num buraco escuro. Vários significantes são trazidos em torno dessa figura persecutória sendo associado, finalmente, à fantasia de ter prazer com outro homem

---

[81] É importante ressaltar que a demanda desse sujeito dirige-se ao estágio: "Clínica psicanalítica para idosos".

diferente do marido – homem ideal –, do qual ela, entretanto, sempre fugia da mesma forma que se esquivava do marido.

O buraco negro é associado ao horror de ficar mais velha – buraco escuro do qual ela nada sabia – e à menopausa, apesar de não querer gerar mais filhos, já os tinha. A ausência de menstruação igualava-se em sua fantasia à perda da sedução, ao ficar mais velha e à perda de desejo: *buracos escuros* que, de início, ela nada queria saber.

Na série de associações em torno desses significantes – *buraco negro* – advém uma lembrança: é *forçada* a ter relações sexuais com o companheiro da sobrinha. Entrar no buraco escuro do qual ela nada sabia (os caminhos de seu desejo), estar *fora de cena* nas relações sexuais – ou porque é *forçada* ou porque nada sente – são posições que surgem em suas estratégias de sedução e pelas quais não se colocava jamais como objeto de desejo de um homem. Nessa direção, a menopausa inscreve-se, finalmente, como aquilo que a *liberava* da obrigação de entrar nas relações sexuais.

Não obstante, uma distância se interpõe entre o *não precisar* ter relações sexuais e o *desejo* de tê-las. É pelo desejo que esse sujeito começa a interrogar sua posição diante dos homens e o enigma da *mulher atraente*. Sua primeira tentativa é de praticar a sedução no campo mais restrito da intimidade conjugal: toma seus banhos de porta aberta, exibindo ao olhar do marido um corpo que, segundo ela, não estava velho.

Nessa época, recebe o diagnóstico de alguns caroços no seio, sendo-lhe indicada uma cirurgia. Mais do que a perspectiva do câncer, horroriza-se diante da possibilidade de perder os seios; o marido iria considerá-la ainda mais velha e menos desejável, já que esses eram para ele as partes preferidas de seu corpo. Por que os caroços e o fantasma de mutilação, nesse lugar onde esse sujeito afirma inscrever uma parte importante de sua feminilidade e de sua posição de objeto de desejo para o Outro?

É interessante que, exatamente nesse ponto de muita angústia no qual acredita que sua condição de mulher desejável estava à beira da destruição, esse sujeito reata um diálogo mais amigável com o marido. Entretanto, embora o marido demonstre mudanças visíveis – "mais carinhoso, atencioso e expondo seu desejo" –, tudo isso não era suficiente para provocar-lhe desejo, e ele se esquivava das relações sexuais.

Seus sonhos retornam com a presença de outro homem, um "homem diferente, idealizado, que não apresentasse nenhuma dúvida de seu desejo" e, antes de tudo, a considerasse uma mulher bonita. Entretanto, mesmo diante da presença desse homem ideal, despertava sempre antes de entrar na relação sexual mantendo seu desejo sob a insatisfação. Interroga-se a partir daí algo que ficara nas entrelinhas de *sua* menopausa, da mudança de imagem e da dificuldade de ser atraente: por que a dificuldade de ter orgasmo?

Sonhar com um homem ideal, inacessível, sem chegar ao *finalmente* do encontro homem-mulher, era para ela uma forma de imiscuir-se de sua posição de objeto de desejo para um homem.

Um primeiro efeito de retificação advém quando ela concede ter relações com o marido, apesar da persistência de sua insatisfação histérica. Do marido que faz degradações ao marido que, segundo ela, *não deixava nada a desejar* (oferecia-lhe flores, frutas, café na cama e outros cuidados), escancara-lhe de forma inevitável sua demanda de insatisfação, presentificando, como assinalou Lacan, a que limites uma histérica pode conduzir sua insatisfação para inscrever o desejo como falta: "eu te peço – o quê? – que me recuses – o quê? – o que te ofereço – por quê? – porque não é isso – isso vocês sabem o que é, é o objeto a".[82]

Eva insistia, apesar de tudo, em traduzir sua insatisfação como mais um dos efeitos da velhice: "as pessoas mais velhas ficam muito exigentes; acho que estou ficando rabujenta".

Ainda em entrevistas preliminares, esse sujeito que chega pela depressão como resposta a uma imagem que se modifica e aos "efeitos da menopausa", acaba por expor outro sintoma, sua frigidez, maneira de presentificar sua insatisfação, mantendo-a numa posição visivelmente fálica. O ausentar-se da cena desse sujeito reenvia à sua forma histérica de desejar:

> Essa pergunta sobre o seu desejo descortina o mundo para a histérica, um mundo de identificações que a coloca numa certa relação com a máscara, ou seja tudo o que pode, de alguma maneira, fixar e simbolizar, segundo um certo tipo, a indagação de seu desejo.[83]

De toda forma, o encontro com a menopausa e seus efeitos sobre o corpo refletiram-se em seu sintoma e sua forma de gozo, diante dos quais as respostas anteriores nada valeram. Foi nesse estado sem recursos que esse sujeito fez sua demanda de análise: "No início, mal conseguia falar de tanta depressão; agora faço um monte de coisas; não fico mais só deitada como uma velha". Deitar-se como *velha* era deitar-se sem desejo, era subtrair-se de sua posição feminina, presente bem antes de sua suposta *velhice*.

---

[82] LACAN, Jacques. *Mais Ainda*, 1985, p. 170.
[83] LACAN, Jacques. *As formações do inconsciente*, 1999, p. 478.

Apesar do imperativo atual – *todos devem gozar* não importa como –, a frigidez é um sintoma atualizado pelas mulheres sob diferentes formas. Defesa contra o feminino ou defesa contra a duplicidade de gozo possível à mulher, esse sintoma dá uma resposta peculiar ao enigma do gozo feminino. Primeiro, pela mortificação do gozo fálico que encontra na frigidez de algumas mulheres uma via própria de manter intocável aquilo que elas identificam imaginariamente como feminilidade. Segundo, na impossibilidade de atingir o gozo absoluto, algumas mulheres recusam qualquer outro gozo, impondo limites ao exercício da virilidade do homem.

No recorte clínico em questão, temos um sujeito que seduz, mostra o corpo, mas não permite o exercício viril; ausenta-se das relações sexuais ou as tem sem colocar seu desejo. Exibe-se ao Outro, mas ali onde ela se exibe não está seu desejo.

Silenciar ou não sobre sua frigidez, expondo-a ao parceiro é estratégia que pode ou não se alinhar a essa posição. De qualquer forma, mesmo sob a máscara do silêncio persiste uma denúncia escancarada por infindáveis queixas.

A outra face dessa lógica encontra na exaltação fálica seu ponto de ancoragem. É como se essas mulheres, entregando também ao parceiro o nada de seu gozo, mas não imiscuindo das relações sexuais e silenciando seu desejo, se pusessem a salvo da ameaça do Outro gozo que faria furo à supremacia do gozo fálico. Colocando um anteparo ao jogo sempre incerto do desejo do Outro, que o gozo feminino é de longe a testemunha mais presente, essas mulheres asseguram na fantasia de alguma forma a suplência à relação sexual que não existe.

Amélia – entre mãe e mulher

Amélia (62 anos) queixa-se de depressão. Veio para *descarregar o peso do sofrimento*. Reclama estar dependente dos medicamentos: antidepressivo e calmante que utiliza há mais de sete anos. Queixa-se de uma vizinha (92 anos) que faz comentários maldosos acerca dos filhos que ela havia perdido e sobre sua condição de mulher. "Aguentou isso durante 16 anos, mas não suportava mais que falassem mal dela".

Após 12 partos, dos quais sobreviveram 5 filhos, submeteu-se a uma ligadura de trompas. Reprovada pela vizinha, que nomeia o ato como contra os desígnios de Deus, Amélia indigna-se sobretudo com os significantes: *mãe desnaturada*. Sentimentos de raiva, indignação e culpa misturam-se a um medo terrível que a vizinha lhe assombrasse mesmo depois de morta.

Que sombra ou assombro permaneceria, senão aquele que já estava ali, *mãe desnaturada*, e demandava um saber?

Revolta-se com a identificação da vizinha à "dominação masculina – ela é machista, mulher deve ser tratada na sola dos pés e viver para cuidar do marido". Revolta-se, sobretudo, com os significantes utilizados por esta para nomear o seu lugar de mãe, desnaturada – já que perdera tantos filhos –, em detrimento de seu lugar de mulher; *ela acha que mulher tem de parir todos os óvulos.* Diante do *ter de parir todos os óvulos,* Amélia, atendendo à demanda do Outro – a vizinha e o marido que, segundo ela, tinham posições semelhantes (*mulher tinha de ter filhos*) –, pare *quase* todos os óvulos, mas não os sustenta. Andando *sem rumo e nervosa* quando utilizou anticoncepcional, ela buscava, sob formas contraditórias, atender àquilo que ela pensava ser o desejo ou a demanda do Outro, mas castrando-o depois sob medida.

À depressão e ao *nervosismo* aliam-se outros sintomas, sinalizando pontos importantes de sua forma de gozar. A artrose, pernas duras que a impediam de caminhar livremente (nos faz lembrar o Caso Elizabeth de Freud; não andava porque *sua vida não andava bem),* associa-se à dor pelo excesso de peso (peso do *sofrimento),* à falta de ar e às fases anoréxicas que, barrando a entrada do alimento, buscavam escrever algo de seu desejo. Algo não se movimenta, não entra pela boca e não pare pela *mãe desnaturada.*

Por fim, as dores insuportáveis na coluna não lhe permitiam *sustentar* essa cota de gozo pela qual Amélia repetia nesse circuito – parir e expelir todos os óvulos – os filhos que *não vingavam...* ou vingavam?

Peso, sofrimento, dor... ordenavam sua relação com a maternidade e o cerceamento à sua condição de mulher. Amélia interrogava, sem saber – buscando descobrir, com sua posição histérica – o que é uma mulher ou o que pode querer uma mulher, tentando distinguir, à sua maneira, a mulher da função materna.

Questões nada novas e que levaram Freud a interrogar: O que quer uma mulher? Que é esse continente negro? Terminando por indicar à mulher uma identificação fálica; não renunciando à inveja do pênis, a mulher espera obter o falo por meio dos filhos ou do amor de um homem. Lacan distingue, como já acentuado por nós, uma especificidade do gozo feminino, separando de forma radical a função de mãe da posição de mulher.

Vale lembrar nessa direção o texto "Juventude de Gide",[84] no qual Lacan apresenta Medeia, do mito de Jasão, como metáfora da verdadeira mulher.

---

[84] LACAN, Jacques. Juventude de Gide. In: *Escritos,* 1998, p. 739-775.

Nesse mito,[85] Jasão e Medeia viviam em paz até que o rei Creonte tem a ideia de casar sua filha com o herói dos argonautas, Jasão. Este aceita de prontidão e repudia Medeia, que é obrigada a sair da cidade. Com a desculpa de que necessitava de mais um dia para se despedir dos filhos, Medeia, enlouquecida pelo ódio, pela dor e pela ingratidão de Jasão, prepara uma mortal vingança: envia à noiva por intermédio de seus filhos, um manto, véu ou outro objeto impregnado de porções mágicas fatais; e ela, ao vesti-lo, cai imediatamente morta. Na sequência, mata todos os filhos. Para Lacan, Medeia é uma metáfora da mulher, pois, rejeitada como mulher, responde a Jasão fazendo uma total disjunção entre mãe e mulher.

Para Amélia, a questão "por que engravidei tanto?" retorna em sua análise em diferentes momentos. As justificativas em torno da *impossibilidade* de tomar anticoncepcional – *ficar nervosa e andar sem rumo* ou outras formas de evitar qualquer gravidez, pelas quais responsabilizava o marido – mostram-se insatisfatórias. Por que o *sem rumo* advém quando evitava efetivamente a gravidez? Por que não os evitando ela os perdia em seguida?

Conclui que alguns não foram desejados – "queria mesmo que morressem; não aguentava cuidar e ser mãe todo o tempo". Relata um episódio trazendo à baila toda a força dos significantes, *mãe desnaturada*, sobre ela. Certa feita, diante das insinuações da vizinha em torno desses significantes, Amélia respondeu com uma conversão: *entorta* mãos, pés, fica *roxa como uma morta*, e é levada ao hospital psiquiátrico. Critica-se por ter se deixado levar dessa forma pela opinião alheia; *tenho de encontrar minhas respostas*, referindo-se à análise.

Às conversões somava-se um estado depressivo que perdurava longos anos; efeito tanto da "covardia" diante do desejo não sustentado quanto de tantos lutos não elaborados. Mesmo não desejando alguns filhos, como ficou exposto, era necessário *enterrá-los* pelo trabalho de luto, construindo um saber sobre sua forma de gozar.

Aos poucos, novos significantes permitem a construção de determinado saber dessa repetição sem tréguas, permitindo-lhe certa implicação com essa *via crúcis* de dolorosas perdas. A sequência das perdas retorna à análise; um aborto com oito meses de gestação, o segundo filho morto com sarampo, o terceiro aos nove anos; o quarto; com sete dias de nascido; e o quinto, com problema cardíaco. Este, queria ter abortado, mas não o fez, e ele nasceu com o *coração fraquinho* e morreu. Sente-se envergonhada pelo desejo não realizado, mas afirma não ter tido nenhuma tristeza por sua morte.

---

[85] A propósito ver: BRANDÃO, Junito. *Mitologia grega*, 1989, p. 175-203.

Além das perdas a gravidez era a que mais lhe causava revolta: "uma atrás da outra, não me alimentava direito, não tinha leite direito, não sabia cuidar dos filhos direito..." Entre tantos *direitos* que não funcionavam ou funcionavam pelo avesso – direito de não ter filhos –, Amélia impunha pela repetição a exclusão de mais um: "tirava a comida de um para dar para o outro que não vingava."

O terceiro dos filhos mortos aos 9 anos, abre-lhe um buraco que nenhuma outra perda havia feito, não impedindo, entretanto, que o sentido do gozo continuasse seu percurso. Responde a esse penoso encontro sem palavras pela depressão profunda e pensamentos suicidas. Pensava jogar-se na linha do trem para que este a *estourasse, passando por cima de sua barriga.* A parte do corpo a ser *estourada*, apagada de cena, não é outra, sua barriga, suporte à função materna, lugar do acolhimento de tantas mortes. Apagá-la seria a derradeira tentativa de escrever outra coisa para além da repetição sem fim.

Contudo, afirma Lacan:

> Quanto mais o sujeito se afirma, com a ajuda do significante, como querendo sair da cadeia significante, e quanto mais entra e se integra nela, mais ele próprio se torna signo dessa cadeia. Quando abole a si mesmo, torna-se mais signo do que nunca. A razão disso é simples: é precisamente a partir do momento em que o sujeito morre que ele se torna, para os outros, um signo eterno, e os suicidas mais do que os outros.[86]

No paradoxal de sua posição "mãe desnaturada" e buscando inscrever-se na cadeia como sujeito que Amélia, por *causa dos filhos vivos e do marido,* desiste da passagem ao ato.

Após a perda do filho predileto engravida; "essa filha veio para preencher o lugar do filho predileto", filha que *vinga*, mas torna-se esquizofrênica. Amélia demonstra não desconhecer seu lugar na determinação da psicose: "provoquei sua esquizofrenia porque quis que ela ocupasse o lugar de meu filho morto". Filha que "vinga" e pode vingar os filhos mortos, e por seus intermináveis surtos lhe impõe um medo frequente da morte e, além disso, quer *minar* sua relação com o marido: grita e fala desaforos quando ela se aproxima dele. Filha que, sobretudo, demanda-lhe categoricamente seu lugar de mãe em detrimento de seu lugar de mulher, reafirmando sua divisão entre mãe desnaturada e a mulher que ela desconhecia.

Aliados ao medo de ser *assobrada pelo fantasma* da vizinha – assombro dos significantes –, alguns pontos de identificação com a mãe começam a

---

[86] LACAN, Jacques. *As formações do inconsciente,* 1999, p. 254.

se apresentar. Sente medo de ficar caduca como a mãe e a avó, pois passava dos 60 anos. Porque teria de seguir essa ordem? Diante dessa interrogação, ela expõe como contraponto à caduquice da mãe e da avó exatamente a vizinha, esta possível mãe que não seria desnaturada. Observa o processo de degeneração da mãe como um possível anúncio à própria degradação e, buscando *encontros da terceira idade* como uma primeira saída, não se identifica, contudo, com eles.

Após a morte da mãe, Amélia passa um período de muita tristeza, no qual todos os outros lutos são retomados. Seu medo dos mortos transforma-se em medo da morte. "deveria morrer para não acabar como a mãe". Diante de todos *os fantasmas que não a deixavam respirar* (ponto de outra conversão) Amélia constrói, pouco a pouco, certo saber sobre a questão de seu desejo e sua forma de gozo.

Há uma mãe, sua mãe, que cumpria *completamente* essa função pelo excesso de comida. Diante dessa mãe que empanturra, Amélia respondia não comendo nada, fases anoréxicas, que se repetiam tanto em relação à mãe quanto àquelas que ela impunha a seus filhos. Ficando *fraquinha*, tornando-se *fraca dos nervos*, incapaz de se cuidar e de cuidar dos filhos, ela inscrevia à sua maneira e de forma sempre incompleta, diante da mãe completa, uma função materna que deixasse espaço à mulher que ela queria e não queria encontrar em si mesma.

Ter sido uma criança doente, fraquinha, era um dos traços que se repetia nos filhos mortos e sobreviventes. E, na contradição essencial de todo significante, ficar magrinha, fraca, posição mantida até então, contrapunha-se a um novo significante *gordona*: "Se pudesse, ficaria gordona, se ficar magra ficarei feia e ninguém olhará para mim". "Gordona" tentava escrever algo para além da *mãe desnaturada*, sempre magrinha.

Delineia-se nesse caso questões relativas à disjunção mãe-mulher atravessadas por um sentido do gozo bastante mortífero. Pela perda de tantos filhos, esse sujeito tentava escrever seu lugar de mulher para além do lugar de mãe, sem poder, contudo, escrevê-lo completamente. Vimos ainda os efeitos da ausência do trabalho de luto e como a análise pôde colocá-lo em marcha pela vertente da palavra. Foi através desse percurso que ela introduziu com a "mãe desnaturada", mãe que desnaturaliza a função, seu desejo de encontrar-se como mulher. Entretanto, muitas voltas são necessárias em torno do dito para que ela possa, a partir daí, construir um saber daquilo que lhe concerne como mulher, sem necessitar apagar sua face de mãe.

A DIREÇÃO DO TRATAMENTO NA CLÍNICA COM IDOSOS

> Todo aquele que espera aprender o nobre jogo de xadrez nos livros, cedo descobrirá que somente as aberturas e os finais dos jogos admitem uma apresentação sistemática exaustiva e que a infinita variedade de jogadas que se desenvolvem após a abertura desafia qualquer descrição deste tipo [...] As regras que podem ser estabelecidas para o exercício do tratamento analítico acham-se sujeitas a limitações semelhantes.
>
> *Sigmund Freud*

A direção do tratamento

Na direção do tratamento analítico, o diagnóstico estrutural constitui-se a trilha fundamental. Freud destacou, desde o início de sua clínica, o diagnóstico diferencial como um eixo crucial do *tratamento de ensaio* – entrevistas preliminares. Com Lacan, tornaram-se claras as diferenças do dispositivo analítico quando aplicado à psicose ou à neurose. Sob tal perspectiva, ao introduzirmos a questão da clínica psicanalítica com "idosos", não desconhecemos esse fundamento e ressaltamos que a velhice não é um "tipo clínico" ou uma estrutura. Não obstante, tendo em vista a complexidade do tema, o leitor encontrará em nossa exposição apenas alguns dos fundamentos da clínica concernentes à direção do tratamento das neuroses.

Outro ponto fundamental: a clínica é a clínica do real, e, em conformidade às indicações do Capítulo I, a análise é do sujeito do inconsciente e este não envelhece. No entanto, observamos também que a tese *o sujeito do inconsciente não envelhece* não recobre toda a problemática da clínica psicanalítica na velhice. Quer seja, a tese da atemporalidade do inconsciente delineando a indestrutividade dos primeiros traços – advindos pelo recalque originário – deixa em aberto a ressignificação, a reinscrição e a transcrição de novos traços inaugurados pela cadeia significante: S2, tempo de ligação.

Como sinalizado anteriormente, há um inconsciente atemporal – imodificável e intraduzível – provocando seus efeitos sobre tudo que a ele se liga, e há um inconsciente que surge pelas formações do inconsciente. Dessa forma, há o atemporal – o sujeito do inconsciente não envelhece –, como também um tempo que passa marcando a velhice no real do corpo e por muitas perdas que serão mais incisivas e inexoráveis com a idade. Há ainda um tempo que retroage ressignificando e atualizando o passado pelo presente. Na clínica, operamos com ambos os tempos levando-se em consideração a noção de tempo lógico. O tempo e a temporalidade em Freud e Lacan foram abordados no Capítulo I para o qual remetemos o leitor.

Como fizemos observar durante toda a exposição, apesar de o sujeito do inconsciente não envelhecer, todas as modificações e perdas advindas com a velhice traçam efeitos sobre o eu, sobre o corpo e sobre os laços sociais que, impondo vários nomes do real, demandam um tratamento. A condução do tratamento na clínica com idosos – da mesma forma que a clínica com crianças e adolescentes –, malgrado esteja inscrita em *princípios* fundamentais da direção do tratamento, impõe ajustamentos em sua condução, como pretendemos problematizar.

Antes disso, torna-se importante um retorno aos *princípios* da direção do tratamento da neurose, retomando as indicações de Freud e Lacan. O leitor encontrará aqui apenas uma breve retomada dos fundamentos da clínica, buscando problematizá-los na clínica com idosos.[1]

Freud foi incisivo ao afirmar que a única regra do tratamento analítico era a associação livre. Fora dessa regra, temos apenas recomendações, princípios, fundamentos, mas nada relativo à técnica de um saber-fazer, pois cada caso só pode ser conduzido em sua particularidade.

A associação livre, dizer tudo que vier à cabeça, permite introduzir o inconsciente, instalando a *situação analítica*. Ao falar, o sujeito experimenta os efeitos de sua própria fala. Há o analista que o escuta delimitando a primeira interpretação advinda do inconsciente do analisante. Os efeitos de surpresa e de ressonância decorridos da interpretação, provocam efeitos de sentido pelos quais o sujeito surge em sua divisão. Quando se demanda "dizer tudo" – dizer em vão não importa o quê –, sabe-se da determinação inconsciente e da impossibilidade de tudo dizer; diz-se mais do que queria, não se diz o que queria e algo irrompe como ato falho, falhado no discurso intencional, expondo o discurso do mestre, discurso do inconsciente, pelo qual o sujeito é determinado. A análise, sublinha Lacan, faz o inconsciente existir apesar de o inconsciente existir antes da análise. O sujeito só reconhece sua implicação nos sintomas e outras formações do inconsciente a partir do trabalho de análise. Há um saber que não se sabe enquanto tal e será construído pelo sujeito no percurso de sua análise.

---

[1] A propósito remetemos o leitor aos "artigos sobre técnica" de Freud. In: *ESB*, 1969, vol. XII e ao texto Análise terminável e interminável. Ver: LACAN, Jacques: A direção do tratamento e os princípios de seu poder, Subversão do sujeito e dialética do desejo no inconsciente freudiano, Posição do inconsciente, Variantes da Cura tipo. In: *Escritos,*1998 e *Os quatro conceitos fundamentais da psicanálise. Op. cit.*, QUINET, Antônio, *As 4+ 1 condições de análise*, 1996 e SOLER, Colette. *Artigos Clínicos,* 1991.

O primeiro princípio é a demanda; não existe análise sem demanda e, como veremos, ela é um ponto delicado na clínica com idosos. A demanda pode advir de uma oferta ou ser extraída pelas entrevistas preliminares. De toda forma, deverá passar de uma demanda geral de tratamento ou uma queixa à demanda àquele analista. Com Freud e Lacan aprendemos que ela não deve ser respondida, o desejo alinha-se por detrás de toda demanda.

> O desejo articula-se necessariamente na demanda, porque só podemos aproximar-nos dele por intermédio de alguma demanda. A partir do momento em que o paciente nos aborda e vem a nosso consultório, é para nos pedir alguma coisa [...] Convém, portanto, tornarmos a partir daquilo que podemos chamar de premissas da demanda, daquilo que produz uma demanda atrás da outra, daquilo que cria a situação da demanda, da maneira como a demanda se estabelece no interior de uma vida individual.[2]

Faz-se necessário escutar a demanda, extrair sua relação com o sintoma, extraindo uma implicação do sujeito com o desejo.

O segundo princípio consiste em promover a implicação do sujeito com aquilo que diz – retificação subjetiva –, passagem da queixa ao sintoma analítico, sintoma no qual o sujeito é implicado. Para isso, salienta Lacan, paga-se com as palavras e paga-se com o capital. O dinheiro e o pagamento, tendo íntima relação com o sintoma e o gozo, inscrevem-se como índices importantes da direção do tratamento. Nos termos de Quinet:

> A entrada na cultura implica que a necessidade passe pela linguagem, arrancando o dinheiro do registro imediato da necessidade. A própria noção de dinheiro já denota a troca de objetos e bens marcados pela simbolização; o dinheiro só existe em função da linguagem. [...] O dinheiro vinculado ao desejo entra na circulação pela falta [...] é aquilo que permite um ciframento do gozo. É isto que possibilita ao homem dos ratos fazer equivaler "tantos florins a tantos ratos", fórmula chave de sua neurose obsessiva.[3]

O dinheiro, vinculando-se de início à necessidade, toma o lugar da demanda, inscreve-se como significante e, com tal, insere-se na economia libidinal. Atrela-se, portanto, à formação dos sintomas e às inscrições do gozo. O sujeito intercambia pelo dinheiro faces de seu gozo; culpabilidade

---

[2] LACAN, Jacques. *As formações do inconsciente*, 1999, p. 341-342.
[3] QUINET, Antônio. *As 4 + 1 condições da análise*, 1996, p. 96.

por tê-lo, demandando pagar pouco ou nada, retendo-o, fazendo dívida ou, ao contrário, dispensando-o a torto e a direito. Estas e outras formas sintomáticas com o dinheiro não são alheias ao tratamento analítico e devem ser conduzidas no caso a caso. Para além do dinheiro, o analisante paga um alto preço com seu sintoma e sua forma de gozar.

O "pagamento" assenta-se também do lado do analista, mas de maneira diferenciada. O analista paga com as palavras, assinalou Lacan, na medida em que estas têm efeito de interpretação; uma segunda interpretação, a primeira advém do inconsciente. A interpretação tem efeitos de interpretação se ela expõe a divisão do sujeito "[...] mesmo se a reação diante dela for o riso, o estupor, a indignação ou outra coisa. Ela não assegura as identificações. Faz surgir um – o que isso quer dizer? [...] o que quero dizer dizendo isso? ou – que quer me dizer? [...]".[4] A interpretação faz ressurgir – qual é meu desejo?

O analista paga com sua pessoa, na medida em que a empresta "aos fenômenos singulares que a análise descobriu na transferência"[5]. Ocupando o lugar de objeto *a*, ele paga com seu ato. O ato analítico inclui o sujeito bem como o objeto causa do desejo. No ato, o sujeito está representado, deparando-se que há um saber encarnado, mas um saber que deixa um resíduo. Acentuamos no Capítulo I que a presença do analista promove, pela transferência, identificada conforme Lacan ao atemporal do inconsciente, a via tripla entre passado, presente e futuro pela inserção da surpresa advinda pela interpretação. Pressupomos que a interpretação faz uma espécie de conjunção dos três tempos. Nesse imprevisto subsiste a possibilidade de que algo novo se escreva.

A transferência está presente desde o início de uma análise, é sua condição essencial; não há análise sem transferência. Freud [1915] salientou a importância do amor de transferência no processo analítico, afirmando que ele não encontra nenhum modelo na vida real; é provocado pela situação analítica e intensificado pela resistência, falta-lhe um laço com a realidade.[6] Não pode ser suprimido e nem satisfeito; deve-se extrair dele as condições analíticas que permitam ao analisante o tratamento de sua neurose. A análise é um processo que ocorre sob a abstinência, significando, com isto, que o analista não deve atender à demanda.

---

[4] SOLER, Colette, *Artigos Clínicos*, 1991, p. 101.

[5] LACAN, Jacques. A direção do tratamento e os princípios de seu poder, *Escritos*, 1998, p. 593.

[6] FREUD, Sigmund. Observações sobre o amor transferencial (Novas recomendações sobre a técnica da psicanálise III) [1915], 1969, p. 219.

Lacan formalizará a transferência em torno do *sujeito suposto saber*. O analisante acredita que o analista sabe de sua verdade: desde que haja em algum lugar o "sujeito suposto saber [...] há a transferência."[7] Contudo, há que se distinguir os traços da pessoa do analista, pelos quais pode-se demandar uma análise, da função do *sujeito suposto* saber depositado naquele analista específico. Esta função indica o início de uma análise. Um sujeito pode, por exemplo, produzir um sonho antes da primeira entrevista com o analista no qual encontram-se vários traços transferenciais à pessoa do analista, mas isso não indica ainda um suposto saber ao analista: "Enquanto o analista é suposto saber, ele é suposto saber também partir ao encontro do desejo inconsciente".[8] Isso é fundamental na condução da transferência.

Ao analista resta não se colocar como saber; o único saber – a ser construído – e o único sujeito em uma análise referem-se ao analisante; a transferência não é uma relação intersubjetiva. O amor é efeito da suposição de saber, efeito da transferência, e surge em sua face de resistência e tapeação interpondo-se às interpretações: "O efeito de transferência é esse efeito de tapeação no que ele se repete presentemente aqui e agora".[9]

O diagnóstico, outra vertente essencial da direção do tratamento analítico, diferentemente da psiquiatria – diagnóstico pelos sinais, signos tendo como referência as funções, fenômenos ou comportamentos – é feito sob transferência, a partir do simbólico. Diante da resposta ao S (A), falta do significante no Outro, existem três respostas possíveis neurose, psicose e perversão.

Delimitadas as condições gerais à direção do tratamento, focalizaremos a psicanálise com idosos e em seguida a direção do tratamento nessa clínica.

A psicanálise com idosos

Apesar de encontrarmos em Freud algumas contraindicações da psicanálise aplicada aos idosos, deve-se atentar para o fato de que estas foram proferidas em um determinado momento de seu percurso clínico. Em vários momentos de sua obra, ao contrário, Freud convoca os analistas a desenvolverem os dispositivos clínicos por ele criados. Herdamos também dele os conceitos fundamentais da psicanálise com os quais podemos interrogar

---

[7] LACAN, Jacques. *Os quatro conceitos fundamentais da psicanálise*, 1992, p. 220.
[8] LACAN, Jacques. *Os quatro conceitos fundamentais da psicanálise*, 1992, p. 222.
[9] LACAN, Jacques. *Os quatro conceitos fundamentais da psicanálise*, 1992, p. 240.

sua assertiva de 1898, concernente à não aplicabilidade da psicanálise às crianças, aos psicóticos, à debilidade mental e aos idosos. É interessante que, ao fazê-lo, Freud foi cuidadoso o bastante para contextualizar sua afirmação; ela referia-se àquele momento de sua clínica e com o desenvolvimento do dispositivo analítico de então. Em "A sexualidade na etiologia das neuroses" [1898] é acentuado:

> A terapia psicanalítica não é, no momento, aplicável a todos os casos. Ela tem, a meu ver, as seguintes limitações: Requer um certo grau de maturidade e compreensão nos pacientes e não é, portanto, adequada a jovens ou a adultos mentalmente débeis ou incultos. Fracassa com pessoas idosas, porque o tratamento tomaria tanto tempo, devido à acumulação de material, que ao fim elas teriam chegado a um período da vida em que nenhum valor atribui à saúde nervosa [...].

Após dar outras contraindicações ele conclui:

> [...] finalmente, o tratamento só é possível quando o paciente tem um estado psíquico normal a partir do qual o material patológico pode ser controlado.[10]

Há muito tempo a psicanálise é aplicada aos psicóticos, crianças e adolescentes, sendo curioso que, das contraindicações freudianas, apenas a psicanálise com idosos resta sob o silêncio. Apesar de a velhice não se constituir até os meados do século XX, uma questão para a psicanálise – não se constituindo uma clínica específica –, dada à vida média da população – pelo menos em se tratando da época de Freud ou mesmo da situação brasileira de décadas passadas –, a nosso ver isso não responde ao cerne da questão. Por que, por exemplo, na Europa, na qual existe há várias décadas uma expressiva população idosa, a psicanálise aplicada aos idosos é ainda incipiente. Na França, apesar de a aplicabilidade da psicanálise aos idosos ter sido inaugurada em 1976 por Balier, são parcos os textos relativos à clínica – com exposição de casos e interrogações sobre a direção do tratamento que contribuam efetivamente ao seu desenvolvimento –, e também parca a literatura analítica dedicada à velhice.

Interrogamos, nessa direção, se as sinalizações de Ferenczi contra a psicanálise com idosos[11] traça seus efeitos aliando-se ao real que essa clínica sempre expõe. Como acentuamos no Capítulo II se o louco e a criança é o Outro que podemos evitar, o real da velhice nos espreita de maneira diferenciada.

---

[10] FREUD, Sigmund. A sexualidade na etiologia da neurose [1898], 1976, p. 309.
[11] Ver: Capítulo I A velhice sob a ótica de alguns autores psicanalistas.

A contraindicação à análise proferida por Ferenczi (após os 50 anos) nos assemelha hoje no mínimo aberrante. Se assim nos parece é porque não é possível desconhecer as modificações e a problemática concernente ao nosso tempo. Da mesma forma que se prolongou a vida, muitas das decisões, anteriormente prescritas a uma idade mais precoce, hoje podem ser adiadas; inserção profissional, maternidade, casamento, aposentadoria, dentre outras. Dessa forma, certos encontros com o real se darão também mais tardiamente. A nova ordem social impõe inúmeros outros efeitos que o discurso analítico não deve esquivar de problematizar.

Observamos ainda que se a velhice não era uma questão na época de Freud – dada à vida média –, o mesmo não se passa nos dias atuais no Brasil e no mundo. Se há algumas décadas o Brasil era considerado um país jovem, o mesmo não ocorre atualmente. Somos um país de meia-idade com projeção de sermos, nos próximos 40 anos – conforme dados da ONU –, o país mais envelhecido do continente latino-americano, considerando-se o a população com mais de 60 anos no conjunto da população brasileira. Conforme dados do IBGE, existem 14 milhões de idosos atualmente no Brasil. O número de idosos aumentou de 7,4% em 1989 para 8,3% em 1995, e chegou a 9,1% em 1999. Na região Sudeste, os idosos já representavam 10% da população no final da década passada.

Para além de todos esses dados estatísticos, a indicação de um sujeito à análise não diz respeito à idade cronológica, mas à resposta à falta do Outro, se há sofrimento na condução do real e, sobretudo, se há sintomas analisáveis.

Como acentuou Abraham, em 1920, no texto já citado: "O prognóstico do tratamento psicanalítico para os sujeitos de uma determinada idade"[12] – ao contrário da posição bastante generalista de Ferenczi –, "pode-se igualmente dizer que a idade da neurose é mais importante que a idade do neurótico".[13] Contrapondo-se a assertiva freudiana de uma idade avançada limitaria a eficácia da análise, acentua que sua clínica tinha lhe ensinado a não aplicar normas rígidas na indicação tratamento, defendendo a psicanálise aplicada aos idosos.

Por conseguinte, se até então os idosos não demandavam a análise, ou porque ela não era uma oferta ou porque a vida média era baixa – apostamos sobretudo nos efeitos da primeira assertiva –, o mesmo não ocorrerá daqui para frente. O desenvolvimento atual da ciência prolongando a vida traz consequências para o conceito de velhice, impondo também questões à

---

[12] ABRAHAM, Karl, conforme MESSY, Jack. *La persone âgée n'existe pas*, 2002, p. 85-86.
[13] ABRAHAM, Karl, citado por MESSY, Jack. *La persone âgée n'existe pas*, 2002, p. 86.

psicanálise que deve responder ao mal-estar da cultura em cada época, atualizando sua prática. Envelhecer em uma cultura permeada por diversas máscaras do novo, torna-se muitas vezes obsoletar, inscrevendo efeitos sobre os sujeitos. A velhice, como acentuamos, é também um efeito do discurso de cada época.

Por essa via, discutiremos, a partir dos conceitos fundamentais da psicanálise, alguns índices gerais à aplicação da psicanálise aos idosos e os manejos próprios dessa clínica. Retornemos às proposições; destacamos no Capítulo I:

1 – Na análise só existe um sujeito, o sujeito do inconsciente, e este não envelhece.

2 – Tratando-se de realidade psíquica, não existe diferença entre um fato passado e um atual. O sintoma sinaliza a atualidade do passado. Isso foi demonstrado por diferentes fragmentos clínicos incluídos ao longo do livro.

3 – O fundamental na direção do tratamento é o diagnóstico e não a idade daquele que demanda uma análise. Freud sempre foi muito cuidadoso com o diagnóstico; esse não é feito sob as bases fenomenológicas ou comportamentais. Com Lacan, a noção de estrutura impede qualquer análise do tipo: na velhice os sujeitos se "tornam avaros, mesquinhos, maldosos" como exposto por Ferenczi. O diagnóstico é feito sob transferência, portanto, no caso-a-caso da clínica.

4 – Importa na indicação de análise a forma como o sujeito se coloca frente à falta do Outro e sua relação com o desejo, não determinado pela idade e, muito menos, pela "quantidade de material psíquico".

5 – O conceito de pulsão é avesso a qualquer noção desenvolvimentista. Freud afirma que a pulsão é sempre parcial e a sexualidade adulta é a sexualidade infantil.

Pode-se ampliar tais indicações a partir de algumas pontuações freudianas de "Análise terminável e interminável." Nesse texto, Freud delimita uma etiologia mista à constituição da neurose: a força do trauma e a força pulsional. Seguindo nossas indicações sobre o recalque originário, torna-se fácil compreender porque, segundo ele, o tipo traumático ofereceria o caminho mais favorável à análise. "Somente quando um caso é predominantemente traumático é que a análise alcançará sucesso [...]"[14]; pois se encontra definida nesse caso a estrutura neurótica; na psicose não encontraríamos um mecanismo semelhante, mas a foraclusão do recalque originário.

---

[14] FREUD, Sigmund. Análise terminável e interminável [1937], 1975, p. 252.

Na sequência, ele indaga quais seriam os obstáculos ao caminho da cura, delimitando que uma análise não livra definitivamente a possibilidade do conflito entre o eu e a pulsão – não há profilaxia – e a força pulsional de um determinado momento poderá provocar novos conflitos importantes. O sucesso do tratamento analítico depende da coexistência de três fatores: a força do trauma (recalque originário), a força da pulsional e as alterações do eu. O reforço pulsional "que chegue tarde na vida pode produzir os mesmos efeitos"[15] do fator constitucional, resultante do recalque originário. Dessa forma, o reforço pulsional adquire, para Freud, uma grande importância. Podemos, a partir dessas sinalizações, compreender sua afirmação de 1898 relativa aos limites da análise aplicada à adolescência e aos idosos; nestes dois casos há um reforço pulsional expressivo tornando, conforme Freud, prejudicial os efeitos da análise.

Toda essa problemática não é estranha à nossa exposição até aqui. Salientamos, diversas vezes, que os traços marcados que não se perdem recebem incidências de novos traços, e a velhice é o momento no qual esse "reforço pulsional" poderá ocorrer devido às várias perdas e modificações importantes na relação do sujeito com o Outro. Nessa direção Freud acentua: "Tais reforços podem ser estabelecidos por novos traumas, frustrações forçadas ou a influência colateral e mútua das pulsões".[16] Por conseguinte, os novos traços, os novos encontros com as faces do real surgem reativando traços anteriormente marcados.

Ainda com Freud:

> Todas os recalques se efetuam na primeira infância; são medidas primitivas de defesa, tomadas pelo ego imaturo, débil. Nos anos posteriores, não são levados a cabo novos recalques, mas os antigos persistem, e seus serviços continuam a ser utilizados pelo ego para o domínio das pulsões. Livramo-nos de novos conflitos através daquilo que chamamos de "recalque ulterior". Podemos aplicar a esses recalques infantis nossa afirmação geral de que os recalques dependem absoluta e inteiramente do poder relativo das forças envolvidas, e que elas não se podem manter contra um aumento na força das pulsões.[17]

Malgrado Freud seja reticente quanto aos poderes da análise diante dessa força pulsional, o desenvolvimento da clínica tem demonstrado a importância

---

[15] FREUD, Sigmund. Análise terminável e interminável [1937], 1975, p. 256.
[16] FREUD, Sigmund. Análise terminável e interminável [1937], 1975, p. 258.
[17] FREUD, Sigmund. Análise terminável e interminável [1937], 1975, p. 259.

da análise em inúmeros casos nos quais a "força pulsional" é excessiva, a exemplo da clínica com adolescentes. Escutando idosos em análise, depreendemos sua importância na reordenação dos traços, no tratamento do real exposto na velhice. Se não é possível modificar os traços inscritos pelo recalque originário, podemos trabalhar com seus derivados. É inegável a importância da indicação freudiana concernente à força pulsional, e sabemos que se, em estados de crise aguda, a análise não poderá ser levada a cabo, pelo menos ao falar o sujeito pode experimentar os efeitos dos significantes sobre si mesmo.

Por outro lado, Freud sempre demonstrou desejo de que a psicanálise desenvolvesse sua prática. É a clínica que, interrogando a teoria, permitirá a atualização dos conceitos fundamentais; se não houvesse mais análises a psicanálise deixaria de existir. Em "Linhas de progressos da terapia analítica" [1919] ele expressa por exemplo seu desejo de que a psicanálise possa ser aplicada aos serviços públicos (para além das análises *standarts*), salientando que a *técnica* desenvolvida até aquele momento, em especial para o tratamento da histeria, deveria ultrapassar seus limites adaptando e criando novas formas de condução do tratamento a outras formas de neurose.[18]

No texto "As perspectivas futuras da terapia analítica" [1910], Freud indica que os progressos na *perspectiva terapêutica* deveria se apresentar em três direções: *(1) do processo interno,(2) do aumento da autoridade e (3) da eficiência geral de nosso trabalho.*[19] Que significam tais direções?

A primeira implica os avanços em nossos conhecimentos analíticos e em nossa técnica. Freud mostra-se insatisfeito com os progressos adquiridos até então, tanto concernentes à condução das análises quanto a seus efeitos. O aumento da autoridade e a eficiência do trabalho referem-se à eficiência da análise, bem como indica a relação da psicanálise com outros discursos, e a psicanálise na civilização. Para Freud, da mesma forma que a transferência provoca efeitos de ódio ao analista, o mesmo ocorrerá da civilização em relação à psicanálise; dedicando-se ao sujeito, em detrimento da civilização, irá se opor ao discurso dominante, seja ele qual for. As sociedades assentaram-se sempre se contrapondo aos sujeitos. A psicanálise provoca também um certo mal-estar ao promover a queda de muitas ilusões. Todavia, ao tratar os sintomas – tornando menor o dispêndio de energia libidinal e liberando-o

---

[18] A propósito ver: FREUD, Sigmund. Linhas de progressos da terapia analítica [1919], 1976, p. 208-209.

[19] FREUD, Sigmund. As perspectivas futuras da terapia analítica [1910], 1970, p. 127.

para outras atividades –, estaremos, sob a ótica freudiana, realizando um trabalho importante à civilização.

A inserção da clínica psicanalítica aos idosos na universidade nos trouxe, desde 1997, inúmeras oportunidades de experimentar os efeitos do aforismo lacaniano, *com a oferta criei a demanda*. A aposta no dispositivo analítico como tratamento do real também na velhice tem demonstrado seus resultados pelo aumento da demanda advinda, inclusive por indicação médica e outros profissionais da área de saúde.

É importante observar que as demandas não surgem apenas de "idosos" no sentido cronológico, mas também de sujeitos que se defrontam com questões importantes do envelhecimento, apresentando como queixa a velhice, mesmo que não sejam efetivamente idosos. Houve, por exemplo, dois casos de demanda dirigidos ao estágio com idades entre 44-46 anos, e para os quais o significante "idoso" foi decisivo. O mais importante, como esperamos ter demonstrado no Capítulo I, não é a idade cronológica mas como cada sujeito conduz as incidências da velhice e por quais caminhos. A demanda poderá surgir, por exemplo, pela entrada na menopausa.[20]

É fundamental assinalar que a questão da oferta e da demanda não implica, todavia, uma indicação de análise aos idosos. Não se trata disto. A análise não é algo a ser "indicado" à maneira da prescrição do ato médico. Ela é um dispositivo aberto àqueles que sofrem e querem construir um saber sobre o sofrimento. Essa oferta, abrindo-se como tratamento do real – na contramão das ofertas do mercado –, toca o mais particular que habita cada sujeito criando outra espécie de demanda, ancorada sob o desejo.

A clínica com idosos e as estruturas clínicas

Alguns autores acreditam que o dispositivo analítico, pela via transferencial, permitirá ao idoso um tratamento do sofrimento em consequência das novas feridas narcísicas, auxiliando-o, inclusive, na quebra do isolamento, abrindo-lhe outras possibilidades de laço social.

Observa-se, muitas vezes, ao contrário da afirmação de Ferenczi, que com a idade muitos sujeitos tendem a se reorganizarem psiquicamente, franqueando novos enlaçamentos com o Outro, dado o encontro mais massivo com o real. Inclusive observamos que, para alguns, o limite no tempo para se definir algumas posições subjetivas – mais da metade da vida já se passou –, provoca

---

[20] A propósito ver: Eva e a menopausa ao avesso: frigidez feminina, Capítulo IV.

a emergência do tempo de compreender e de concluir. Nesse caso tendem a se defender menos em relação às muitas mudanças de posição, resistindo menos que outros adultos ao tratamento analítico, e refletindo-se em investimentos mais decisivos na análise. Mas nem sempre é essa a resposta.

Le Gouès (2002)[21] distingue quatro categorias dentro da velhice que definiriam tanto as possibilidades do tratamento analítico quanto seus resultados: o adulto envelhecido, o adulto idoso, o ancião, o ancião doente.

O *adulto envelhecido* é o adulto de meia-idade. Nesse período, descobre-se que o tempo já vivido é muito maior do que o tempo disponível para ser vivido. Citando Valéry, é quando "o tempo do mundo finito começa".[22] Muitos denegam várias modificações e limites em relação ao tempo por diferentes mecanismos de defesa e, por vezes, por diferentes sintomas.

O *adulto idoso* refere-se aos adultos aposentados que possuem autonomia em relação às funções corporais e mentais com diferentes investimentos em relação ao Outro. Aposentados em relação ao campo sublimatório mais importante – o trabalho exercido – têm ainda possibilidades de abrir novas formas de investimentos libidinais. Para o autor, estatisticamente, na França esse idoso inscreve-se na faixa etária entre os 60-80 anos. Segundo ele, o limite dos 80 anos deve-se à observação clínica; após esta idade, há mudanças significativas relativas à capacidade mental na maioria dos idosos. Outro traço desse grupo seria aquilo que o autor define como *maturidade*: "um estado feliz do sujeito que se beneficia da redução das tensões psíquicas – permitindo-lhe dispor de um bônus para suas produções mentais sem sofrer ainda da redução de suas performances corporais e sublimatórias".[23] Os intelectuais, os políticos e os artistas seriam os representantes mais frequentes desse grupo. Poderíamos adicionar a eles os profissionais liberais e os idosos que trabalham no campo. De qualquer forma, tais indicações têm a nosso ver um motivo; são sujeitos inseridos em atividades que demandam um forte investimento libidinal e para as quais a experiência tem um grande valor, delimitando um importante laço com o ideal do eu.

"O ancião é um ser fragilizado por uma perda notável de suas capacidades físicas e mentais."[24] Em geral têm mais de 80 anos e dependem sempre do Outro. Por fim, o *ancião doente* não é necessariamente o mais

---

[21] LE GOUÈS, Gerard. La psychanalyse tardive. In: *Le vieillissement*, 2001.

[22] LE GOUÈS, Gerard. La psychanalyse tardive. In: *Le vieillissement*, 2001, p. 50.

[23] Ibidem, tradução livre do original em francês.

[24] LE GOUÈS, Gerard. La psychanalyse tardive. In: *Le vieillissement*, 2001, p. 51.

velho; sua característica principal é uma patologia somática acoplada a uma clínica psicossomática. Isso não é raro de se ver; muitos idosos aderem aos sintomas físicos como forma de demanda ao Outro. Conforme o autor, essa categoria representa não mais de 20% dos idosos. Na França, segundo ele, 80% dos idosos tem uma velhice sem o mal-estar das infindáveis doenças.

Dadas tais classificações relativas, sobretudo, à relação do sujeito com o desejo, e que não podem ser tomadas como absolutas, ele nos deixa algumas indicações clínicas que valem retomar. O autor sinaliza que na direção do tratamento faz-se necessário a princípio, avaliar para cada sujeito aquilo que pesa mais, se um conflito antigo ou um sofrimento atual. "O essencial é avaliar qual tipo de percurso analítico o paciente é ainda capaz de efetuar, de modo que seu esforço lhe seja útil".[25] Nessa direção, as duas primeiras categorias acima analisadas poderiam se inserir na "cura tipo" e as duas últimas apenas excepcionalmente; nestas o dispositivo analítico deverá ser ajustado. Assim, para os primeiros, a descoberta e a compreensão do passado lhes permitirá esclarecer o conflito atual a partir da transferência. Para o autor, as observações freudianas sobre as contraindicações à análise referem-se aos dois últimos grupos e, nesse caso, a análise deve-se centrar mais no presente do que no passado.

Contudo, sabemos que o passado é reatualizado no presente e, ao falar do presente, é o passado que está em causa. A nosso ver, tal indicação tem algumas dificuldades que merecem ser destacadas.

Coadunamos com o autor; cada análise deve ser conduzida em conformidade ao caso a caso da clínica e, no caso de idosos, observa-se que a reiterada remissão aos sintomas corporais, pelas quais muitos retêm o olhar do Outro, se adere ao sentido do gozo de cada um, tornando muitas das vezes difícil o dispositivo analítico. Para além da idade, é a relação com o sintoma e o gozo a via mais importante para decidir a possibilidade ou não de uma análise, e como deverá ser a direção do tratamento. A experiência acumulada – trabalhando com idosos, escutando-os em análise e em supervisão – sinalizou-nos, todavia, que a via psicossomática pela qual alguns idosos respondem ao real torna realmente muito difícil a intervenção pela via transferencial e, nessa direção, coadunamos com algumas das observações de De Gouès. Entretanto, em vários casos, o próprio dispositivo analítico promoverá uma torção dessa posição.

---

[25] LE GOUÈS, Gerard. La psychanalyse tardive. In: *Le vieillissement*, 2001, p. 51.

Se a transferência possibilita um movimento nessa reiterada repetição incrustada no real do corpo, podemos considerar exitosa a direção do tratamento. O laço pela via "psicossomática" e os "ganhos secundários" – ganhos com o gozo que não implicam prazer, mas satisfação pulsional – impedem, muitas vezes, um trabalho efetivo de análise. O gozo associado à fragilidade corporal casa-se de uma forma tal que as respostas do Outro, advindas de intensos *cuidados*, minam qualquer intervalo pelo qual o sujeito poderia emergir. Vivendo de uma série de cuidados em torno do corpo (olhado, tocado, falado...[26]) por meios dos quais o sujeito mantém uma certa relação como o Outro, ele defende-se de qualquer corte que possa deixar em aberto o real do desamparo. Estar amparado, mesmo que às custas de infindáveis sintomas, instala tais idosos em um tipo de satisfação pulsional difícil de ser interrogada e retificada; exilam-se nos sintomas como forma de obterem uma certa cobertura do real exposto pela velhice, fazendo desta uma cadeia interminável de sintomas. Da mesma forma que para alguns idosos o apego aos objetos – os quais retêm pequenos fragmentos de seus próprios traços – é a via de permanência e manutenção de traços do eu, para outros são os sintomas no real do corpo que indicam, efetivamente, alguma pulsação de vida, mesmo traçada pela morte.

Observamos, no entanto, que não há como definir a direção do tratamento, a não ser colocando o dispositivo analítico em marcha. Muitos casos, que nos pareciam sem condições de uma análise à primeira vista pela fragilidade corporal e o grau decidido do sentido do gozo, são contrapostos pelo imprevisto da clínica e os efeitos dos significantes que a escuta analítica possibilita pelo estabelecimento da transferência.

Acentuamos, ainda, que na análise, não importa a idade, encontramos sempre o imodificável escrito pela relação do sujeito ao seu fantasma e aquilo que, tendo relação com ele, pode se modificar, expresso pelas formações do inconsciente. A estrutura não se modifica, mas pode-se modificar a relação do sujeito com aquilo que o determinou. O importante na direção analítica é tornar o sujeito responsável por sua determinação, e tal indicação é fundamental também na velhice.

Quer dizer, se a velhice traz, como demonstramos, um confronto entre o sujeito que não envelhece e a velhice – momento em que dadas as intensas perdas e modificações corporais –, impõe, sobretudo, a construção de um saber que possa tratar o encontro com esse real. Aliás, a exigência de trabalho advém do próprio aparelho psíquico; os investimentos não cessam e muito menos a força do recalque.

---

[26] Ver, a propósito, o recorte clínico: o inconsciente afeta o corpo, Capítulo III.

Como acentuado, a demanda constitui-se essencial ao início do tratamento. Mesmo que a tese de que a oferta cria a demanda seja efetiva, na clínica com idosos, principalmente aqueles dependentes do Outro – filhos, cônjuge, netos, etc. – a demanda inicial não advém muitas vezes do idoso. Não é raro encontrarmos nessa Clínica aqueles que se encaminham para a primeira entrevista pela demanda de filhos, netos, etc., e nem mesmo foram avisados do que se trata. Simplesmente foram levados por alguém próximo que decidiu por ele a pertinência do tratamento, em prol do idoso ou em prol de si próprio. Nesse caso, não é raro que a queixa emerja da família, à semelhança da clínica com crianças, e deve ser manejada.

Maria (69 anos) chega à CPNP trazida por uma filha. Teve AVC há 4 anos, apresenta dificuldades na marcha, na fala e estado deprimido. Não sabe o motivo de estar ali; o médico indicou-lhe tratamento por causa da depressão, a filha fez a ficha e a levou. Reclama da dependência do Outro; antes resolvia tudo sozinha, dava aulas e decidia sua vida. "Está difícil habituar-me às novas circunstâncias [...] Não sei o que é fazer força para melhorar, minha filha me diz que eu não quero melhorar...".

No segundo encontro relata outras dificuldades encontradas na nova vida, inclusive morar com a filha. Retornando ao significante *dependente* acrescenta: "Não sabia que viria aqui... não tinha pensado em psicólogo para mim. Minha filha quer que eu faça tratamento e melhore rápido. Não sei bem o que se faz no psicólogo, mas sei que a gente tem de querer, mas ninguém me perguntou". A estagiária pergunta-lhe se queria voltar, ao que ela responde: "Será que eu poderia pensar se eu quero vir?!"

Esse sujeito expõe de forma evidente a importância da demanda no início do tratamento. Ser interrogada se quer voltar e *pensar* sobre isso – intervalo de tempo entre a demanda e as queixas da filha e a verificação de sua demanda, intervalo de tempo aonde poderá se inserir – é fundamental nesse caso. Decidir se quer ou não falar sobre o que se sofre – para além da demanda da filha e da indicação médica –, é poder se inserir, desde o princípio, como sujeito responsável diante do que se queixa. Nesse caso não é indiferente que sua queixa seja exatamente a dependência ao Outro.

A grande maioria dos idosos com problemas motores ou outros e os anciãos – mesmo aqueles que se encontram em plenas condições físicas e mentais – dependem do Outro. Em geral, a relação com os filhos é marcada por uma certa inversão de papéis; de pais passam a quase filhos dos filhos que decidem muitos aspectos de suas vidas. Muitas vezes, tais relações tocam o desrespeito quando o autoritarismo suplanta em muito as demonstrações de amor e cuidado. Para Herfray (1988)[27] há uma ambivalência muito forte nessas relações marcando uma reatualização do Édipo dos filhos. Sentimentos positivos e negativos persistem lado a lado, bem como a culpabilidade presente anteriormente sob formas conhecidas dos traços edipianos: desejo inconsciente de morte em relação aos pais. A relação com os idosos mobiliza afetos por vezes bem arcaicos. Acentuamos anteriormente que, no inconsciente nossos pais são sempre os velhos, e todas as dificuldades anteriores podem ressurgir de um modo muito intenso, e nem sempre o amor suplanta o ódio.

Não obstante, mesmo dependente do Outro, é fundamental que se interrogue a demanda, buscando uma implicação subjetiva do sujeito com a mesma. Esta impõe manejos clínicos diferenciados da clínica com crianças, pois, como assinalou Lacan, o sintoma que a criança apresenta é uma resposta ao desejo da mãe ou do casal parental. Se isso ocorre na clínica com alguns idosos – o sintoma como resposta ao Outro que *cuida* – ele tem no geral menos consistência; há algo que resiste, ainda bem, a ser conduzido à mercê do Outro.

A análise deve ser um dispositivo que permita ao idoso se implicar e se responsabilizar por aquilo que deseja, mesmo estando na dependência do Outro. Nessa direção, em alguns casos fazem-se necessárias intervenções junto àquele que cuida do idoso – semelhante à clínica com crianças e adolescentes – para que a análise não seja interrompida exatamente quando seus efeitos começam a se impor. Não é raro encontrarmos um certo incômodo nos que cuidam de idosos quando estes começam a expor seus desejos e a se posicionarem de maneira mais incisiva diante das regras impostas ou do "esperado" na velhice.

Tais semelhanças com a clínica de crianças e adolescentes – resguardando-se as diferenças – resvala portanto sobre certos manejos clínicos se certo compromisso não é mantido, como a frequência às sessões. Ao mesmo tempo, isso não pode se tornar uma obrigação, imposição. Há que saber escutá-los; *faltar* às sessões é muitas vezes uma forma de o sujeito, marcado pela falta, apresentar-se na transferência e deve ser conduzido no caso a caso.

Outro ponto a ser considerado na clínica com idosos é a depressão. É raro um idoso que não apresente este diagnóstico, verificando-se em vários casos não se tratar de estado depressivo, mas de trabalho de luto proeminente diante de muitas perdas. É inegável que a depressão tende a surgir de forma mais incisiva na velhice devido ao acúmulo intenso de perdas que demandam o trabalho de luto. Lutos não elaborados podem levar à depressão, mas esta se distingue do luto.

---

[27] HERFRAY, Charlotte, *La vieillesse en analyse*, 1988, p. 213.

Apesar de ambos os estados se caracterizarem por estados de tristeza, desânimo, ausência de libido, sofrimento, desinteresse pelo mundo, o luto, como acentuado anteriormente, é uma resposta normal diante de alguma perda; é conduzido pela pulsão de vida. Ele demanda um trabalho de elaboração – trabalho realizado por meio de significantes. O sujeito quer falar do que perdeu, reviver cenas, imagens, experiências com o objeto perdido, esforçando-se em elaborar a perda. Na depressão, ao contrário, o sujeito esquiva-se da fala, envolvendo-se totalmente no estado de tristeza retirando os investimentos libidinais e o desejo de viver, com sentimentos de menos valia, autodepreciação, também encontrados na melancolia, além do desânimo, falta de apetite, entre outros sintomas. A depressão é, no entanto, uma resposta particular do sujeito diante do encontro com o real, e diante do mal-estar da cultura.

Presenciamos hoje uma tendência à banalização do diagnóstico de depressão, e, à medida que se nomeia a doença, ela passa a existir. Os sujeitos chegam expondo seus diagnósticos, tratamento e até o prognóstico, restando-nos, contudo, indagar sempre: qual é a depressão que lhe concerne? Em muitos casos, trata-se não da depressão, mas do luto ou de alguma irrupção da angústia importante. A ciência, como abordado nos capítulos precedentes, não trata o real concernido em cada sintoma e aquele concernido na clínica, a tentativa é de apagá-lo. Na ciência moderna, o diagnóstico é feito considerando-se a sintomatologia acoplada à medicação disponível. Não se trata de desconsiderar ou desconhecer a eficácia e a importância da utilização dos medicamentos em muitos casos, mas de interrogar uma prática que pretende anular, por meio de objetos, a incidência do real. Contudo, o real insiste e resiste, limitando a eficácia destes já que os estados depressivos têm íntima relação com a história de cada sujeito. A depressão pode constituir-se um sintoma analítico se há implicação do sujeito com aquilo que ele sofre. Está aí a diferença fundamental do tratamento dado ao sintoma pela via analítica; o sujeito é convocado a implicar-se com aquilo que se queixa.

A depressão torna-se, hoje, uma resposta bastante comum dos sujeitos ao mal-estar na cultura, conduzindo o discurso médico a descrevê-la como o sintoma do século. Entretanto, sabemos que o sintoma é uma resposta particular ao imperativo universal. A retração libidinal, nomeada por Lacan de *covardia moral* presente na depressão, faz furo à exigência capitalista atual na qual os sujeitos devem gozar sempre, felizes e satisfeitos. A depressão é uma das figuras presentes na inibição; nela o sujeito está imerso no gozo, e poderá surgir diante de perdas reais ou não. Frente a tal retração libidinal, a saída é promover retificações implicando o sujeito com a queixa, esforçando-se por encontrar novas vestimentas para o desejo.

Vale ressaltar ainda que os diagnósticos apressados levam grande parte dos idosos ao consumo de antidepressivos e, pior, tranquilizantes que, colocando-os em estado permanente de sono, leva-os a um aumento da retração libidinal tornando-os alheios ao mundo. A sonolência provocada por muitos tranquilizantes traz transtornos de consciência, percepção, atenção e outras funções importantes que atuam de forma conjunta havendo, concomitantemente, transtornos nas relações com o tempo e o espaço. Tudo isso afeta a memória dificultando a atualização de traços.

Sobre a memória, vale lembrar que o discurso médico indica diferentes fatores que podem afetá-la; doenças neurológicas – como as demências –, distúrbios metabólicos, falta de vitaminas, principalmente a B1, fatores emocionais, intoxicações, hipotireoidismo, estresse, angústia, depressão, tranquilizantes etc. Sem adentrarmos nessa vasta pesquisa, acoplada a inúmeras indicações de como "melhorar a memória" – abordada sob o ponto de vista anatômico –, ressaltamos que esse discurso assinala, na velhice, distúrbios da memória relativos ao presente, sendo preservadas as memórias relativas ao passado; anterógrada e retrógrada. Constata-se o fato, mas a formalização das causas resta ainda incipiente. A biologia moderna deparou-se, há poucos anos, com um fato delimitado por Freud – "Carta 52" a Fliess (1896) – os traços, uma vez marcados, não se perdem jamais, restando-lhe a questão: por que não se lembra?

É curioso que muitas indicações do discurso médico de como estimular a memória tangenciam a questão da reatualização dos traços; apelam para a importância do "desafio da capacidade mental", aprendizagens do novo, manutenção de uma vida ativa, relações diversificadas com o mundo, enfim, atividades que segundo tal discurso propiciariam o estímulo dos circuitos neurais.

Freud, conforme o Capítulo I, delimita que a memória se faz em três tempos e os traços marcados – que não se perdem jamais – sofrem de tempos em tempos novas inscrições, transcrições e traduções. Sublinhamos ainda que a tradução é feita pelo sentido – o sujeito busca na cadeia significante um sentido a partir da falha de sentido inaugurada pelo recalque originário –, e a transcrição é feita pelo som, pelo que se ouve, e, conforme indicado, ouvir é uma das formas de incidência do objeto *a* sobre o sujeito. A memória vincula-se, portanto, às relações objetais e ao recalque. Isso tange o campo analítico da psicopatologia da vida cotidiana amplamente discutida por Freud em "A psicopatologia da vida cotidiana"[28] recorda-se sob a pena do recalcado.

Sem adentrarmos na questão dos estados demenciais – alguns autores afirmam ter uma relação com depressões profundas e não tratadas –, sabemos que a memória se liga ao afeto, não passando pelas vias do recalque sofre vicissitudes, destinos. Necessitamos dos afetos na economia libidinal para reinscrevermos nossos traços, dando-lhes outras traduções. Necessitamos desses destinos pulsionais – a sublimação é um deles –, para atualizarmos nosso passado. Um sujeito que não tem condições de atualizar seu passado prescreve a morte em vida e, diante dela, a memória não tem porquê funcionar.

O idoso recorda insistentemente seu passado porque, nele, era sujeito de sua história. Toda vez que a insatisfação libidinal atual se fizer presente, haverá uma regressão ao estado anterior tentando tratá-la. Viver do passado, recontá-lo é, tantas vezes, uma forma de tentar atualizá-lo. Nessa direção, a análise tem um papel fundamental para a velhice; ela é, por excelência, o lugar na aposta da atualização do passado. Não importando se o idoso poderá inserir-se ou não na "cura tipo", não importando o quão frágil ele se apresenta, recontar, retornar aos traços do passado é, muitas vezes, a única saída que ele tem para atualizá-lo, provocando o enlaçamento com a vida atual.

A "regressão" ao passado, provocada pela análise, refere-se, antes de tudo, à regra fundamental com a qual operamos – a associação livre. O dizer tudo, não importa o quê diante de alguém que se dispõe a escutar na posição de analista – operando como objeto causa do desejo – por si mesmo provocará efeitos de sentido. A presença do analista, identificada ao atemporal do inconsciente, permite, pela transferência, a atualização dos traços no tempo de cada sessão. Tempo lógico que faz corte entre aquilo que se diz e aquilo que se ouve por detrás do dito.

Vejamos um recorte clínico como mais um dos exemplos das proposições assinaladas.

Selma (72 anos) queixa-se de um "nó na garganta e da cabeça cheia de problemas, coisas cabeludas, feias, ruins, doloridas" que lhe atormentam há anos. Como falar de um passado que dói? Quer saber sobre a regressão e a hipnose: "quem sabe isso ajudaria?" Interessa-se pelo "tratamento pela fala" desde que não sofra com isso. Sua ideia de hipnose é precisamente um mecanismo que opera sem dor, retirando tantas marcas e lembranças que doem. Malgrado a dor, relata, nos primeiros encontros, inúmeras marcas

---

[28] FREUD, Sigmund. A psicopatologia da vida cotidiana [1901], 1976.

de sua infância, buscando resgatar traços que pudessem dar sentido ao seu mal-estar. Depois de algumas sessões, acrescenta decidida: "preciso falar do problema atual que me incomoda".

O "atual" refere-se às inúmeras tentativas malogradas para obter sua carteira de motorista. Tem dificuldades com as aulas de *direção*; sabe tudo, mas quando faz erra. "Olho para o retrovisor e não vejo nada".

Sobre isto acrescenta que o pai não lhe permitia olhar para os lados quando andava na rua, olhar para os rapazes. "Sempre olhei e não via: lojas, lugares, pessoas... Será que não enxerguei nada em minha vida?"

O significante *dirigir* encadeia-se a um não saber dirigir a família; era boa mãe, lavava, passava, alimentava os filhos, mas não lhes dava carinho, amor, atenção.. "não tinha tempo; corria... corria. Estou falando de novo da autoescola, não é?"

Menciona que a filha repetiu o mesmo na educação dos filhos, mas sente um alívio pois percebe que esta conseguiu fazer diferente com os netos, seus bisnetos. "Também quero olhar pra trás e fazer diferente".

Incomoda-se com os significantes utilizados pelo instrutor: "desenvolva, desenvolva... ele quer que ande rápido e preciso de tempo... acho que não desenvolvi bem em minha vida; vivi amarrada, lavando, passando, correndo... que faço para desamarrar?"

Seu "problema atual" enlaça-se ao passado e ao futuro, atualizando os traços anteriormente marcados. Apesar do desagrado e desaprovação familiar às suas *aulas de direção*, esse sujeito não cede de seu desejo e, buscando colocá-lo em marcha, quer saber de sua repetição, aquilo que o impede de realizá-lo.

Vários sujeitos afirmam terem *aprendido a falar* com o processo de análise. Aprenderam a escutar seus inconscientes e construíram um certo saber sobre suas formas de gozar. A associação livre provoca uma certa decantação da palavra, possibilitando que o sujeito possa usufruir os efeitos dos significantes sobre si mesmo, não importando se está em causa uma "cura tipo" ou não. Muitas vezes um percurso de análise é curto do ponto de vista cronológico e, é claro, não possibilitando a construção e a travessia do fantasma fundamental, mas permitindo ao sujeito uma reorganização de sua libido, e um certo tratamento do gozo, com efeitos importantes nos laços com o Outro.

Mesmo que as análises com "anciãos"– quarta categoria mencionada por De Gouès – não passem das entrevistas preliminares, ou entradas em análise com um período não muito longo de duração – dadas muitas das dificuldades encontradas no real do corpo –, isso não implica, contudo, uma "terapia breve".

Mesmo que o tempo tenha sido curto e o trabalho de análise tenha sido bem diferente da análise em seu fim, encontram-se aí os dispositivos analíticos, tratando-se pois de uma análise. Por fim, se os efeitos são, por vezes, apenas "terapêuticos", não o pode ser a nossa prática, esse ponto é fundamental.

Observa-se, inclusive, que, mesmo nas clínicas universitárias nas quais, muitas vezes, o sujeito é obrigado a fazer o luto de uma transferência abrindo-se a outra – alguns alunos concluem o curso e não continuam a clinicar –, persiste uma transferência importante ao dispositivo analítico e que pode ser manejada.

Sobre a relação da velhice e estruturas clínicas na direção do tratamento, Bianchi[29] introduz algumas indicações que vale a pena comentar.

Segundo esse autor, algumas pesquisas dirigidas à relação da velhice e esquizofrenia indicaram que, com a idade, a tendência é de uma "resignação pacífica de nivelamento dos sintomas maciços e atenuação do impacto das ideias delirantes"[30] na maioria dos pacientes esquizofrênicos observados. Resta-nos indagar se essa *resignação pacífica* não se dirige sobretudo a um empobrecimento do eu e empobrecimento dos laços sociais. Sabemos, desde Freud, a importância do delírio nas psicoses como tentativa de cura, e o fato de um sujeito não delirar não implica que o retorno do real não seja cruel. Interrogamos, ainda, se essa remissão pacífica não provocaria estados demenciais. De toda forma, na psicanálise aplicada aos idosos, a questão diagnóstica é, em geral, menos complicada; em se tratando da estrutura psicótica, será raríssimo que uma crise não tenha ocorrido até uma idade avançada.

Outras pesquisas mencionadas pelo autor referem-se às relações da idade e estados depressivos, ansiedade, conversões. Elas não são, todavia, uniformes; algumas demarcam uma atenuação na velhice das síndromes ansioso-fóbicas, dos sintomas obsessivos, histéricos e das conversões. Outras, no entanto, demonstram o contrário; aumento da tendência à depressão e das patologias psicossomáticas.

Nossa experiência demonstra que muitos sujeitos só demandam análise sob os efeitos de muito sofrimento. Na neurose obsessiva, por exemplo, isso ocorre em geral no estado limite; limite das perdas, dos *actings-out*, limite do sofrimento, e, dessa forma, o sujeito chega expondo seu gozo de maneira muito evidente, não implicando, com isso, que ele saiba de seu gozo ou o analista

---

[29] BIANCHI, Henry. *O eu e o tempo: psicanálise do tempo e do envelhecimento*, 1993, p. 60.

[30] BIANCHI, Henry. *O eu e o tempo: psicanálise do tempo e do envelhecimento*, 1993, p. 60.

possa dizê-lo. Na velhice ocorre algo similar; muitos sujeitos testemunham, de forma abrupta, a queda de muitos sustentáculos da relação com o Outro. O esgarçamento de muitos laços ocasiona a exacerbação do sofrimento, escancarando de forma mais proeminente os traços de estrutura. Entretanto, essa exacerbação dos traços não indica por si limites à condução do tratamento. A clínica demonstra que, no sofrimento e na angústia, residem sinais do desejo; muitos sujeitos têm um fecundo trabalho de análise diante desse encontro maciço com o real, desde que possam falar, diante de alguém que os escute.

A propósito, uma analisante com 68 anos, em crise aguda de pânico, acoplada a diferentes sintomas físicos, dentre os quais uma "cachoeira" no ouvido que não lhe permitia dormir e tonteiras que lhe cerceavam seus movimentos, afirma estar "sem amparos, sem apoios para sustentar sua marcha", após mencionar diferentes rupturas e quedas de ideais.

Sem adentrarmos nos méritos de tais pesquisas, dadas as inúmeras variáveis intervenientes, podemos assinalar dois pontos a partir do que já foi demonstrado: a estrutura não se modifica jamais, modificando-se apenas a relação do sujeito com sua determinação, e não acreditamos que a velhice por si mesma possa efetuar tal retificação. No entanto, é evidente que as experiências vividas no curso dos anos oferecem oportunidades de construção de um certo saber sobre o seu gozo, mas isso depende de inúmeros outros fatores, e nada disso é garantido.

Em nossa experiência, a partir da clínica e do trabalho com idosos em outras vertentes, constatamos que, para alguns, há abrasão dos traços de estrutura, mas isso não implica modificações acentuadas na forma de gozar. A tendência é de um aumento das conversões, já que o enfraquecimento dos laços simbólicos, e, portanto, com a palavra, faz convergir para o corpo uma gama enorme de sintomas, constituindo, ao mesmo tempo, um momento em que muitos idosos buscam a psicanálise na tentativa de operarem de outra forma com sua estrutura fantasmática. O mesmo ocorre com as depressões, estados de pânico, angústia, sintomas obsessivos e histéricos, pois, como afirmamos no Capítulo II, é o momento no qual o sujeito vive seu desamparo de forma mais fecunda – em diferentes direções – e o real da castração se insinua por inúmeras faces. Ao mesmo tempo, a velhice oferece um momento fecundo de trabalho analítico se, a partir desses encontros com as faces do real, o sujeito busca um saber sobre eles. É isso que se pode constatar na clínica; há trabalho analítico, há análises, não importando em qual idade os idosos se encontram.

Esperamos ter demonstrado, no percurso feito até aqui, a importância da análise para tais sujeitos. Na sequência, exporemos três casos clínicos –

um escutado em supervisão e os outros dois conduzidos por mim – que darão outras indicações à condução do tratamento na clínica com idosos; considerando-se as incidências da velhice e, sobretudo, considerando-se a questão amplamente discutida nesse trabalho: o sujeito que não envelhece.

Trauma e conversão nos rins que tremem

Efigênia procura a CPNP queixando-se tremor dos rins, dores no peito, pressão alta, pressentimentos de ter um câncer e de absorver todos os sintomas de pessoas doentes com as quais tinha contato. Extraíra um rim sadio há cerca de três anos antes do início de sua demanda de análise, devido ao comércio de órgão promovido por um "médico" boliviano, posteriormente preso. Apresentava reincididas infecções no outro rim que não cediam aos medicamentos, sendo indicada à análise por um médico. Frequentemente era assolada pelo medo da hemodiálise e da morte, além dos efeitos traumáticos da perda de um rim.

Esse caso foi acompanhado em supervisão no percurso de quase três anos, sendo atendida por dois estagiários diferentes. Como acentuamos anteriormente, mesmo com os percalços de mudanças na transferência, impondo o luto, o laço pode permanecer pela transferência ao dispositivo analítico. No caso em questão, mesmo apresentando uma certa dificuldade, a princípio pela mudança de estagiário, esse sujeito afirmou sua disposição em continuar os atendimentos pelos efeitos da escuta analítica; *aprendeu a falar*.

De início, Efigênia mal conseguia articular um discurso pelo qual se incluísse como sujeito; seu corpo tomava a cena sob inúmeras conversões diante das quais as palavras eram sempre insuficientes. Agarrar-se à consistência de rins que tremiam e doíam – referia-se aos dois apesar de não os ter –, à pressão que subia e descia, às dores no peito era, para esse sujeito, uma forma de tratar o encontro com incidências do trauma que, aos poucos, foi construído em sua análise.

Acentuamos com Freud que tanto a força pulsional quanto a frequência são índices que atualizam o trauma. Nesse caso clínico, temos os dois, e, na falta de significantes para nomeá-los, seu gozo inscrevia um sentido alheio ao seu saber. Como todo encontro com o real impõe um tipo de resposta, além de inúmeras conversões, esse sujeito apresentava estados de angústia, sinalizando um certo desfalecimento da cobertura fantasmática e aquilo que, de seu desejo, permanecia sob espreita.

Malgrado o estado de angústia em que se encontrava, não faltava aos encontros, e, aos poucos, a ausência de significantes escrita por seu corpo, à sua revelia, foi cedendo aos efeitos que toda fala tem para o ser falante. De um corpo que não dá tréguas Efigênia passa ao romance familiar, escrevendo como seu gozo foi sendo significantizado. Os rins que tremiam e sua angústia encadeavam-se ao susto e ao medo de tomar posições diante do desconhecido da demanda e do gozo do Outro. Todas as situações que indicavam perigo inesperado, provocando-lhe imediatamente o susto, promoviam o tremor dos rins. Do rim que *treme* ao rim que *teme*, significantes que surgem no decurso de sua análise, há um intervalo no qual esse sujeito se insere pelo *susto*; significante importante na construção de sua resposta sintomática. O que treme, teme, causa susto e dói?

Certa feita, depara-se com a perda das chaves de um armário da casa onde trabalhava, sendo tomada pelo medo, e, antevendo uma situação na qual não encontraria respostas, angustia-se, e seu rim treme imediatamente. Um dia tem notícias de que a filha encontrava-se muito mal de saúde, respondendo imediatamente com o tremor dos rins após um longo percurso pelo qual os "tremores" cediam à palavra. Relata, então, diferentes encontros com o trauma que fazem uma determinada cadeia e se ligam em pontos fundamentais.

Ainda bem pequena, mesmo sendo proibida de ver um acidente de trem ocorrido perto de sua casa, sai com alguns amigos para o local e, subindo em uma árvore para avistar o sucedido, cai batendo as costas no chão. Fica paralisada durante um bom tempo e, entre as dores, a incapacidade de andar e o *susto*, é punida pelo pai com uma surra. Aos 12 anos, cai sentada de um barranco, ao apanhar um ninho de passarinhos, *não conseguindo andar por algumas horas*.

Vemos delineando-se o que Freud nomeou inicialmente de complacência somática. Há uma marca no corpo, não se tratando, entretanto, do corpo anatômico; é um corpo erogeinizado pelo Outro e que será, no *a posteriori*, local privilegiado de gozo.

Uma das formas de insistência do trauma é a conversão. Nesse caso, o excesso de excitação que não encontra palavras encontra um caminho pelas trilhas da inervação somática. Em "As neuropsicoses de defesa" [1894], Freud afirma:

> Na histeria a representação incompatível é tornada inócua pela transformação de sua soma de excitação em alguma coisa somática. Para isso eu gostaria de propor o nome de conversão. A conversão pode ser total ou parcial. Ela opera ao longo da linha de inervação motora ou sensorial relacionada – intimamente ou mais frouxamente – com a experiência traumática.[31]

---

[31] FREUD, Sigmund. As neuropsicoses de defesa [1894], 1976, p. 61.

Na histeria, prevalece a disposição "para transpor enormes somas de excitação para a inervação somática"[32], constituindo-se numa luta contra a pressão pulsional. As saídas seriam o pensamento associativo ou a reação motora, as conversões.

No caso descrito, há, de início, uma "complacência somática"; uma marca inicial – uma queda batendo com os rins no chão –, um acaso, e que no só depois serviu de apoio para o sintoma histérico. Essa região, longe de seu estatuto anatômico, constituiu-se, para esse sujeito, um local privilegiado de gozo. Nos termos de Quinet:

> Uma cena traumática deixa uma marca mnêmica e uma marca no corpo, e a ligação entre as duas é um significante. O que demonstra a psicanálise é que o inconsciente estruturado como uma linguagem está no corpo, inscreve-se no soma.[33]

Depois nos deteremos na teoria freudiana sobre a "complacência somática" e sua relação com a conversão e o trauma.

Outros encontros traumáticos são trazidos. Aos 13 anos, ela perde as chaves da casa de uma vizinha que estavam sob sua responsabilidade; sendo acusada de irresponsável, teme as surras do pai e outras punições corporais, tremendo muito de medo. Aos 14 anos emprestou alguns pratos à vizinha, sem a permissão do pai quando a mãe viajava. O pai descobre o feito, repreendendo-a duramente. Tomada pelo susto e pelo medo, deixa-os cair no chão, sendo espancada pelo pai e levada a um hospital. No final da adolescência, o irmão pega-a conversando à noite com um primo e, supondo algo sexual entre os dois, expulsa-o de casa com socos e injúrias, sem que esse possa se defender. Novamente ela revivia pelo Outro a exposição de um corpo batido e sem palavras.

Outra lembrança encadeia-se às incidências do trauma: quando era costureira, tomou sob seus cuidados um bebê, enquanto a cliente experimentava a roupa. Este fica agarrado em um alfinete que estava em sua roupa, sendo perfurado pelo mesmo. O susto reaparece juntamente com a conversão; fica paralisada por muito tempo, completamente muda, e seus rins tremem.

Em seu percurso de análise, outras experiências – marcadas pelo susto, pelo inesperado – fazem surgir respostas de conversões que não perduram. Aos poucos, os rins que tremem cedem lugar à fala, e do romance familiar ela pôde, finalmente, fazer a passagem à sua vida amorosa. Seu percurso de

---

[32] FREUD, Sigmund. As neuropsicoses de defesa [1894], 1976, p. 63.
[33] QUINET, Antônio. Histerias. In: *Stylus*, 2003, p. 79.

análise permitiu-lhe averiguar que a mesma posição de temor repetia-se no seu casamento, provocando um distanciamento com o marido. Conclui, depois de três anos de análise, que seus rins não tremiam porque aprendeu a falar sem *temor que tudo viesse a desabar*, indicando a passagem de um corpo que se põe como ancoragem ao trauma, às fixações, afeto inassimilável às palavras, a um sujeito que, se responsabilizando sobre aquilo que se queixa, pode dar ao trauma novas traduções, já que a primeira foi perdida para sempre. Nessa perspectiva, torna-se importante retomarmos, para concluirmos, a relação entre trauma, sintoma e conversão.

O conceito de trauma percorre toda obra de Freud, permitindo-lhe, a partir da clínica, criar o conceito de realidade psíquica em detrimento da realidade factual. Foi buscando as origens do trauma que ele se deparou com o inominável; o real no sentido lacaniano. Nessa época, Freud buscava ainda o fator desencadeante do trauma, o núcleo patogênico apresentado no sintoma, sob o fundo da realidade factual. Mas ao buscá-lo, apercebeu-se de que esse núcleo era, de fato, resistente à hipnose, à interpretação e à palavra, ponto de recrudescimento do sintoma, depreendendo, posteriormente, que esse resíduo inacessível ligava-se à fantasia e à sexualidade infantil.

Em 1893, no texto "Sobre o mecanismo psíquico dos fenômenos histéricos"[34], Freud delimita algumas condições para o trauma: ter o caráter de gravidade e de ameaça à vida, sem, contudo, impedir a atividade psíquica, não deve, por exemplo, provocar uma concussão cerebral ou qualquer ferimento realmente sério. Ao mesmo tempo, relaciona-se, de forma especial, com uma parte do corpo, acrescentaríamos, um corpo erogeinizado. O trauma sofre, ainda em sua constituição os efeitos da palavra, efeitos daquilo que se ouve. Delimita-se ainda, nesse momento, uma relação estreita do sintoma ao trauma; em ambos, subsistiria um sofrimento adjacente.

É interessante observar que, mesmo buscando a realidade factual e inquirindo suas histéricas para que falassem daquilo que sofriam, nomeassem o real, Freud não fechou seus ouvidos ao inesperado da clínica. Nesse sentido, podemos encontrar, dentro da primeira e da segunda teoria freudiana do trauma, algumas teses que podem ser lidas com as formalizações de Lacan sobre o real e o trauma. Há, por exemplo, a tese de que o trauma refere-se a um excesso de excitação, uma sobrecarga insuportável que não pode ser simbolizada, excedendo as possibilidades do aparelho psíquico de inibi-lo. Isso não é alheio ao conceito do real formalizado por Lacan.

---

[34] FREUD, Sigmund. Sobre o mecanismo psíquico dos fenômenos histéricos [1893], 1976.

O sintoma é uma insistência do trauma, é "um símbolo mnêmico do trauma", afirmou Freud em 1893. De outra forma, o sintoma promove um tratamento do trauma através de sua face simbólica, metafórica. Assim, apesar da falha de tradução – denominada, nessa época, de recalque –, as impressões sensoriais, as cotas de afeto que não encontram palavras continuam a agir e formar derivados. Em "Moisés e o monoteísmo" [1934-1938], o trauma, no plural, é definido como as impressões, "cedo experimentadas e mais tarde esquecidas [...]"[35]. Prevalece a ideia de que o trauma é um afeto original do qual o sujeito não pode se livrar. O trauma original é um traço marcado mas perdido, e a fantasia originária advém como uma primeira tentativa de fazer borda a isso que não se dialetiza. O sintoma é uma forma privilegiada de atualização do trauma, mas existem outras como as conversões, a repulsa, os comportamentos repetitivos e outros "transtornos histéricos".

Tais manifestações, sobretudo corporais, ligam-se ao trauma inicial cujo índice é sexual. Temos, pois, um deslocamento de uma representação a outra. Que tipo de laço há entre essas representações? Nessa época, Freud pressupunha uma ligação ao acaso, mas tendo como ponto de apoio o sofrimento. Todas as formas de resposta ao trauma preservariam o selo do sofrimento.

O traumático, afirmava Freud, não é a experiência em si, mas seus efeitos no *a posteriori*, representado pela lembrança. O trauma não é um fato, mas um efeito da estrutura, um efeito da falha de tradução inicial. A efetivação do trauma assentar-se-ia pelo menos em dois tempos. É no intervalo do tempo que o trauma é inscrito, surgindo para o sujeito como uma nova experiência. A cena traumática só passa a existir depois de ser "escrita" pelo sujeito.

Na conferência "Fixação em traumas"[36], é delimitada uma associação entre trauma e fixação: repete-se a situação traumática fixada no momento do trauma. Conforme fizemos notar no Capítulo I, o termo "fixação" é o mesmo que, em 1915, Freud utilizou para falar de recalque originário. Quer dizer, o primeiro trauma, trauma fundamental, é o encontro do sujeito com algo que ele desconhece e diante do qual ele não tem palavras; o traumático é isso que se fixa e não pode ser nomeado. A fantasia surge como uma resposta particular a esse inominável, dando um certo enquadramento ao real, buscando escrevê-lo sob o estatuto do simbólico. Entretanto, prescrevendo a relação do sujeito ao objeto, ela deixa descoberto o real. No só depois, o sujeito buscará, na cadeia significante, palavras que possam nomear o que se

---

[35] FREUD, Sigmund. Moisés e o monoteísmo [1934-1938], 1975, p. 91.
[36] FREUD, Sigmund. Fixação em traumas [1916-1917], 1976.

escreveu para ele para além e para aquém de qualquer sentido, encontrando, nessa empreitada, uma escrita suportada pela falta de um significante.

Se percorrermos outros textos freudianos, encontraremos a mesma ideia: o trauma refere-se à impossibilidade de nomeação, malgrado seu caráter de efetividade, caráter real. Não é outra coisa que Freud afirmou em "A interpretação dos sonhos" [1900]:

> Em consequência do aparecimento atrasado dos processos secundários, o âmago de nosso ser, consiste em impulsos impregnados de desejo [...] Estes desejos inconscientes exercem uma força compelidora sobre todas as tendências mentais posteriores, uma força com que essas tendências são obrigadas a harmonizar-se ou que podem talvez esforçar-se para desviar-se ou dirigir para objetivos mais elevados.[37]

Esse encontro com o real traumático, sendo o primeiro, poderá surgir em qualquer período da vida, em qualquer momento no qual o sujeito não possa assimilar a realidade encontrada, e isso remete ao conceito de desamparo psíquico, anteriormente abordado. Fizemos notar que ele se relaciona à imaturidade inicial do ego, ao perigo de perda do objeto (perda do amor), à falta de autossuficiência dos primeiros anos da infância, ao temor de ser castrado e ao temor ao superego. Tudo isso é, por excelência, traumático e alia-se ainda à angústia, já que esta, sendo um afeto real, está intimamente relacionada ao recalque originário, ao trauma. A angústia sinaliza a incidência do trauma, como é salientado por Freud em "A questão da análise Leiga" [1926][38]. Ela introduz uma tentativa de fuga que visa proteger o sujeito diante do perigo das impressões marcadas pelo trauma. Vimos, no caso citado, que, todas as vezes que esse sujeito se defrontava com o desamparo, a conversão surgia como forma protetora.

Toda a cadeia de conceitos aliada à ideia de trauma indica sempre o encontro do sujeito com algo diante do qual ele não tem recursos simbólicos para tratar; faltam-lhe representações verbais.

O inconsciente é efeito do trauma (efeito do recalque originário), isso que, marcado, não se lembra. Como acentua Lacan, "o inconsciente não é perder a memória mas é não se lembrar do que se sabe".[39] O primeiro encontro traumático do sujeito é aquele marcado pelo recalque originário – servindo de atração para

---

[37] FREUD, Sigmund. A interpretação dos sonhos [1900], 1972, p. 642.

[38] FREUD, Sigmund. A questão da análise leiga [1926], 1976.

[39] LACAN, Jacques. *Scilicet*, 1968, p. 35.

todos os conteúdos a serem posteriormente recalcados –, mas, impondo-se como um ponto de fixação, não poderá jamais ser nomeado. As marcas estão aí, os traços persistem, mas irreconhecíveis e intraduzíveis, com a falha inaugural de tradução, que se exibe pela repetição sem tréguas, definida por Lacan de *Automaton*.

Sofre-se do que se desconhece, sofre-se do estranho e tão familiar abandono, sofre-se do excesso; caminhos pelos quais o gozo percorre as marcas traçadas e não lembradas. À análise só resta operar com os derivados do trauma e da fantasia, para construir um certo saber, saber não todo daquilo que se sofre.

Como sinalizado no texto "O recalque" (1915), no caso de uma verdadeira histeria de conversão, o recalque pode provocar um desaparecimento da cota de afeto, expressando-se pela *la belle indifférence des hysteriques*. Esse não é o caso de Efigênia; sua angústia sinaliza uma cota de afeto que, afetando seu corpo, se interpõe ao jogo da indiferença, presentificando a cota de fracasso presente em todo recalque. De toda forma, a área superinervada da conversão "revela-se como sendo parte do próprio representante pulsional recalcado, parte que – como se isso se verificasse através de um processo de condensação – atrai toda a catexia para si própria".[40] Verifica-se, portanto, um certo êxito relativo aos destinos do afeto e do recalque, mas marcados sempre pela cota de fracasso. A conversão, visando proteger os traços, as representações, acentua, por outro lado, a divisão psíquica.

No caso Dora Freud,[41] afirma entretanto que não é fácil dispor da complacência somática necessária à conversão. Nesse sentido, o sintoma pode encontrar outros pontos de facilitação necessários à formação da cadeia associativa, cadeia significante, instalando-se como "um odre velho repleto de vinho novo". A parte somática do sintoma histérico, continua Freud, é muito mais difícil de substituir do que a psíquica; esta é mais variável e substituível. Daí deduzirmos a importância da palavra no tocante à incrustação e insistência da conversão.

Efigênia escrevia, com seu corpo diante do susto, pelo tremor e temor, sua história; escrevia, sem o saber, como seu gozo foi sendo significantizado pelo Outro. Seu corpo tornou-se complacente, servo, benevolente, entregue à sua forma de gozar, mas recusando o significante do Um do pai. Desde a primeira lembrança, ali está o "não" do Pai diante do qual ela se interpunha.

---

[40] FREUD, Sigmund. O recalque [1915], 1974, p. 180.
[41] FREUD, Sigmund. Fragmento da análise de um caso de histeria [1905], 1972.

Recusando-se a fazer do corpo uma morada anatômica, ela cria um outro corpo que escapa ao saber médico e, escapando à decifração do significante mestre, permite-lhe, mesmo que pelas vias do sofrimento, inscrever sua marca, a mais fundamental possível. Quem pode controlar e deter os rins que tremem?

O trauma carrega também um lado subversivo, pois, indicando o mais singular de cada sujeito ele não se alinha jamais à demanda das soluções propostas pela civilização, inclusive aquelas dos discursos sociais que demandam traumatizados se ausentarem da implicação com seus traumatismos, tomados como irrupções do exterior. Implicar o sujeito naquilo que o concerne em cada encontro traumático é fundamental. Mas torna-se importante assinalar, nessa direção, um outro ponto. Se, por um lado, o único tratamento aos traumas é a palavra, torna-se fundamental nos atermos à prática em voga hoje em dia: que o sujeito traumatizado fale de seus traumas. Sob certos aspectos, essa demanda assemelha-se à clínica freudiana dos primórdios da psicanálise. O sujeito traumatizado não chega querendo falar de seus traumatismos. Em geral, o que ele menos deseja é tocar nessa ferida aberta. É pelas bordas, por aquilo que ele pode, aos poucos, nomear, pelas trilhas possíveis abertas aos derivados do trauma e dos traumas que ele encontrará meios de transcrever o intraduzível, mas sempre sob a barra inicial de uma falha na tradução.

Interiorizando a dor, Efigênia tornava-a a mais singular e impenetrável. Seu corpo, leito do Outro, como afirmou Lacan em "Radiofonia", demonstra a força da incorporação dos significantes do Outro, mas de um jeito totalmente histérico, fazendo-se sempre arredio a qualquer intervenção. Mas, mortificado, esse corpo ainda treme, grita, traz sua marca, subverte.

Depreendemos da construção desse recorte clínico a importância dos primeiros traços e a importância do simbólico para tratar o real que incidia pelas conversões no real do corpo. Mas o simbólico, sendo a via de tratamento, só tem sua eficácia ao dirigir seu olhar para o real. É a partir das incidências do simbólico sobre o real que a clínica opera, passando pelos caminhos traçados pela consistência imaginária. Esse percurso de análise permitiu a esse sujeito, após anos de conversões – na época que demandou análise, Efigênia estava com 64 anos –, um tratamento do real e um certo saber sobre sua maneira de gozar. De toda forma, vimos que o tratamento, nesse caso, foi sobre os derivados do trauma fundamental, pois este é, para sempre, inacessível, podendo ser apenas construído em uma análise em seu fim. Nesse caso, não houve a construção e travessia fantasmática.

A velhice é um período propício à emergência dos traumas, e a passagem do tempo pode ou não favorecer a elaboração do que não se modifica. Muitos idosos se recolhem narcisicamente em um mundo de lembranças e de imagens de um passado idealizado, abdicando-se do presente. Isso tem como efeito a diminuição das possibilidades sublimatórias. Não sendo possível evitar a insistência das inscrições pulsionais, o idoso tem diferentes respostas sintomáticas como tentativas de tratar o insuportável. Enfocaremos, no decurso deste capítulo, um caso clínico no qual fica patente a incidência do trauma e a subsequente demanda de análise.

Inibição e angústia em um caso de neurose obsessiva

É com um estado depressivo bem acentuado que Jesus (63 anos) chega à análise, após um tratamento medicamentoso de longo tempo, dizendo-se "abatido pelo tempo", reclamando dos efeitos do envelhecimento concernentes à perda de poder sobre sua família e da relação com o trabalho. Após 20 anos de um comércio satisfatório, transitando entre este, seguindo os passos do pai, e outra escolha profissional e, por fim, dedicando-se inteiramente ao comércio, com uma aposentadoria adquirida bem cedo, se vê diante de uma nova "economia", a do mercado e a própria. Endividado, pagando títulos em cartório, ressente-se, ainda, do comando das mulheres (esposa e filhas) que resolveram assumir o negócio familiar, sob a alegação de que, diante de sua "crise", lhe era impossível gerir os negócios.

Um fato agrava ainda mais a sua situação, deixando-o completamente transtornado; a mulher e a cunhada, à sua revelia, saldam toda sua dívida. Isso que "lhe rasga o peito", sua angústia, encontra, pelo dispositivo analítico, pouco a pouco, um discurso carregado de ressentimentos: "Agora estou nas mãos delas, elas comandam; querem me rebaixar, tornando-me pequeno". Significantes que denunciam o efeito feminizante dessas mulheres sobre ele e os efeitos de uma dívida paga sem seu consentimento. Da crise do pai "desqualificado" (que se escancara por diferentes significantes) ele passa à crise de sua posição masculina. Afirma sentir-se como um "objeto qualquer, sem valia, que despenca como se despenca fruta madura, velha, que já não presta". O que se despenca? Sua resposta traz, de início, um discurso carregado de justificativas que vão das mudanças advindas pelo envelhecimento às mudanças do mercado. Entre uma e outra, o "necessário" da dívida surge como ponto importante do sentido de seu gozo. Por que o necessário, isso que não cessa de se escrever,[42] impõe-se à dívida? O que ele deve?

---

[42] LACAN, Jacques. *A angústia,* Seminário de 4 de junho de 1969, inédito.

Anuncia, pouco a pouco, seu ponto de identificação e fixação num pai que falha. Um pai privado de pagar a dívida, ou que morre de ataque cardíaco ao ser cobrado de uma dívida já paga, quando tinha apenas quatro anos. Um pai que negociava fazendo dívidas, pagando-as para refazê-las em seguida. Circuito quebrado quando o pai entrega o dinheiro a um amigo para que o mesmo o repassasse ao credor, e o amigo não o faz. Ao ser cobrado da dívida paga, não paga, morre de um ataque cardíaco fulminante. Entre uma possibilidade e outra, a dívida do Pai morto, simbólica, mistura-se às dívidas no real: "eu sempre fiz dívidas e as pagava, mas agora..." No agora lhe advém a impossibilidade de postergar o pagamento de uma dívida real, paga pelas mulheres, fazendo furos nesse mais-de-gozar. É claro que tal posição surge também na transferência sob a dificuldade de pagar as sessões uma por uma e tem de ser manejada. A intervenção de que na análise a dívida é paga a cada vez provoca seus efeitos

Aquilo que acentuamos durante nossa exposição tem, nesse caso, uma importância fundamental. Há coisas que se perderam e não podem ser recuperadas; há de se fazer o luto do que se foi. E as intervenções dirigem-se, a princípio, buscando certo remanejamento do gozo fálico, já que algumas questões no real demandam respostas que sejam possíveis. As perspectivas de vender o estabelecimento comercial e de trabalhar na outra profissão não lhe trazem, todavia, o alívio esperado. Ressente-se do ato das mulheres: "a dívida era dele e não delas." "Como alguém poderia tê-lo privado de pagar a dívida? Uma dívida é sempre pessoal."

A posição no real de uma mulher que, saldando sua dívida, lhe retira num só golpe, as amarras fálicas, impondo-lhe uma angústia implacável, faz vacilar aquilo que recobria para ele o objeto e a condição de seu desejo. Ele demonstra que o ato da esposa fizera vacilar sua "confiança", *com-fiança*, na mesma e, com ela, o desejo.

Diante da questão: "uma mulher não pode pagar a dívida?", ele traz uma cadeia significante importante na qual a posição materna surge como aquela que "cuidou de tudo", que criou os filhos, trabalhou e os sustentou; enfim, uma mulher que, diante do fracasso paterno, surge como potência fálica. A dívida simbólica do Pai morto, retalhada pelo ato das mulheres de *liquidação* de sua dívida real – anulando a escansão entre uma e outra e, traçando no real a impossibilidade de postergar o pagamento da segunda –, escancara-lhe o real da castração e o encontro com a morte. A impotência do pai morto transveste-se em sua própria impotência.

De qualquer modo, pela via da denegação ou da anulação, Jesus acaba por reforçar o significante, já que "quanto mais eu digo que isso não está aí, mais isso está".⁴³ Quanto mais denegava a dívida no real mais reforçava a dívida simbólica, pela qual reforçava também sua herança e identificação ao pai morto, buscando perpetuar o mais-de-gozar.

Queixa-se dos efeitos colaterais dos remédios que, segundo ele, inibem-lhe o ato sexual, causando-lhe sintomas de impotência. Ao mesmo tempo, acentua não saber se "não seria melhor deixar para lá", a ter de conviver com o que ele denomina "a ilusão do homem que come a mulher". Angustia-se diante do fato de que, pela primeira vez, se apercebeu de que a fala popular para nomear o gozo masculino é completamente falsa: como não havia percebido isso antes? São as mulheres que comem os homens e não o contrário, já que elas podem gozar várias vezes se quiserem, enquanto os homens, quando gozam, ficam exaustos, frouxos.

Angustia-se diante da certeza da detumescência do órgão masculino: "isso que cai, que fica frouxo", como também da possibilidade feminina de não apenas mentir sobre o gozo, mas de não precisar apresentar seu desejo na cópula: "seu parceiro jamais saberá, ao certo, se ela goza, sente prazer. Não sei se dou prazer à minha mulher, não sei se ela finge só para terminar mais rápido e ficar livre de mim".

Tudo isso sinaliza bem as três vias pelas quais surge a angústia: o que eu quero: *Che vuoi*?, o que o Outro quer?; Como o Outro goza? Questões advindas do encontro do sujeito com o $ (A). O falo em "estado murcho" como assinala Lacan,⁴⁴ "tem função de resto, quando o desejo é satisfeito". Nesse intervalo, nisso que faz resto, Jesus encontra a angústia. Momento importante, pois expõe a implicação de seu desejo nesse ato.

Faz intermináveis demandas à esposa para que esta lhe dê demonstrações de amor e desejo, sem que nenhuma resposta da mesma possa aplacar esse encontro com o real da diferença dos sexos, o real da castração.

Vale lembrar que a mulher, como causa da angústia, foi marcada por Freud em "O tabu da virgindade" (1917), conforme salientamos: "o homem primitivo institui um tabu quando teme algum perigo",⁴⁵ desenvolvendo a tese de que não é a virgindade o tabu, mas a própria mulher pelos efeitos feminizantes trazidos por ela. Dessa forma, a mulher como Outro, Outro sexo, traça o perigo iminente a esse sujeito pelo horror à castração. Contudo, como evidenciamos no capítulo anterior, o gozo do Outro, gozo sem as amarras

---

[43] LACAN, Jacques. *Seminário da Angústia*, lição de 30/01/1963.

[44] LACAN, Jacques. *Seminário da Angústia,* lição de 13/03/1963.

[45] FREUD, Sigmund. O tabu da virgindade [1917-1918], 1970, p. 185.

fálicas – ponto de interseção entre o real e o imaginário, lugar também de inscrição da angústia –, difere-se do gozo feminino, pois este, sendo não todo, guarda uma referência fálica, até mesmo para fazer-se um não todo.

Jesus não compreende nada sobre o gozo feminino, interpreta o gozo das mulheres como gozo do Outro; gozo sem barreiras que invade o sujeito. Tal confusão relaciona-se às perdas fálicas nas quais as mulheres estavam implicadas. Da mesma forma que ele confunde dívida simbólica com dívida real, ele não delimita uma distinção entre gozo feminino e gozo do Outro, colocando diante disso uma série de defesas imaginárias.

Pelas vias da escrita, uma das vias reabertas pela análise, ele tenta escrever algo sobre isso que não para de não se escrever. Em um escrito intitulado "Angústia", ele expõe o insuportável que o "assola":

> Filha bastarda do egoísmo
> Irmã gêmea dos interesses pessoais.
> Portadora de uma realidade quase sempre fatal.
> É como gelo que acoberta um rio:
> O mais comum é submergires na travessia.
> Filha bastarda da rainha-abelha de cujo companheiro se prenhe e, em seguida, o mata.

Ao tentar escrever sua angústia, faz uma dupla inscrição da mesma; sua relação com o gozo, associando-o ao feminino – esse enigma portador de uma realidade quase sempre fatal –, e sua relação com a castração. No dizer de Lacan,

> [...] é enquanto quer meu gozo, isto é, quer gozar de mim – não pode haver outro sentido – que a mulher suscita minha angústia, e isto por uma razão simples, inscrita há muito tempo na nossa teoria: é que não há desejo realizável na via na qual situamos, senão implicando a castração. É na medida em que se trata de gozo, isto é, onde á a meu ser que ela quer, que a mulher só pode alcançá-lo castrando-me.[46]

Se a angústia não engana, a estratégia obsessiva é de, justamente, não permitir que se extraia dela seu ponto de certeza; é de fazer da mesma a causa da dúvida. Situar-se nesse circuito: "dou ou não prazer à minha mulher" é uma forma de Jesus perpetuar um encontro imaginário com o objeto. Da mesma maneira, sua impotência vem se inscrever no ponto no qual ele é obrigado, diante do efeito feminizante da mulher, a responder com seu desejo.

---

[46] LACAN, Jacques. *Seminário A angústia*, lição de 13/03/1963.

Mas, se a angústia não engana, o sintoma engana, mascara, pois, mesmo sendo o que de mais real o sujeito apresenta, ele tem uma face voltada para o simbólico, metafórica, sendo inscrito, tal como o gozo fálico, entre o real e o simbólico. Se a angústia funda-se por si mesma no sentido da pura presença, o sintoma, principalmente na neurose obsessiva, conforme indicação de Lacan, tem de ser fundado já que ele gira em torno da inibição. Como sabemos, o sintoma só é constituído analiticamente quando o sujeito dele se apercebe, constituindo-se, pois, em um enigma. O sintoma surge como irrupção da verdade ou, como acentuou Lacan em *O saber do psicanalista*, ele representa o retorno da verdade no campo do saber, e este só se constrói no percurso de uma análise. De qualquer maneira, a sistematização do sintoma não se dá sem os sinais de angústia, daí a importância dessa forma clínica do real.

Nesse caso clínico, a angústia anuncia o encontro do sujeito com o real (o falo enquanto queda, esse insuportável da obscuridade do encontro homem/mulher), a que esse sujeito responde, por sua vez, com a impotência. Esta é articulada por Lacan[47] como "o desejo de não ver" que faz um correlato ao fantasma de onipotência caracterizado pelo "desejo de não saber", fundamental para sustentar o não ver da castração.

Ao contrário de Tirésias, que, em sua cegueira, vê a diferença inscrita no gozo feminino e masculino – as mulheres não dependem da limitação que é imposta aos homens no ato sexual[48] –, Jesus, entre o desejo de não ver e o de não saber, responde com a inibição como uma forma de inserir um anteparo às irrupções da angústia e à problemática aberta pela mesma.

Dessa forma, a impotência não constitui, ainda para esse sujeito, um sintoma subjetivado, "trata-se de um sujeito embaraçado, inibido pelo ato, no circuito inscrito pelo impedimento"[49] e que dele nem quer se livrar. A inibição está do lado da ocultação estrutural do desejo: ela introduz um desvio diferente daquele que a função poderia lhe dar em torno do desejo.

---

[47] LACAN, Jacques. *Seminário da Angústia*, lição de 03/07/1963.

[48] Segundo o mito de Narciso, Tirésias participou, certa feita, de uma polêmica entre Hera e Zeus em torno da questão: quem teria maior prazer sexual num ato de amor, o homem ou a mulher?, respondendo que, se fracionado em dez parcelas o ato de amor a mulher teria nove partes e o homem apenas uma. Hera furiosa – por Tirésias ter revelado o segredo feminino bem como a superioridade masculina, já que esses nove décimos do prazer feminino estavam na dependência do desejo do homem –, pune-o severamente com a cegueira. Ver: BRANDÃO, Junito. *Mitologia Grega*, 1989, p. 176.

[49] LACAN, Jacques. *Seminário da Angústia*, lição de 26/06/1963.

Não obstante, ao mesmo tempo, ela é a primeira forma evolutiva do desejo "[...] quando o desejo aparece formado pela primeira vez, se opõe ao ato mesmo por onde sua originalidade de desejo se introduz".[50]

Constituindo-se a forma primeira de ocultação do desejo, a angústia é um índice importante na direção do tratamento. Como acentua Lacan, em relação à angústia, o desejo está situado no nível da inibição. Por quê? Pela inibição, o sujeito faz uma defesa contra o desejo, pois ela introduz na função algo diferente daquilo que se esperaria da mesma. A inibição tem formas variadas de incidência na clínica: impedimento do ato, impedimento de amar, gozar, trabalhar, movimentar-se, entre outras que fazem ressonância à procrastinação do ato. Lacan introduz a tríade: inibição, desejo e ato.[51] O ato advém como uma manifestação do desejo que teria sido "feito para inibi-lo".

O impedimento, esse "preso na armadilha", faz com que o obsessivo busque infinitamente reencontrar no processo do desejo a causa autêntica, aquela que o levará ao objeto último, derrisório; por isso mesmo, uma busca sempre em suspenso. A procrastinação, comandada pelo reino da dúvida, visando evitar a certeza do real apresenta-se também no *acting-out*. É frequente no obsessivo a passagem da dúvida ao *acting-out*.

"O acting-out dirige-se ao Outro e essencialmente se mostra, mostra a sua causa",[52] mas, sendo "visível" ao máximo, ele é assim invisível, pelo menos para quem o faz. No obsessivo, ele visa fazer uma certa escansão, um certo desvio a fim de perpetuar a busca infindável. Dirigindo-se ao Outro, o *acting-out* tem sua face de demanda. Por essa via, podemos circunscrever melhor a direção do tratamento na neurose obsessiva. Para velar o desejo do Outro, o obsessivo tem como primeiro recurso a demanda; demandas infindáveis para que o Outro lhe peça isso ou aquilo. Na medida em que, como afirma Lacan,[53] a análise sustenta a dimensão análoga da demanda, mas não para responder-lhes, podemos pensar que, no obsessivo isso cria pontos de impasses, pois, ao se posicionar sob a mesma, esta lhe evocará seu próprio desejo.

A direção do tratamento, no caso abordado, ordenou-se pela retificação do sujeito com o real, no primeiro momento, a ir além do pai, separando a

---

[50] LACAN, Jacques. *Seminário da Angústia*, lição de 03/07/1963.
[51] LACAN, Jacques. *Seminário da Angústia*, lição de 30/06/1963.
[52] LACAN, Jacques. *Seminário da Angústia*, lição de 23/01/1963.
[53] LACAN, Jacques. *Seminário da Angústia*, lição de 12/06/1963.

dívida simbólica impagável da dívida real, que se deve pagar, bem como a distinção do gozo do Outro do gozo feminino, sendo fundamental, nas duas direções, o remanejamento do gozo fálico. O manejo da transferência é também essencial; expusemos rapidamente que a questão da dívida, reapareceu sob transferência. Esta alinha-se à demanda; outra vertente fundamental da direção do tratamento a ser manejada.

Na neurose obsessiva, há uma imbricação estreita entre demanda e desejo. Como afirma Lacan:

> O Outro como lugar da fala, como aquele a quem se dirige a demanda, passa a ser também o lugar onde deve ser descoberto o desejo, onde deve ser descoberta sua formulação possível. É aí que se exerce a todo instante a contradição, porque esse Outro é possuído por um desejo – um desejo que, inaugural e fundamentalmente, é estranho ao sujeito.[54]

A demanda, como mencionamos, visa sempre mais do que a satisfação; ela visa, do Outro, à obtenção de outra coisa; ela visa ao amor do Outro. O desejo também ultrapassa as possibilidades de resposta pela via da satisfação. E, na neurose obsessiva o desejo é subtraído de sua face de enigma, apresentando-se como defesa pela vacilação e anulação. À medida que o sujeito aproxima-se do objeto de seu desejo, ele se afasta, pois desejar o "Outro não é senão desejar sempre o *a*". Para ele, o desejo deve permanecer em estado de impossibilidade, apenas no plano das fantasias, sem possibilidade de realização; se estas são realizadas, perdem seu interesse, frustram-no. A estratégia obsessiva é restaurar o Outro, garantir sua eficácia, garantir a Lei – isso surge na demanda, sinalizou Lacan, pelos incessantes pedidos de permissão[55] – e, colocando-se em sua dependência, ele espera que o Outro sustente o desejo como proibido. Ele quer o consentimento do Outro em seu desejo.

Para concluir, diríamos, com Lacan, que a impotência vem trazer essa falta central, "é aquela que destina o homem a só poder gozar de sua relação ao suporte de + phi, quer dizer, de uma potência enganadora".[56] Entre o que não engana e o que engana, entre o desejo de não ver e não saber, a inibição advém como aquilo que faz "rolha", fechando a causa do desejo.

---

[54] LACAN, Jacques. *As formações do inconsciente*. 1999, p. 419.
[55] LACAN, Jacques. *As formações do inconsciente*. 1999, p. 427.
[56] LACAN, Jacques. *Seminário. A angústia*, lição de 05/06/1963.

O significante "velhice" no tempo de uma análise

Para encerrar, retomaremos, sucintamente, um caso conduzido de uma análise que traz também à baila algumas das reflexões abordadas.

Clara estava em análise há mais de sete anos (era sua segunda análise, a primeira durou 3 anos) quando, próximo aos seus *60 anos, entrada na 3ª idade*, apresentou uma crise de angústia muito forte respondendo, a princípio, pela inibição; recusa-se a vir às sessões, evitando a fala. Após seu aniversário retorna completamente angustiada, e ao tentar nomear esse real diante do qual ela não encontrava palavras, diz: *Sessenta!* Ao marcar o significante, ela assenta-se no divã: "Que espanto, só... a-ssentando mesmo!"

A princípio, seu espanto real que lhe angustia, colocando-a *assentada*, referia-se ao encontro daquilo que ela pressupunha apenas ao Outro, *a entrada na 3ª idade e na velhice*. Esta advinha-lhe sem *aviso prévio*, ao contrário de sua aposentadoria adquirida bem mais cedo. "Como lidar com isso? Que é isso que estou entrando? Isso é insuportável", dizia-me.

Sua angústia presentificava não apenas o encontro com o gozo do Outro, mas presentificava sua forma de gozar e as incidências dessa *nova etapa* sobre seu desejo. O horror de que a partir daí ela seria entregue como objeto ao gozo do Outro, trouxe-lhe a angústia e, como resposta, a inibição.

Esse insuportável, esse acontecimento impossível de ser nomeado, foi aos poucos encontrando, em sua cadeia significante, um certo tratamento que lhe permitiu, a partir de então, a travessia fantasmática.

Como fizemos notar no Capítulo I, os significantes *sessenta* e *entrada na 3ª idade* – do discurso social – não foram indiferentes a esse sujeito, e fizeram cadeia com o real de tantas perdas que se agudizaram para ela nos últimos dois anos (três irmãos mais velhos, duas amigas e outros parentes próximos, todos com mais de 60 anos), acenando-lhe que os efeitos insistentes do real também lhe tocavam. O real que lhe acenava, trazendo-lhe angústia e horror, não era, todavia, apenas relativo ao real da morte. Ela passava pelas mortes, fazendo os lutos, suportando a falta de inscrição que toda morte traz, e construindo, com cada perda, aquilo que lhe concernia.

O significante *sessenta* fez, inicialmente, eco à dependência do Outro. Ela que sempre *cuidou* e *sustentou* todos na família poderia, de repente, estar nesse lugar de ser amparada pelos outros, lugar do desamparo. Remetia-lhe a alguns de seus significantes mestres: *forte*, *decidida*, *arrimo de família* e a *putas*, significante advindo do discurso paterno que interditava o prazer; só as putas poderiam buscar o prazer.

Alguns sonhos têm uma importância particular na direção do tratamento e no fim de sua análise. No primeiro, uma sombra lhe apontava: *Veja, Clara!* Ao olhar vê um ovo e um pintinho saindo. Associa o sonho com aquilo que lhe metia medo e não era, entretanto, apenas a velhice, mas nomeado por ela como uma *nova etapa em sua vida*. Que novo é esse que causa medo, horror, senão aquele familiar que retorna sob a face do *Unheimlich*, o estranho?, conforme abordado no Capítulo III.

"As ondas, um misto de dor e êxtase, um prazer inesperado, estado de plenitude... e medo", que atravessavam sua análise há três anos, tornam-se mais frequentes. Indaga-se se elas não seriam, quem sabe, efeitos de sua menopausa. Todavia, *enquanto ondas de êxtase, liberdade e, por vezes, de agonia,* escapavam ao saber médico, conclui que isso nada tem a ver com a menopausa, é de outra coisa que se trata.

A sensação de desgarramento, prazer imenso, indescritível, que *as ondas* lhe traziam, mistura-se ao prazer proibido do discurso paterno; isso "que do pai ela tomou como sendo dela: tudo que não pode ou não podia?", indaga-se. Enquanto isso, sua *casa em reformas,* prepara o que ela nomeou de *sala dos prazeres.*

Alguns meses antes do *encontro com o sessenta,* esse sujeito tem um trabalho fecundo de análise e decide reformar seu apartamento, construindo sua *sala dos prazeres* – lugar aberto à música, à dança e à leitura, alguns dos prazeres antes interditados pelo discurso paterno. Indagava-se: "como isso (velhice) pode chegar agora quando minha sala dos prazeres está para ser terminada?"

Um incidente, na mesma época, faz com que ela encontre um outro real: uma *ponte fixa* dentária, *fixada* há mais de 20 anos, quebra-se. Sente-se decepcionada, triste... "eu imaginava que isso seria para toda vida... feita de ouro para suportar o tempo, quebra-se exatamente quando entro nos 60 anos; como um tapa na minha cara escancarando-me a velhice". Conta ter dividido esse insuportável com a faxineira que lhe pergunta: "Mas D. Clara, a senhora não tem ainda dentadura?" Tem um ataque de riso ao se deparar com a pergunta que lhe expunha a possibilidade de um real ainda mais duro. "Mas que é uma ironia, ah, isso é!, quebrar essa ponte logo agora que sinto a travessia de um lugar para o outro, para outra etapa..."

Entre o êxtase e a agonia, isso que poderia barrar o seu prazer, Clara encontra novamente a figura do Pai. Junto ao pai tirânico, que impunha a Lei de forma implacável, não deixando espaço a nenhuma dialética, faz alguns sonhos pelos quais uma outra figura de pai é construída. Um homem envelhecido (talvez como o seja todo pai) permite dar ao primeiro um outro tratamento. Vejamos dois desses sonhos. No primeiro há um homem morto há muitos anos que surge convocando-a para que ela o acompanhe e ela lhe responde: "não, eu não vou com você"! No outro sonho, a figura da morte, outra morte, ecoa pela voz de um outro homem, também bem mais velho do que ela: "você deve arrumar as malas". Ela novamente responde: "não, eu não vou".

Tais sonhos não remetiam, segundo ela, à premonição ou medo de sua morte, mas à relação com seu pai. Suas associações trazem representações paternas que, ao contrário de um pai que só proibia, fazem surgir um pai que lhe indicava o possível olhar de outros homens sobre ela pela frase: *como essa menina é bonita!* Ser bonita aos olhos do pai era poder ser bonita aos olhos de outros homens. Para ela esses sonhos têm a função de "tratar" sua raiva e o pânico vividos diante da proibição paterna. Conclui que já estava pronta a aceitar um homem em sua vida.

Abrir-se à possibilidade de uma relação amorosa foi o primeiro efeito dessas construções. Conclui que o *mau-caratismo* dos homens, traço também presente no pai – distorcer a realidade em prol de si mesmo –, não era, finalmente, algo presente em todos os homens e, menos ainda, uma característica apenas masculina.

Filha predileta do pai, "diferente de todas as outras filhas e filhos; corajosa, forte, confiável... como ele próprio" –, ela assume, após sua morte, *seu lugar na família*. Tal demanda, sinalizada pela voz do pai no leito de morte, entrelaça-se aos pontos de identificação ao mesmo. Outro sonho rico em metáforas permite-lhe extrair tais pontos, bem como o alto preço que pagou ao tentar atender àquilo que ela supunha ser a demanda paterna, anulando sua "sensibilidade e feminilidade... foi como um homem que transitei na vida".

Esses sonhos sinalizam a diferenciação entre pai real, imaginário e simbólico e, sobretudo, sua posição de gozo diante da lei tirânica do pai. E ela afirma, como alguém que tivera lido o "Totem e Tabu": "É meu pai morto que retorna nesses sonhos, o pai de hoje, verdadeiramente morto para mim. Eu não preciso mais me opor a ele; ele foi apenas um pai".

Podemos dizer que ele foi apenas o Um pai da histérica. O conceito de Um-pai, Um pai perverso, foi abordado por Lacan a partir da noção freudiana do pai perverso, pai traumático, delimitado na histeria nos primórdios da psicanálise. Ao buscar um pai que não falha, a histérica encontra o pai traumático, aquele que instaura, seja pelo excesso de gozo ou pela falta, um enigma sobre o sexo, fazendo um furo no saber. No sujeito em questão temos que esse Pai era, além de severo, instaurando uma exigência pulsional pela qual ela escrevia sua forma de gozo, essencialmente fálico, ela o fazia como o representante legítimo do Um Pai.

A partir dessas associações, outras, fundamentais ao final de sua análise, tecem sua construção fantasmática. Ela, como a mãe, "era uma puta velha; uma puta que acolheu o pai em suas tiranias... eu, que sempre fui tão independente e orgulhosa, me descubro subserviente, sempre a serviço do outro". Atender sem demora à demanda do Outro ou antecipar-se à mesma, era para ela uma forma de domínio; "como meu pai, eu sempre dominei todos. Quando atendia ao outro, era a mim mesma que atendia pois não suportava a falta de amor. O amor pela dominação me protegia da puta que meu pai me apontava, mas fui uma puta; vendi meus favores em troca do amor".

Clara foi aos poucos construindo, desconstruindo seus pontos de identificação e isso lhe permitiu se posicionar diante do Outro como aquela que *podia também receber*. Nomeia os favores do Outro como *pequenas delícias da vida*. Mais alguns meses de trabalho determinam seu término de análise.

É importante ressaltar que o trabalho desse sujeito – depois de um certo percurso de análise e a partir mesmo de algumas retificações importantes – era marcado por períodos nos quais um trabalho fecundo de análise mesclava-se com suas ausências; poder *faltar* às sessões foi uma resposta importante desse sujeito que nunca *faltava* aos imperativos da demanda do Outro. Tais ausências não eram da ordem da *resistência* – como seria possível interpretar à primeira vista –, mas constituíam-se efeitos de mudança de posição importante. Nesse sentido ela afirmava: "você sabe que eu volto, mas preciso me ausentar". Saber escutar esse movimento, deixando-a experimentar dessa forma, pela ausência, a falta, foi essencial na direção do tratamento.

O encontro com seus sessenta anos e a ideia de *morte*, outra morte, levaram-na diretamente, e sem tréguas, a outro ponto de fixação de sua infância – o desconhecido do quarto escuro – quando à noite acordava *sobre-assaltada* com a *gritaria*, a *cachorrada* dos pais. O insuportável de uma cena da qual ela não sabia o desfecho, exibia-se pelas intermináveis brigas do casal parental. Um real diante do qual ela estava sempre apartada de significantes; "não podia gritar, não podia acender a luz, não podia sair do quarto [...] não sabia o que poderia ocorrer, medo do desastre..." Sempre à espera de que algo pudesse vir-a-ser, mas que nunca veio.

Outros sonhos remetem-lhe à identificação com a mãe, permitindo-lhe concluir que alguns desses pontos eram falsos; não precisava mais deles – "achava que sem esses traços não sobreviria [...]".

Associando seu processo de análise a uma certa construção, e depois desconstrução, passa à imagem de que a sua análise era como um círculo:

> Em cada parte uma etapa de minha vida, em cada momento há pedaços, há arestas... são os excessos que fui retirando. Tive de retirá-las para chegar ao centro, mas o que é o centro? O centro é o original, sou eu mesma, e ele é vazado mas sustenta toda a linha do círculo [...] Era isso que me metia pânico; saber de minha liberdade.

Surpresa?, pergunto-lhe. "Não! É como se já soubesse dessa possibilidade. Vocês analistas devem ficar endoidados com isso: tentar desvendar o ser e se deparar com o infinito, porque a possibilidade do ser é o infinito, mas é um infinito vazado [...]"

Uma rica série de elaborações, permeada por muitas imagens, leva Clara ao *resumo* de seu percurso de análise:

> Quando comecei a primeira análise, era como se estivesse num quarto escuro; não via nada de minha vida, apenas recebia coisas, me irritava e respondia com ódio aos comandos. A primeira análise me permitiu organizar esse quarto, tirar as crostas que me impediam de falar, aprendi a falar. A segunda análise foi abrindo uma janela, depois outra, depois outra, e não sei como isso ocorreu; de repente fico livre das crostas e consigo enxergar as mesmas coisas de antes, mas de outra forma. Consigo ver o que me paralisava... minhas respostas aos outros, minhas crises de raiva, minha ira sem fim... posso rir de situações que me davam ódio. Percebo que a ira de meu pai, de minha mãe a "cachorrada" (ri), não é mais a minha. Percebi a sutileza... Posso, finalmente, até me irritar, mas isso surge de outra forma, consigo me colocar diante disso [...] Foi uma construção-reconstrução de Hércules, tantas pedras no caminho...

Clara vai tecendo um outro texto sobre um texto já escrito. Constrói que o medo da morte era bem outro – medo de não poder, finalmente, sair da determinação pela qual ela viveu grande parte de sua vida. Medo do que restaria dela ao deixar cair várias defesas (sua forma de gozar) para sustentar sua *sala de prazeres*. Um luto do gozo perdido também se presentifica, isso que finalmente ela reconhece como suas *ondas de agonia*.

Na última sessão que tivemos, ela havia visitado uma exposição das gravuras de Picasso e uma lhe chama a atenção: o minotauro acariciando uma mulher que dorme. Traz um discurso muito belo em torno da gravura nas quais os significantes *fúria* e *amor* (ela mesma) dialetizam com os de paz e de amor. Associa a gravura à dor do Outro e sua relação com a mesma; aprendeu a acolhê-la, olhá-la, velá-la sem sentir remorso e, deixando cair a culpa, depara-se que há sempre um "temporal e um atemporal. O temporal do 'ter de'... arrumar a casa, acompanhar a irmã em suas demandas..." essa infindável cadeia da demanda do Outro. Um *atemporal* que, nesse momento, *era* para ela a exposição do Picasso. Optou por ver Picasso ao invés de acompanhar a irmã preferida que tem o nome da analista.

"Deixo-a porque sei que é preciso também deixá-la; ela sabe se cuidar..." Na sequência ela conclui: "Não há ponte fixa na vida, mesmo sendo de ouro, forte. Os sessenta anos podem ser uma maravilha; o que conta é a nova posição, é saber duvidar de cada momento, interrogar.... não há como prever, controlar [...] Vi a ponte, a outra, a que me levava também ao dentista (*passarela para pedestres*), tinha medo de passar; em cima, um céu azul, lindo, embaixo, muitos carros se movimentando. Entre um e outro me decidi e atravessei... vejo que aqui também terminei."

A *entrada na terceira idade* chegou para esse sujeito em um momento fecundo de sua análise, no qual ela já colocava em *ato sua sala de prazeres*. As mortes, os lutos sucessivos, a queda da ponte fixa tudo isso pode ser suportado por *uma escrita* que se fazia há alguns anos. Esse momento permitiu, ao escancarar um real sob diferentes faces, uma saída pela contingência que já se desenhava anteriormente. Mas nem sempre essa é a resposta ao real.

De toda forma, uma distância se introduz entre o sujeito, sujeitado aos significantes familiares, e o sujeito responsável por sua determinação, que pode rir e fazer da raiva uma outra coisa, reeditando possíveis e contingentes formas de gozar. Clara constrói um saber sobre sua raiva, faz do *fixo (ponte fixa... sua forma de gozo) algo móvel e atravessa sua ponte.*

REFERÊNCIAS

ALLOUCH, Jean. *Letra a letra*: transcrever, traduzir, transliterar. Tradução de Dulce Duque Estrada. Rio de Janeiro: Companhia de Freud, 1995, 275 p.

ARENDT, Hannah. *Entre o passado e o futuro*. São Paulo: Perspectiva, 2000.

BARROS NETO, Raul de. Parâmetros fisiológicos do envelhecimento cerebral. *In*: CANÇADO, Flávio (Org.). *Noções práticas de geriatria*. Belo Horizonte: Coopemed/Health, 1994.

BARTHES, Roland. *Fragmentos de um discurso amoroso*. Tradução de Hortênsia dos Santos. 11. ed. Rio de Janeiro: Francisco Alves, 1991.

BEAUVOIR, Simone. *A velhice*. Tradução de Maria Helena Franco Martins. Rio de Janeiro: Nova Fronteira, 1986.

BIANCHI, Henri. *O eu e o tempo*: psicanálise do tempo e do envelhecimento. São Paulo: Casa do Psicólogo, 1993.

BRANDÃO, Junito. *Mitologia grega*. 3. ed. Petrópolis: Vozes, 1989. v. II. 323 p.

CANÇADO, Flávio. Parâmetros fisiológicos do envelhecimento cerebral. *In*: CANÇADO, Flávio. Belo Horizonte: Coopemed Editora/Health, 1994.

DURAS, Marguerite. *Escrever*. Rio de Janeiro: Rocco, 1994.

DELANÖE, Daniel. La ménopause comme phénomène culturel. *In*: *Viellissement-Champs Psychosomatique*. Paris: L'Esprit du Temps, 2001. no 24, p. 57-67.

DRUMMOND, Carlos. *Corpo*: novos poemas. Rio de Janeiro: Record, 1984. 124 p.

ECO, Umberto. *Sobre os espelhos e outros ensaios*. Tradução de Beatriz Borges. Rio de Janeiro: Nova Fronteira, 1989. 345 p.

FREUD, Sigmund. Projeto para uma psicologia científica [1895]. *ESB*, Rio de Janeiro: Imago, 1977. v. I.

FREUD, Sigmund.. Sobre os critérios para destacar da neurastenia uma síndrome particular intitulada "Neurose de angústia" [1895]. *ESB*, Rio de Janeiro: Imago, 1976. v. III.

FREUD, Sigmund. As neuropsicoses de defesa [1894]. *ESB*, Rio de Janeiro: Imago, 1976. v. III,

FREUD, Sigmund. Carta 52 [1896]. *ESB*, Rio de Janeiro: Imago, 1977. v. I.

FREUD, Sigmund. Sobre o mecanismo psíquico dos fenômenos histéricos [1893]. *ESB*, Rio de Janeiro: Imago, 1976. v. III.

FREUD, Sigmund. A sexualidade na etiologia da neurose [1898]. *ESB*, Rio de Janeiro: Imago, 1976. v. III.

FREUD, Sigmund. A interpretação dos sonhos [1900-1901]. *ESB*, Rio de Janeiro: Imago, 1972. v. V.

FREUD, Sigmund. A psicopatologia da vida cotidiana [1901]. *ESB*, Rio de Janeiro: Imago, 1976. v. VI.

FREUD, Sigmund. Os três ensaios sobre a teoria da sexualidade [1905]. *ESB*, Rio de Janeiro: Imago, 1972. v. VII.

FREUD, Sigmund. Fragmento da análise de um caso de histeria [1905]. *ESB*, Rio de Janeiro: Imago, 1972. v. VII.

FREUD, Sigmund. Caráter e erotismo anal [1908]. *ESB*, Rio de Janeiro: Imago, 1976. v. I.

FREUD, Sigmund. Análise de uma fobia em um menino de cinco anos [1909] *ESB*, Rio de Janeiro: Imago, 1976. v. X.

FREUD, Sigmund. Leonardo da Vinci e uma lembrança de sua infância [1910]. *ESB*, Rio de Janeiro: Imago, 1970. v. XI.

FREUD, Sigmund. As perspectivas futuras da terapêutica psicanalítica [1910]. *ESB*, Rio de Janeiro: Imago 1970. v. XI.

FREUD, Sigmund. Um tipo especial de escolha de objeto feita pelos homens, [1910]. *ESB*, Rio de Janeiro: Imago, 1970. v. XI.

FREUD, Sigmund. Notas psicanalíticas sobre um relato autobiográfico de um caso de paranóia (*Dementia paranóides*) [1911]. *ESB*, Rio de Janeiro: Imago,1969. v. XII.

FREUD, Sigmund. Artigos sobre técnica de Freud [1911]. *ESB*, Rio de Janeiro: Imago, 1969. v. XII.

FREUD, Sigmund. Tipos de desencadeamento da neurose [1912]. *ESB*, Rio de Janeiro: Imago, 1969. v. XII.

FREUD, Sigmund. Sobre a tendência universal à depreciação na esfera do amor [1912]. *ESB*, Rio de Janeiro: Imago, 1970. v. XI.

FREUD, Sigmund. Totem e tabu [1913]. *ESB*, Rio de Janeiro: Imago, 1974. v. XIII.

FREUD, Sigmund. O tema dos três escrínios [1913]. *ESB*, Rio de Janeiro: Imago, 1969. v. XII.

FREUD, Sigmund. Sobre o narcisismo: uma introdução [1914]. *ESB*, Rio de Janeiro: Imago, 1974. v. XIV.

FREUD, Sigmund. O inconsciente [1915]. *ESB*, Rio de Janeiro: Imago, 1974. v. XIV.

FREUD, Sigmund. O recalque [1915]. *ESB*, Rio de Janeiro: Imago, 1974. v. XIV.

FREUD, Sigmund. As pulsões e suas vicissitudes [1915]. *ESB*, Rio de Janeiro: Imago, 1974. v. XIV.

FREUD, Sigmund. Reflexões para os tempos de guerra e morte [1915]. *ESB*, Rio de Janeiro: Imago, 1974. v. XIV.

FREUD, Sigmund. Sobre a transitoriedade [1915]. *ESB*, Rio de Janeiro: Imago, 1974. v. XIV.

FREUD, Sigmund. Observações sobre o amor transferencial (Novas recomendações sobre a técnica da psicanálise III) [1915]. *ESB*, Rio de Janeiro: Imago, 1969. v. XII.

FREUD, Sigmund. A teoria da libido e o narcisismo [1916-1917]. *ESB*, Rio de Janeiro: Imago, 1976. v. XVI.

FREUD, Sigmund. Fixação em traumas [1916-1917]. *ESB*, Rio de Janeiro: Imago, 1976. v. XVI.

FREUD, Sigmund. O sentido dos sintomas [1916-1917]. *ESB*, Rio de Janeiro: Imago, 1976. v. XVI.

FREUD, Sigmund. Conferência XXV [1917]. *ESB*, Rio de Janeiro: Imago, 1976. v. XVI.

FREUD, Sigmund. Luto e melancolia [1917]. *ESB*, Rio de Janeiro: Imago, 1974. v. XIV.

FREUD, Sigmund. O tabu da virgindade [1917-1918]. *ESB*, Rio de Janeiro: Imago, 1970. v. XI.

FREUD, Sigmund. O estranho [1919]. *ESB*, Rio de Janeiro: Imago, 1976. v. XVII.

FREUD, Sigmund. Linhas de progressos da terapia analítica [1919]. *ESB*, Rio de Janeiro: Imago, 1976. v. XVII.

FREUD, Sigmund. A perda da realidade na neurose e na psicose [1924]. *ESB*, Rio de Janeiro: Imago, 1976. v. XVII.

FREUD, Sigmund. Neurose e psicose [1924-1923], *ESB*, Rio de Janeiro: Imago, 1976. v. XVII.

FREUD, Sigmund. Além do princípio do prazer [1920]. *ESB*, Rio de Janeiro: Imago, 1976. v. XVIII.

FREUD, Sigmund. Psicologia de grupo e análise do ego [1921]. *ESB*, Rio de Janeiro: Imago, v. 1976. XVIII.

FREUD, Sigmund. O ego e o id [1923]. *ESB*, Rio de Janeiro: Imago, 1976. v. XIX.

FREUD, Sigmund. O problema econômico do masoquismo [1924]. *ESB*, Rio de Janeiro: Imago, 1976. v. XIX.

FREUD, Sigmund. A questão da análise leiga [1926]. *ESB*, Rio de Janeiro: Imago, 1976. v. XIX.

FREUD, Sigmund. O Futuro de uma ilusão [1927]. *ESB*, Rio de Janeiro: Imago, 1974. v. XXI.

FREUD, Sigmund. O mal-estar na civilização [1930]. *ESB*, Rio de Janeiro: Imago, 1974. v. XXI.

FREUD, Sigmund. A sexualidade feminina [1931]. *ESB*, Rio de Janeiro: Imago, 1974. v. XXI.

FREUD, Sigmund. Feminilidade – Conferência XXXIII [1932]. *ESB*, Rio de Janeiro: Imago, 1974. v. XXI.

FREUD, Sigmund. Conferência XXXII [1932]. *ESB*, Rio de Janeiro: Imago, 1974. v. XXI.

FREUD, Sigmund. Moisés e o monoteísmo [1934-1938]. *ESB*, Rio de Janeiro: Imago, 1975. v. XXIII.

FREUD, Sigmund. A dissecação da personalidade psíquica. Conferência XXXI [1933]. *ESB*, Rio de Janeiro: Imago, 1976. v. XXII.

FREUD, Sigmund. Análise terminável e interminável [1937]. *ESB*, Rio de Janeiro: Imago, 1975. v. XXIII.

FREUD, Sigmund. *Lou – Andreas Salomé –* Correspondência completa. Rio de Janeiro: Imago, 1975.

HEIDEGGER, Martin. Tempo e ser. *In*: *Os pensadores*. Tradução de Ernildo Stein. São Paulo: Abril, 1979. p. 157-271.

HERFRAY, Charlotte. *La vieillesse en analyse*. Paris: Desclée de Brouwer, 1988.

HERVY, Marie-Pierre. Le vieillissement: de qui est-ce l'affaire? *In*: *Le vieillissement*. *Champs Psychosomatique* Paris: L'Esprit du Temps, 2001, no 24, p. 23-36.

LACAN, Jacques. A agressividade em psicanálise [1948]. *In*: LACAN, Jacques.. *Escritos*. Tradução de Vera Ribeiro. Rio de Janeiro: Zahar, 1998. p. 197-213.

LACAN, Jacques. O estádio do espelho como formador da função do eu [1949]. *In*: LACAN, Jacques. *Escritos*. Tradução de Vera Ribeiro. Rio de Janeiro: Zahar, 1998. p. 96-103.

LACAN, Jacques. Função e campo da fala e da linguagem em psicanálise [1953]. *In*: LACAN, Jacques.. *Escritos*. Tradução de Vera Ribeiro. Rio de Janeiro: Zahar, 1998. p. 238-324.

LACAN, Jacques. *O Seminário* [1957-1958]. *Livro 5: As formações do inconsciente*. Tradução de Vera Ribeiro. Rio de Janeiro: Jorge Zahar, 1999.

LACAN, Jacques. *O Seminário* [1957-1958]. *Livro 4: Relações de objeto*. Tradução de Dulce Duque Estrada. Rio de Janeiro: Zahar, 1995.

LACAN, Jacques. *O Seminário* [1955/1956]. *Livro 3: As psicoses*. Tradução de Aluízio Menezes. Rio de Janeiro: Jorge Zahar, 1985.

LACAN, Jacques. A direção do tratamento e os princípios de seu poder [1958]. *In*: LACAN, Jacques. *Escritos*. Tradução de Vera Ribeiro. Rio de Janeiro: Zahar, 1998. p. 591-652.

LACAN, Jacques. Juventude de Gide [1958]. *In*: LACAN, Jacques.. *Escritos*. Tradução de Vera Ribeiro. Rio de Janeiro: Zahar, 1998. 739-775.

Referências

LACAN, Jacques. *Hamlet por Lacan* [1958-1959]. Tradução de Cláudia Berliner. Campinas: Liuliú, 1986.

LACAN, Jacques. *O Seminário* [1959-1960). *Livro 7: A ética da psicanálise*. Tradução de Antônio Quinet, Rio de Janeiro: Zahar, 1988.

LACAN, Jacques. Subversão do sujeito e dialética do desejo no inconsciente freudiano [1960]. *In*: LACAN, Jacques. *Escritos*. Tradução de Vera Ribeiro. Rio de Janeiro: Zahar, 1998. p. 793-842.

LACAN, Jacques. *L'identification*. 12 dez. 1961. Inédito.

LACAN, Jacques. *Seminário da angústia* [1962-1963]. Tradução do Centro de Estudos Freudianos do Recife. Versão brasileira fora do comércio. Inédito.

LACAN, Jacques. Variantes da cura tipo [1966]. *In*: LACAN, Jacques.. *Escritos*. Tradução de Vera Ribeiro. Rio de Janeiro: Zahar, 1998. p. 323-364.

LACAN, Jacques. *O Seminário* [1964]. *Livro 11: Os quatro conceitos fundamentais da psicanálise*. 2. ed. Tradução de M. D. Magno. Rio de Janeiro: Zahar, 1992.

LACAN, Jacques. Posição do inconsciente [1964]. *In*: LACAN, Jacques. *Escritos*. Tradução de Vera Ribeiro. Rio de Janeiro: Zahar, 1998. p. 843-864.

LACAN, Jacques. *O ato psicanalítico* (1967-1968). Seminário inédito.

LACAN, Jacques. *Scilicet*. Paris: Seuil, 1968. n. 1.

LACAN, Jacques. *O Seminário* [1969-1970]. *Livro 17: O avesso da psicanálise*. Tradução de Ari Roitman. Rio de Janeiro: Zahar, 1992.

LACAN, Jacques. *O Seminário* [1972-1973]. *Livro 20: Mais ainda*. Tradução de M. D. Magno, Rio de Janeiro: Zahar, 1985.

LACAN, Jacques. Radiophonie [1970]. *In*: LACAN, Jacques. *Autres écrits*. Paris: Éditions du Seuil, 2001. p. 403-447.

LACAN, Jacques. Télevision [1973]. *In*: LACAN, Jacques. *Autres écrits*. Paris: Éditions du Seuil, 2001. p. 509-545.

LACAN, Jacques. Intervention de Jacques Lacan à Bruxelles. *In*: LACAN, Jacques. *Quarto* (Supplément belge à La Lettre Mensuelle de l'École de la Cause Freudienne). 1981. n. 2.

LACAN, Jacques. *O sinthoma* [1975/1976]. Seminário inédito.

LACAN, Jacques. *Autres écrits*. Paris: Éditions du Seuil, 2001.

LISPECTOR, Clarice. *Água viva*. Rio de Janeiro: Rocco, 1998.

LISPECTOR, Clarice. *A paixão segundo G. H.* Rio de Janeiro: Rocco, 1998.

LE GOUÈS. Gérald. La psychanalyse tardive. *In*: *Viellissement. Champs Psychosomatique* Paris: L'Esprit du Temps, 2001, no 24, p. 45-55.

LLANSOL, Maria Gabriela. *Ardente texto Joshua*. Lisboa: Relógio D'água, 1996.

LLANSOL, Maria Gabriela. *Um facão no punho*. Lisboa: Rolim, 1985.

MANNONI, Maud. *O nomeável e o inominável*. Tradução de Dulce Duque Estrada. Rio de Janeiro: Zahar, 1995. 145 p.

MARX, Karl. Manuscritos econômico-filosóficos (Terceiro manuscrito). Tradução de José Carlos Bruni. *In*: *Os pensadores*. Tradução de Ernildo Stein. São Paulo: Abril, 1978. 100 p.

MESSY, Jack. *La personne âgée n'existe pas*. Paris: Payot & Rivages, 2002. 221 p.

MOREL, Geneviève. *Ambiguïtés sexuelles*: sexuation et psychose. Paris: Anthropos, 2000. 308. p.

MUCIDA, Ângela. O mal-estar na globalização. *Psique*: Revista do Departamento de Psicologia Geral e Aplicada das FAHL, Unicentro Newton Paiva, ano 10, n. 17, nov. 2000.

MUCIDA, Ângela. Do amo hegeliano ao amo moderno: o feminino como laço social. *Heteridade*: Revista de Psicanálise da Associação Internacional Fóruns do Campo Lacaniano, n. 1, maio/out. 2001.

MUCIDA, Ângela. O envelhecimento no mundo globalizado. *Psique*: Revista semestral do Departamento de Psicologia Geral e Aplicada do Unicentro Newton Paiva, ano 9, no 14, maio de 1999.

PROUST, Marcel. *O tempo redescoberto*. Tradução de Lúcia M. Pereira. São Paulo: Globo, 1994. 303 p.

QUINET, Antônio. *Um olhar a mais*. Rio de Janeiro: Zahar, 2002. 312 p.

QUINET, Antônio. As 4+1 condições de análise. 4. ed. Rio de Janeiro: Zahar, 1996 125 p.

QUINET, Antônio. Histerias. *Stylus*: Revista da Associação Fóruns do Campo Lacaniano, n. 7, p. 70-83, out. 2003.

QUINTANA, Mário. *Melhores poemas*. São Paulo: Global, 1996.

QUINTANA, Mário. *Nova ontologia poética*. São Paulo: Globo, 2003.

RILKE, Reiner. *Cartas a um jovem poeta*. Tradução de Paulo Ronai. 21. ed. São Paulo: Globo, 1994.

SOLER, Colette. O corpo no ensino de Lacan: *papéis do Simpósio*. Belo Horizonte, 1989.

SOLER, Colette. *Artigos clínicos*: transferência, interpretação, psicose. Salvador: Fator, 1991.

SOLER, Colette. *A psicanálise na* civilização. Rio de Janeiro: Contracapa, 1998, 478 p.

SAURET, Marie-Jean. Democracia e sintoma. *Cult*: Revista Brasileira de Literatura, ano III, n. 29, 2000.

VALAS, Patrick. *As dimensões do gozo:* do mito da pulsão à deriva do gozo. Tradução de Lucy Magalhães. Rio de Janeiro: Zahar, 1998. 116 p.

VIERECK, G. O valor da vida: uma entrevista rara de Freud. *Reverso*, ano XXIII, n. 48, set. 2001.

Este livro foi composto com tipografia Garamond
e impresso em papel Off-White 70 g/m² na Formato Artes Gráficas.